Titus Burckhardt

Alchimie
Sinn und Weltbild

Titus Burckhardt

Alchimie

Sinn und Weltbild

Chalice Verlag

Die deutsche Erstausgabe erschien
1960 im Walter-Verlag, Olten und Freiburg im Breisgau,
unter dem Titel *Alchemie – Sinn und Weltbild*

P.O. Box 2682, Bloomington, IN 47402, USA
www.worldwisdom.com

Buchgestaltung: Robert Cathomas
Herstellung: Books on Demand GmbH
Printed in Germany

ISBN 978-3-942914-28-4

Inhalt

TITUS BURCKHARDT · ALCHIMIE

Einleitung

SEIT DEM JAHRHUNDERT DER »AUFKLÄRUNG« UND BIS HEUTE hat man die Alchimie als primitive Vorstufe der modernen Chemie betrachtet, und demgemäß haben fast alle Forscher, die sich mit ihrem Schrifttum abgaben, darin nur nach den ersten Ansätzen der späteren chemischen Entdeckungen gesucht. Diese einseitige Betrachtungsweise hat wenigstens dahin geführt, einen gewissen althergebrachten Bestand an handwerklichen Erfahrungen in der Zubereitung der Metalle, der Farben und der Gläser von den Vorgängen scheinbar irrationaler Art, die in der eigentlichen Alchimie die zentrale Rolle spielen, abzuschälen. Jener Bestand an handwerklichen Erfahrungen war, wie man das feststellen konnte, durchaus nicht gering, und umso seltsamer musste das zähe Festhalten der Alchimisten an den chemisch ganz unsinnigen Formeln ihres *magisterium* erscheinen. Man konnte sich das nur damit erklären, dass der unausrottbare Wunsch, Gold zu machen, immer wieder Menschen dazu verführt habe, an gewisse phantastische Rezepte zu glauben, die genau besehen nichts anderes als eine volkstümliche, mit Aberglauben durchsetzte Anwendung der antiken Naturphilosophie seien, etwa so, wie wenn man versucht hätte, dem aristotelischen Grundstoff aller Dinge, der *materia prima,* teils durch grobhandwerkliche Kniffe, teils durch magische Beschwörungen auf den Leib zu rücken.

Dass sich eine solche »Kunst« von Selbsttäuschung zu Betrug und von Betrug zu Selbsttäuschung durch Jahrhunderte und gar durch Jahrtausende hindurch in den verschiedensten Kulturen des Morgen- und des Abendlandes fortgepflanzt habe, kam niemandem unwahrscheinlich vor, war man doch der Überzeugung, dass die Menschheit bis vor ein paar Hundert Jahren einen dumpfen Traum geträumt habe, um nun endlich zum klaren Verstand aufzuwachen, als ob der erkennende Geist selbst eine Art biologischer Entwicklung durchmachen würde.

Dieser Auffassung der Alchimie widerspricht ihr einheitlicher Charakter, der Umstand, dass die Beschreibung des »großen Werks«, wie sie in den alchimistischen Schriften der verschiedensten Jahrhunderte und der verschiedensten Kulturkreise vorkommt, bei all der schillernden Vielfalt der Bilder gewisse unwandelbare, nicht empirisch zu erklärende Grundzüge aufweist; die indische Alchimie hat denselben Kern wie die abendländische, und die chinesische erhellt, wenn sie auch in einen ganz anderen geistigen Rahmen gestellt ist, gewisse Anblicke dieser und jener. Wäre die Alchimie bloße Spiegelfechterei, so müsste ihre Sprache den Stempel der Willkür und der Dummheit tragen; stattdessen besitzt sie alle Züge einer echten Überlieferung, nämlich eine organisch zusammenhängende, wenn auch keineswegs schematische Lehre und bestimmte, von ihren Meistern immer wieder bestätigte Regeln. Sie kann also nicht nur eine zwitterhafte Ausgeburt oder eine Art Zufall der menschlichen Geschichte sein, sondern muss eine recht tief verwurzelte Möglichkeit des Geistes und der Seele kundgeben.

Das ist auch der Schluss der sogenannten Tiefenpsychologie, die in der alchimistischen Bilderwelt eine Bestätigung ihrer These vom »kollektiven Unbewussten« zu finden glaubt.[1] Nach ihrer Auffassung stellt der Alchimist in seinem träumenden Suchen ihm selber unbewusste Inhalte seiner Seele in Bildern aus sich heraus und bewirkt dadurch, ohne es zu wollen, eine Art Versöhnung zwischen seinem oberflächlichen, ichgebundenen Tagesbewusstsein und der ungestalten und nach Gestaltung drängenden Macht des »kollektiven Unbewussten«. Diese Versöhnung löse ein Erlebnis innerer Fülle aus, dem etwas Zeitloses anhaftet und das als Sublimation und Umwertung des äußeren alchimistischen Werks anstelle des gesuchten *magisterium* trete. Auch diese Deutung geht von der Voraussetzung aus, dass der Alchimist vor allem Gold machen wollte, dass er also in einem Wahn befangen war und deshalb wie ein Träumender dachte und handelte.

Diese Erklärung hat etwas Bestechendes, weil sie in einer gewissen Hinsicht der Wahrheit nahekommt, um sich dann umso mehr von ihr zu entfernen: Es ist wahr, dass die geistige Wirklichkeit, die das alchimistische Werk erschließt, anfänglich mehr oder weniger unbewusst ist; sie scheint im Dunkel der Seele verborgen zu sein. Allein, man darf dieses Geheime nicht dem Chaos des sogenannten »kollektiven Unbewussten« gleichsetzen, sofern dieser sehr elastische Begriff überhaupt dem, was er meint, gemäß ist: Der

1. Siehe Herbert Silberer: *Probleme der Mystik und ihre Symbolik,* Wien 1914. Ebenso C.G. Jung: *Psychologie und Alchimie,* Zürich 1944 und 1952, und *Mysterium coniunctionis,* Zürich 1955 und 1957.

»Jungbrunnen« der Alchimisten quillt keineswegs aus einem ungestalten Seelengrund hervor; er kommt vielmehr aus demselben Grund wie der Geist und ist nicht zum Vornherein verborgen, weil er unter, sondern weil er über dem gedanklichen Bewusstsein entspringt.

Die erwähnte psychologische These fällt übrigens dahin, sobald man einsieht, dass die wahren Alchimisten gar nicht im Wunschtraum des Goldmachens befangen waren und dass sie nicht schlafwandlerisch und durch passive »Projektionen« unbewusster Seeleninhalte ihr Ziel anstrebten, sondern eine ganz bewusste Methode befolgten, deren metallurgische Ausdrucksweise – als Kunst, die unedlen Metalle in Silber und in Gold zu verwandeln – zwar viele Uneingeweihte irregeleitet hat, an sich aber durchaus logisch und mehr als logisch, nämlich wahrhaft tiefsinnig ist.

TITUS BURCKHARDT · ALCHIMIE

Die Herkunft der abendländischen Alchimie

AUF DIE FRAGE, WARUM ES IN SO WEIT AUSEINANDERLIEGENden Kulturkreisen wie dem Nahen und dem Fernen Osten seit Jahrtausenden – mindestens seit der Mitte des ersten Jahrtausends vor Christus und wahrscheinlich seit vorgeschichtlichen Zeiten – Alchimie gegeben hat, pflegen die meisten Geschichtsschreiber zu antworten, die Versuchung, aus gewöhnlichen Metallen Gold und Silber zu machen, um damit auf einen Schlag reich zu werden, habe die Menschen so lange immer wieder angesteckt, bis die empirische Chemie des achtzehnten Jahrhunderts endgültig bewies, dass die Metalle nicht ineinander verwandelt werden können. In Wirklichkeit verhalten sich die Dinge ganz anders und zum Teil gerade umgekehrt.

Gold und Silber waren heilige Metalle, schon ehe sie zum Maßstab aller käuflichen Dinge wurden. Sie waren die irdischen Abbilder von Sonne und Mond und damit auch all der geistigen und seelischen Wirklichkeiten, die man auf das himmlische Paar von Sonne und Mond bezog. Bis in das Mittelalter hinein war das Wertverhältnis der beiden edlen Metalle nach dem Verhältnis der Umlaufzeiten der beiden Himmelslichter festgelegt. Selbst die runde Form der Gold- und Silbermünzen weist auf ihre himmlischen Vorbilder hin. Auch zeigen die ältesten Goldmünzen meistens Bilder und Zeichen, die mit der Sonne oder ihrem jährlichen Umlauf zusammenhängen. Für die Menschen der vorrationalistischen Jahrhunderte war die Verwandtschaft zwischen den Edelmetallen und den beiden großen Gestirnen offensichtlich, und es brauchte schon eine ganze Welt mechanistischer Vorstellungen und Vorurteile, um dieser Verwandtschaft ihre unmittelbare Wirklichkeit zu nehmen und sie zu einer Art von ästhetischem Zufall herabzumindern.

Man darf ein Sinnbild nicht mit einer bloßen Allegorie verwechseln, ebenso wenig wie man darin den Ausdruck irgendeines irrationalen, dumpf kollektiven Triebes suchen darf; echte Sinnbildlichkeit beruht darauf, dass Dinge, die durch Zeit, Raum, stoffliche Beschaffenheit und allerlei andere begrenzende Umstände voneinander unterschieden sind, dieselbe wesentliche Eigenschaft haben können. Sie erscheinen so als verschiedene Spiegelungen, Kundgebungen oder Abbilder derselben, von Zeit und Raum unabhängigen Wirklichkeit. Es ist deshalb nicht ganz richtig zu sagen, Gold stelle die Sonne und Silber den Mond dar; das Gold hat dasselbe Wesen wie die Sonne und das Silber dasselbe Wesen wie der Mond; sowohl die beiden Edelmetalle als auch die beiden Gestirne sind Sinnbilder zweier kosmischer oder Göttlicher Wirklichkeiten.[2]

Der Zauber des Goldes rührt also von seinem heiligen Wesen, seiner qualitativen Vollkommenheit und erst in zweiter Linie von seinem wirtschaftlichen Wert her. Angesichts der heiligen Natur von Gold und Silber konnte die Gewinnung dieser beiden Metalle nur eine priesterliche Tätigkeit sein, ebenso wie auch die Prägung von Gold- und Silbermünzen ursprünglich ein Vorrecht gewisser heiliger Stätten war. Damit stimmt überein, dass die auf Gold und Silber bezüglichen metallurgischen Bräuche, die sich bei einigen sogenannt primitiven Völkern aus grauer Vorzeit erhalten haben, eine priesterliche Herkunft verraten.[3] Die Bearbeitung der Erze allgemein wird in den »archaisch« genannten Kulturen, die noch nicht die Zweiteilung in »geistige« und in »praktische«, nur dem leiblichen Nutzen dienende Tätigkeiten kennen, sondern alles im Hinblick auf die innere Einheit von Mensch und Kosmos sehen, stets wie eine heilige Handlung vollzogen. Sie ist in der Regel das Vorrecht einer priesterlichen Kaste, die sich auf eine Göttliche Ermächtigung zu dieser Tätigkeit beruft; und da, wo das nicht der Fall ist, wie bei gewissen afrikanischen Stämmen, die selber keine metallurgische Überlieferung besitzen, steht der Schmelzer oder Schmied als Eindringling in die heilige Ordnung der Natur unter dem Verdacht der schwarzen Magie.[4] Was dem modernen Menschen als Aberglaube erscheint – und was zum Teil auch nur als Aberglaube fortlebt –, ist in Wahrheit eine Ahnung von den tieferen Zusammenhängen zwischen der natürlichen und der seeli-

2. Eine ausgezeichnete Erklärung dessen, was man unter einem Sinnbild zu verstehen hat, fanden wir in dem ethnologischen Werk von E.E. EVANS-PRITCHARD: *Nuer Religion,* Kapitel "The Problem of Symbols", Oxford: Clarendon Press, 1956.

3. Siehe MIRCEA ELIADE: *Forgerons et alchimistes,* collection «Homo sapiens», Paris: Flammarion, 1956.

4. Ebenda.

schen Ordnung. Dass das Hervorholen der Erze aus dem »Mutterleib« der Erde und ihre gewaltsame Läuterung durch das Feuer etwas Unheimliches hat und gefährliche Möglichkeiten eröffnet, weiß der »primitive« Mensch auch ohne all die Beweise, die uns die Geschichte des metallurgischen Zeitalters dafür geliefert hat. Für die »archaische« Menschheit, die Geist und Materie nicht künstlich voneinander trennt, war das Aufkommen der Metallurgie nicht eine bloße »Erfindung«, sondern eine »Offenbarung«, weil nur ein Göttlicher Befehl den Menschen zu einer solchen Tätigkeit ermächtigen konnte. Diese Offenbarung aber hat von Anfang an ein gütig-fürchterliches Doppelgesicht;[5] sie verlangt von den Menschen, an die sie gerichtet ist, besondere Vorsicht: So wie die äußere Betätigung des Metallurgen mit Erz und Feuer etwas Gewaltsames hat, so mussten auch die seelischen und geistigen Einflüsse, die mit diesem Beruf verbunden waren, von gefährlicher, zweischneidiger Natur sein. Besonders das Herausziehen der Edelmetalle aus den unreinen Erzen vermittels lösender und läuternder Mittel wie Quecksilber und Antimon und unter Einwirkung des Feuers musste gegen den Widerstand der dunklen und chaotischen Kräfte der Natur geschehen, gleich wie auch die Gewinnung des inneren Silbers oder des inneren Goldes in seiner unveränderlichen Lauterkeit und Leuchtkraft die Überwindung aller dumpfen und wirren Triebe der Seele erfordert.

Folgender Bericht aus der Autobiografie eines Senegalesen zeigt, wie bei gewissen afrikanischen Stämmen die Bearbeitung des Goldes bis in die jüngste Zeit hinein als eine heilige Kunst betrachtet wurde:[6]

> Auf ein Zeichen meines Vaters setzten die beiden Lehrlinge die zwei Blasebalge aus Schafhaut in Bewegung, die auf der einen und der anderen Seite der Esse [Feuerstelle] am Boden lagen und mit derselben durch irdene Röhren verbunden waren. [...] Die Flamme in der Esse erhob sich und wurde zu

5. »Wir offenbarten das Eisen. In ihm liegt böse Macht und Nutzen für die Menschen« (Koran, 57:25).

6. Camara Laye: *L'enfant noir*, Paris 1953.

einem lebenden Ding, einem lebendigen und unbarmherzigen Genius.

Da ergriff mein Vater mit seiner langen Zange den Tiegel und stellte ihn auf die Flamme.

Auf einen Schlag ruhte alle andere Arbeit in der Schmiede; denn während der Zeit, da das Gold schmilzt, und während es erkaltet, darf man weder Kupfer noch Aluminium in seiner Nähe bearbeiten, damit nicht ein Teilchen dieser unedlen Metalle in das Gefäß falle. Nur Stahl kann weiter bearbeitet werden. Doch die Arbeiter, die mit einem Werk von Stahl beschäftigt waren, beendeten es eilig oder ließen es geradewegs liegen, um sich zu den um die Esse gescharten Lehrlingen zu gesellen. [...]

Es kam vor, dass mein Vater, wenn er sich in seinen Bewegungen beengt fühlte, die Lehrlinge mit einer bloßen Handbewegung zurückweichen ließ. Nie sagte er ein Wort in diesem Augenblick, und auch sonst sagte niemand ein Wort; niemand durfte sprechen, selbst der Barde verstummte; die Stille wurde nur vom Keuchen der Blasebalge und dem leisen Zischen des Goldes unterbrochen. Doch wenn mein Vater auch kein Wort äußerte, so weiß ich wohl, dass er innerlich sprach; ich konnte das an seinen Lippen sehen, die sich bewegten, während er das Gold und die Kohle mit einem Stück Holz umrührte, wobei er das Holz, das rasch Feuer fing, immer wieder ersetzen musste.

Was mochte er innerlich sprechen? Ich weiß es nicht; genau weiß ich es nicht, denn es ist mir kein Wort davon überliefert worden. Doch was konnte es anderes sein als Beschwörungen? Beschwor er nicht die Genien des Feuers und des Goldes, des Feuers und des Windes – des Windes, der durch die Blaseröhren zog, des Feuers, das vom Wind geboren war, und des Goldes, das dem Feuer vermählt wurde? Ihre Hilfe und Freundschaft und ihre Hochzeit rief er wohl herbei; gewiss, jene Genien rief er, denn sie gehören zu den wichtigsten und waren auch nötig für die Schmelzung.

Der Vorgang, der sich vor meinen Augen abspielte, war nur scheinbar ein bloßes Schmelzen von Gold; es war das und zugleich mehr, nämlich ein magischer Vorgang, den die Genien gewähren oder hindern konnten. Deshalb herrschte diese Stille um meinen Vater herum. [...]

War es nicht wunderbar, dass in diesen Augenblicken die kleine schwarze Schlange stets unter dem Schaffell verborgen lag? Denn sie war nicht immer da; sie kam nicht jeden Tag, meinen Vater zu besuchen, doch fehlte sie nie, wenn Gold bearbeitet wurde. Das wunderte mich nicht. Seitdem mir mein Vater eines Abends vom Genius seines Stammes erzählt hatte, fand ich es ganz natürlich, dass die Schlange da sei, denn sie kannte ja die Zukunft. [...]

Der Handwerker, der Gold bearbeitet, muss sich zuerst reinigen, sich von Kopf zu Fuß waschen und sich während der Zeit des Werks geschlechtlichen Verkehrs enthalten.

Dass es ein inneres Gold gibt, oder besser gesagt, dass Gold sowohl eine äußere als auch eine innere Wirklichkeit besitzt, das war für eine ursprünglich beschauliche Sinnesart, die im Gold und in der Sonne spontan ein und dieselbe Wesenheit erkannte, nur folgerichtig. Hier und nicht anderswo liegt die Wurzel der Alchimie, die sich selber auf eine priesterliche Kunst der alten Ägypter zurückführt, denn die alchimistische Überlieferung, die sich im Nahen Osten und im Abendland verbreitete und vielleicht sogar die indische Alchimie beeinflusst hat, kennt als ihren Begründer Hermes Trismegistos, den »dreimal mächtigen Hermes«, der kein anderer ist als der griechisch benannte altägyptische Gott Thot, der den priesterlichen Künsten und Wissenschaften vorstand, ähnlich wie im Hinduismus der Gott Ganesha.

Der Ausdruck *alchimia* soll über das arabische *al-kīmiyā'* aus dem altägyptischen *kême* herstammen und auf die »schwarze Erde« hinweisen, die eine Bezeichnung für Ägypten war und gleichzeitig ein Sinnbild für die *materia prima* der Alchimisten sein mochte. Möglich ist auch, dass der Ausdruck vom griechischen *chyma,* das »schmelzen« oder »gießen« bedeutet, herkommt. Jedenfalls finden sich die ältesten alchimistischen Aufzeichnungen, die sich erhalten haben, auf ägyptischen Papyri. Dass wir aus der frühen ägyptischen Kultur keine alchimistischen Dokumente besitzen, beweist nichts, denn es gehört zum Wesen einer heiligen Kunst, dass sie mündlich überliefert werde; ihre schriftliche Aufzeichnung ist meistens eine erste Spur von Zerfall oder verrät, dass man den Verlust der mündlichen Überlieferung zu befürchten hatte. Deshalb ist es auch ganz natürlich, dass das sogenannte *Corpus hermeticum,* das alle dem Hermes-Thot zugeschriebenen Texte umfasst, in griechischer Sprache und mehr oder weniger im Kleid der platonischen Ausdrucksweise auf uns gekommen ist; dass diese Texte dennoch wesentlich auf eine echte Überlieferung zurückgehen und keineswegs archaisierende griechische Erfindungen sind, beweist ihre geistige Fruchtbarkeit. Unseres Erachtens gehört zu demselben Corpus auch die sogenannte »smaragdene Tafel«, die sich als eine Offenbarung des Hermes Trismegistos darstellt und die von den Alchimisten arabischer und lateinischer Sprache mit gutem Grund als die eigentliche Gesetzestafel ihrer Kunst betrachtet wurde. Von der »smaragdenen Tafel« gibt es keinen frühen Text; sie ist nur in arabischer und in lateinischer Übertragung überliefert, wenigstens soweit man das bis heute festgestellt hat, doch bürgt ihr Inhalt für ihre Echtheit.

Zugunsten eines ägyptischen Ursprungs der nahöstlichen und abendländischen Alchimie spricht auch der Umstand, dass eine Reihe handwerklicher Verfahren, die mit der Alchimie in Verbindung stehen und aus welchen die alchimistische Bildersprache schöpft, seit spätägyptischer Zeit bis in die mittelalterlichen Rezeptbücher hinein als eine zusammenhängende Gruppe auftreten, wobei sich gewisse Elemente stets auf Ägypten zurückführen lassen. Zu diesen Verfahren gehörten außer der Metallbearbeitung und der Zubereitung von Farbstoffen vor allem auch die Herstellung von künstlichen Edelsteinen und farbigen Gläsern, eine Kunst, die nirgends so wie in Ägypten geblüht hat. Übrigens zeigt die gesamte mit Metallen und Mineralien schaffende Kunst der alten Ägypter in ihrem Bestreben, aus dem irdischen Stoff die geheimnisvoll kostbaren Essenzen hervorzuholen, eine geistige Verwandtschaft mit der Alchimie.

Das spätägyptische Alexandrien ist wahrscheinlich der Schmelztiegel, in dem neben anderen kosmologischen Wissenschaften und Künsten auch die Alchimie ihre uns bekannte Form erhielt, ohne sich deshalb wesentlich verändert zu haben. Damals dürfte die Alchimie auch gewisse Motive griechischer und asiatischer Sagen in sich aufgenommen haben, was man sich nicht als einen willkürlichen Vorgang zu denken hat: Das Wachstum einer echten Überlieferung gleicht dem eines Kristalls, der wahlverwandte Teilchen anzieht, um sich dieselben nach einheitlichem Gesetz anzugliedern.

Von dieser Zeit an kann man zwei Strömungen der Alchimie beobachten. Die eine ist vorwiegend handwerklicher Art; die auf ein inneres Werk bezüglichen Sinnbilder erscheinen hier als etwas, das einer beruflichen Tätigkeit übergelagert ist und nur verhalten und gelegentlich erwähnt wird. Die andere benützt die metallurgischen Vorgänge nur als Gleichnis, sodass man sich fragen kann, ob sie überhaupt äußerlich ausgeübt wurden. Man hat deshalb zwischen einer handwerklichen Alchimie, die älter sei, und einer ihr später aufgepfropften, sogenannt mystischen Alchimie unterscheiden wollen. In Wahrheit aber handelt es sich um zwei Anblicke ein und derselben Überlieferung, wobei die sinnbildliche Alchimie zweifellos dem »archaischen« Erbe nähersteht.

Man wird sich nun fragen, wie es möglich war, dass die Alchimie samt ihrem mythologischen Hintergrund in die monotheistischen Religionen, in das Christentum, das Judentum und den Islam, aufgenommen werden konnte. Die Erklärung dafür ist darin zu suchen, dass die kosmologischen Anschauungen, welche der Alchimie eigen sind und die sich sowohl auf die äußere, metallische oder allgemein mineralische Natur als auch auf die innere oder seelische Natur beziehen, organisch mit der alten Metallurgie verbunden waren, sodass dieser geistige Hintergrund einfach als ein Wissen von der Natur (*physis*) im weitesten Sinne des Wortes mitsamt dem Handwerk übernommen wurde, ähnlich wie das Christentum und der Islam auch die pythagoreische Überlieferung in der Musik und in der Baukunst übernahmen und ihrer geistigen Welt eingliederten.

Vom christlichen Standpunkt aus gesehen war die Alchimie etwas wie ein natürlicher Spiegel der offenbarten Wahrheiten: Der Stein der Weisen, der die unedlen Metalle in Silber und in Gold zu verwandeln vermag, ist ein Abbild Christi, und seine Entstehung aus dem »nicht brennenden Feuer« des Schwefels und dem »beständigen Wasser« des Quecksilbers gleicht der Geburt des Christus Emanuel.

Durch ihre Angleichung an den christlichen Glauben wurde die Alchimie geistig befruchtet, während das Christentum in ihr einen Weg gewann, der über die Betrachtung der Natur zur wahren Gnosis führen konnte.

Noch leichter fügte sich die hermetische Kunst in die geistige Welt des Islams ein. Diese war ohnehin stets dazu bereit, jegliche vorislamische »Kunst«, die sich unter dem Anblick der Weisheit (*ḥikma*) darbot, als ein Erbe früherer Propheten anzuerkennen. So ist in der islamischen Welt Hermes Trismegistos oft Henoch (*Idrīs*) gleichgesetzt worden.

Es war die Lehre von der »Einheit des Daseins« (*waḥdat al-wudschūd*), die esoterische Deutung des islamischen Einheitsbekenntnisses, welche dem Hermetismus eine neue geistige Achse zu geben vermochte oder, um es anders auszudrücken, die seinen ursprünglichen geistigen Horizont in seiner ganzen Weite wiederherstellte und von dem Dickicht des späten Hellenismus befreite.

Indessen hatte sich die Bilderwelt der Alchimie durch ihre stufenweise Einverleibung in die spätantike und die semitische Glaubenswelt zu einer schillernden Vielfalt ausgewachsen. Doch gewisse grundlegende Züge, die der Alchimie als »Kunst« eigen sind, blieben als ihr untrügliches Wahrzeichen durch die Jahrhunderte hindurch bestehen; dazu gehört vor allem ein bestimmter Plan des alchimistischen Werks, dessen einzelne Phasen durch gewisse, nicht immer handwerklich nachzuahmende, aber bildhaft beschriebene Vorgänge sowie einen bestimmten Wechsel von Farben des »Stoffs« gekennzeichnet sind.

In die römisch-christliche Welt drang die Alchimie zuerst über Byzanz und später in viel stärkerem Maß über das von den Arabern besetzte Spanien ein. In der islamischen Welt hatte sich die Alchimie zu ihrer größten Blüte entfaltet. Dschābir Ibn Hayyān, ein Schüler des sechsten schiitischen Imams, Dscha'far aṣ-Ṣādiq, begründete im achten Jahrhundert nach Christus eine ganze Schule, aus der Hunderte von alchimistischen Schriften stammen. Wohl deshalb, weil der Name Dschābir zum Kennzeichen alchimistischer Lehren geworden war, hat ihn auch der Verfasser der *Summa perfectionis,* ein Italiener oder Katalane des dreizehnten Jahrhunderts, in der latinisierten Form »Geber« übernommen.

Mit der Übernahme griechischen Gedankengutes zur Zeit der Renaissance kam eine neue Welle byzantinischer Alchimie nach dem Westen. Im sechzehnten und siebzehnten Jahrhundert wurden viele alchimistische Werke, die bis dahin nur handschriftlich und mehr oder weniger geheim verbreitet waren, dem Druck übergeben, wodurch das Studium der Hermetik zu einer breiten Bewegung anwuchs, aber auch bald seinem Zerfall entgegenging.

Man hat oft das siebzehnte Jahrhundert als die eigentliche Blütezeit des europäischen Hermetismus bezeichnet. In Wirklichkeit aber setzt dessen Zerfall schon mit dem fünfzehnten Jahrhundert ein, in ebendem Maße, als die humanistische und grundsätzlich schon rationalistische Entwicklung des abendländischen Denkens jeder geistig intuitiven Gesamtschau den Boden entzieht. Es ist wahr, dass zunächst, um die Wende zur Neuzeit, die Elemente einer echten Gnosis, durch die einseitig gefühlsmäßige Richtung der späten christlichen Mystik auf der einen und durch den agnostischen Hang der Reformation auf der anderen Seite aus dem theologischen Bereich verdrängt, in der spekulativen Alchimie eine Zuflucht finden. In diesen Zusammenhang gehören Erscheinungen wie die hermetischen Anklänge bei Shakespeare, Jakob Boehme und Johann Georg Gichtel.

Länger als die eigentliche Alchimie lebte die von ihr abgeleitete Medizin, der Paracelsus den Namen »spagyrische Medizin« verlieh; der Ausdruck ist aus den beiden griechischen Worten σπαω und αγεισω, »scheiden« und »vereinigen«, gebildet, entsprechend dem alchimistischen *solve et coagula.*

Im Großen und Ganzen hat die europäische Alchimie der Zeit nach der Renaissance einen bruchstückhaften Charakter; als geistige Kunst fehlt ihr der metaphysische Hintergrund. Das gilt erst recht von ihren letzten Überbleibseln im achtzehnten Jahrhundert, auch wenn sich neben all den damaligen »Kohlenbrennern« noch einige bedeutende Geister wie Newton und Goethe eingehend und erfolglos mit ihr abgegeben haben.

Hier ist der Ort, darauf hinzuweisen, dass es eine »freigeistige«, der Kirche feindliche Alchimie nicht geben kann, denn die erste Voraussetzung jeder geistigen Kunst ist die Anerkennung all dessen, was der menschliche Zustand in seinem Vorrang und seiner Gefährdung an Mitteln des Heils benötigt. Dass es eine vorchristliche Alchimie gegeben hat, beweist nichts dagegen; sie war stets organischer Bestandteil einer umfassenden Überlieferung, die irgendwie alle Anblicke des menschlichen Daseins einbezog. Insofern aber das Christentum Wahrheiten offenbart, die dem vorchristlichen Altertum verborgen sein konnten, würde sich die Alchimie selbst vernichten, wenn sie sich vor diesen Wahrheiten verschlösse. Es ist also ein großer Irrtum, zu meinen, die Alchimie oder die Hermetik sei etwas wie eine sich selbst genügende Religion oder gar ein geheimes Heidentum. Jede solche Einstellung enthielte notwendigerweise den Keim des Rationalismus und der Menschenanbetung und würde deshalb alle Bemühungen um das innere *magisterium* zum Vornherein zunichtemachen. Gewiss,

»der Geist weht, wo er will«, sodass man seiner Kundgebung nicht äußerlich dogmatische Schranken vorschreiben kann; doch sicher weht der Geist nicht dort, wo er selbst oder wo der Heilige Geist in irgendeiner seiner Offenbarungen verneint wird.

Tatsächlich bedarf die Alchimie, die an sich keine Religion ist, der Bestätigung durch die an alle Menschen gerichtete Heilsbotschaft oder Offenbarung. Und diese Bestätigung liegt darin, dass sich ihr eigener Weg und ihr Werk als ein besonderer Zugang zum ewigen Sinn der allgemeinen Heilsbotschaft erweist.

Wir möchten hier nicht länger bei der Geschichte der Alchimie verweilen. Sie ist im Einzelnen schon deshalb ungewiss, weil die Überlieferung einer esoterischen Kunst wie der Alchimie in der Regel mündlich vor sich geht. Nur auf eines sei in diesem Zusammenhang noch hingewiesen: Der Umstand, dass die alchimistischen Schriften oft ganz phantastische und mit keiner Chronologie vereinbare Namen als die Namen ihrer Verfasser oder der Urheber von Zitaten nennen, sagt über den Wert der betreffenden Texte nichts aus, denn abgesehen davon, dass geschichtliche Bildung und alchimistisches Wissen nichts miteinander zu tun haben, sind diese Namen, wie im Fall des lateinischen Geber, mehr Hinweise auf eine bestimmte »Kette« der Überlieferung als eigentliche Unterschriften. Ob eine hermetische Schrift echt sei, das heißt, ob sie aus einer wahren Kenntnis und Erfahrung der hermetischen Kunst hervorgehe oder willkürlich zusammengebraut wurde, kann weder eine philologische Untersuchung noch der Vergleich mit der empirischen Chemie ermitteln; ihr Prüfstein kann nur die geistige Einheit der Überlieferung selber sein.

Seite 21: Titelblatt der Drei Bücher von Geber, *gedruckt 1531 von Johann Grüninger, Straßburg; Nationalbibliothek Katar*

Seite 22: Der Anfang der Hermes Trismegistos zugeschriebenen Septem tractatus in operatione solis et lunae, *eines aus dem Arabischen ins Lateinische übersetzten alchimistischen Werks, in der* Handschrift Venedig *aus dem späten 14. Jahrhundert; Biblioteca Nazionale Marciana*

GEBERI PHILOSOPHI AC ALCHIMISTAE MAXIMI, DE ALCHIMIA LIBRI TRES.

Eiusdem liber inuestigationis perfecti magisterij, artis Alchimicæ.

Iis additus liber trium verborum.

Epistola item Alexandri imperatoris, qui primus regnauit in Græcia, Persarum quoqꝫ extitit imperator: Super eadem re.

Hermetis aureum opusculum in 7 Tractatus

In nomine patris et filii et spiritus sancti. Incipit tractatus Hermetis de triplici sapien-
tia liber [illegible] que ab omnibus insipientibus celavit. Inquit: Tali in tanta physice [illegible]
experiri non desistere anime mee [illegible] propria, ne forte cum hoc sapientie absconditorum [illegible]
reperiret. Hec autem ars et scientia ab ipso Deo [illegible] inspiratione, qui suis designavit eam suis
conferre famulis, hec rationabilis iudicii arbitrio. Nam bonum tribuens nemini oc-
casionem reliquit nec ulla excussione aperuit. Porro nisi de iudicio timerem hoc scien-
tie nil patefacerem nec ulli prophetizarem. Volui autem debita fidelibus reddere prout auctor fidei
largitus est mihi. Intellige fili sapientum et philosophorum non corporalem nec imprudenter
quatuor elementorum scientiam quam suis rationibus patentia sunt et sua abscondita aperit. Corporis
occulti apertio nequaquam significat nisi componat, eo quod non constituit quousque suum colorem
peragat. Scitote filii sapientum et philosophorum quod aqua est divisio que dividit ipsam in
alias quatuor, una est duabus et tria uni, quarum calori tercia pars est, humori vero due tertie.
Aqua est pondera sapientum. Accipe de humore duas tertias et de rubore meridionali quar-
tam partem et de serie citrina filii et de citrinipignido dimidiam quod sunt viii. Scito quod in his
sapientum sucus, in decem et octo habitus est dictum in fine xxx pagine. Intelligite quoque proprie-
tates decocto namque ipsum diminuit, tertia vero augmentat. Eo quod luna post xv diminuitur
et tercia augmentatur, hoc ergo est initium et finis. Ecce vobis exposui quod a vobis celavi,
quod opus nobiscum et apud vos est, quod ille accipiens et permanens in terra ultima
vi post scitum hoc. Custodite ergo argentum vivum coagulatum quod fit in intimis talamis in
quibus coagulatum est per ipsum [illegible] argentum vivum quod de terra residua. Qui ergo nunc verba
mea audit ipse inquirat. Et obsecro per illum qui nullius malefactoris opus iusti-
ficat et nullius benefactoris opus privat, quod omne quod celavi de hac sapientia dede-
ri. Maximum namque archanum et scientiam intellectui hominibus patefeci. Scitote ergo vi-
morum inquisitores et sapientum filii quod vultur super montes existens voce clamat
voce magna inquiens: Ego sum albus nigri et rubeus albi et citrinus rubei, et cer-
te veridicus sum non mentior. Et scitote quod artis caput est corvus in nigredine noctis
et diei claritate sine alis volat. Ex amaritudine namque in suo gutture existente color ac-
cipitur, a suo vero rubor, et a suo dorso mera aqua accipitur. Intelligite ergo donum Dei,
recipite et ab omnibus celate insipientibus. De cavernis namque metallorum occultus est qui lapis est
venerabilis, color splendidus, mons sublimis et patens mare. Ecce vobis exposui. Deo ergo
reddite gratias qui hanc scientiam docuit nos. Gratus enim diligit. Ponite ergo ipsum [illegible]
[illegible] et in huius ergo [illegible] facie, qui [illegible] humoris calore augmentat et siccitatis
combustione quousque in fine [illegible]. Hec ergo est [illegible] de [illegible] rubigine rubea sua ab eo
extrahite [illegible] et leni quousque [illegible] tertia [illegible] parte. Filii sapientum philosophi qui [illegible] hoc

Wesen und Sprache der Alchimie

IN UNSEREM BUCH ÜBER DAS WESEN DER HEILIGEN KUNST[7] sahen wir uns mehrmals veranlasst, die Alchimie zum Vergleich zu nehmen, und zwar immer dann, wenn wir die künstlerische Schöpfung, wie sie innerhalb einer geheiligten Überlieferung möglich ist, nicht in ihrem äußeren, ästhetischen Anblick, sondern als innerlichen Vorgang betrachteten, der eine seelische Reifung, Verwandlung oder Neugeburt des Künstlers selbst zum Ziel hat. Die Alchimie, die von ihren Meistern ebenfalls als eine Kunst, sogar als die »königliche Kunst« (*ars regia*) bezeichnet wird, bietet mit ihrem Gleichnis der Verwandlung unedler Metalle in die edlen Metalle Silber und Gold ein vielsagendes Bild dieses inneren Vorgangs. Man kann in der Tat die Alchimie eine Kunst der seelischen Verwandlungen nennen. Damit wollen wir nicht leugnen, dass die Alchimisten auch metallurgische Handlungen, wie das Reinigen und Legieren von Metallen, mit all den dazugehörigen chemischen Zubereitungen gekannt und vorgenommen hätten; ihr eigentliches Werk aber, für welches all diese Handlungen nur äußere Anhaltspunkte, nur erlebte oder erlebbare Sinnbilder waren, ist die seelische Verwandlung gewesen. Das Zeugnis der Alchimisten darüber ist einmütig. So heißt es zum Beispiel in dem *Buch der sieben Kapitel,* das Hermes Trismegistos, dem geistigen Ahnherrn der Alchimie, zugeschrieben wurde:

> Seht, ich habe euch eröffnet, was verborgen war: das [alchimistische] Werk ist mit euch und bei euch; indem ihr es in euch selber findet, wo es immerwährend ist, werdet ihr es auch stets gegenwärtig haben, wo ihr auch immer sein möget, an Land oder zur See.[8]

Und in der berühmten Schrift vom Zwiegespräch des arabischen Königs Chālid [Ibn Yazīd] mit dem Weisen Morienus (oder: Maria-

7. TITUS BURCKHARDT: *Heilige Kunst in den Weltreligionen,* Xanten: Chalice Verlag, 2018.

8. *Bibliothèque des philosophes chimiques,* herausgegeben von G. Salmon, Paris 1741.

nus) wird erzählt, wie der König den Weisen gefragt habe, wo denn das Ding zu finden sei, mit welchem das hermetische Werk vollbracht wird. Morienus habe darauf geschwiegen und erst nach langem Zögern geantwortet:

> Oh König, ich gesteh' euch die Wahrheit, dass Gott nach Seinem Wohlgefallen dieses außerordentliche Ding in euch selber erschaffen hat; an welchem Orte ihr auch sein möget, ist es stets in euch und kann nicht von euch getrennt werden.[9]

Das, was die Grundlage des Werks ausmacht, sein eigentlicher »Stoff«, ist also die Natur des Menschen selber.

Der Unterschied zwischen der Alchimie und irgendeiner anderen heiligen Kunst liegt folglich darin, dass die Meisterschaft nicht wie etwa in der Baukunst oder in der Malerei auf der äußeren, »handwerklichen« Ebene sichtbar wird, sondern sich nur innerlich auswirkt, denn die Verwandlung von Blei in Gold, die das alchimistische *magisterium* ausmacht, übersteigt ja die Möglichkeiten eines handwerklichen Könnens. Das Wunderbare dieses Vorgangs, der einen Sprung darstellt, den die Natur nach Auffassung der Alchimisten selber nur in einer unabsehbar langen Zeit machen kann, deutet eben auf den Unterschied zwischen den körperlichen und den seelischen Möglichkeiten hin: Während der mineralische Stoff, dessen Lösungen, Kristallisierungen, Schmelzungen und Verbrennungen in einer gewissen Hinsicht die Wandlungen der Seele zu spiegeln vermögen, an bestimmte Trägheiten gebunden bleibt, kann die Seele die entsprechenden psychischen Zwangsläufigkeiten dank ihrer Begegnung mit dem an keine Form gebundenen Geist überwinden. Das Blei stellt den chaotischen, dumpfen und »siechen« Zustand des Metalls oder des inneren Menschen dar, wogegen das Gold als »festgewordenes Licht« und »irdische Sonne« sowohl die Vollkommenheit des metallischen als auch des menschlichen Daseins ausdrückt. Das Gold ist nach alchimistischer Auffassung das eigentliche Ziel der metallischen Natur; alle anderen Metalle sind gleichsam Vorstufen oder Versuche dazu; das Gold allein besitzt ein in sich ruhendes Gleichgewicht aller metallischen Eigenschaften und daher auch Beständigkeit. »Das Kupfer

9. Ebenda, II. Die Schrift vom Zwiegespräch des arabischen Königs Chālid mit dem Mönch Morienus oder Marianus ist wahrscheinlich die erste alchimistische Schrift, die aus dem Arabischen in das Lateinische übersetzt wurde.

ruht und rastet nicht, bis dass es zu Gold werde«, sagt Meister Eckhart und meint damit die Seele, die sich nach ihrem eigenen ewigen Wesen sehnt. Die Alchimisten wollten also nicht, wie man ihnen nachzusagen pflegt, anhand irgendwelcher geheim gehaltener Rezepte, an die nur sie glaubten, aus gewöhnlichen Metallen Gold machen. Wer das wirklich wollte, gehörte zu den sogenannten Kohlenbrennern, die ohne eine Verbindung mit der lebendigen alchimistischen Überlieferung, durch das bloße Studium der Schriften, die sie nur äußerlich verstanden, das »große Werk« zu vollziehen trachteten.

Als ein Weg, der den Menschen zur Erkenntnis seines eigenen zeitlosen Wesens hinführt, kann man die Alchimie mit der Mystik vergleichen. Schon die Übernahme alchimistischer Ausdrücke in die christliche und vor allem in die islamische Mystik legt das nahe. Die alchimistischen Sinnbilder der Vollkommenheit weisen auf die geistige Beherrschung des menschlichen Zustands hin, auf die Rückkehr zur Mitte, auf das, was die Mystik der drei monotheistischen Religionen als die Wiedergewinnung des irdischen Paradieses beschreibt. Nicolas Flamel (1330–1417), der sich als Alchimist der Sprache seines christlichen Glaubens bedient, schreibt von der Vollendung des Werks, dass sie den Menschen

> gut macht, indem sie die Wurzel aller Sünde, nämlich den Geiz in ihm, ausrottet, sodass er freigebig, sanft, fromm, gläubig und gottesfürchtig wird, wie schlecht er auch vorher gewesen sein mag. Denn von nun an wird er immerzu von der großen Gnade und Barmherzigkeit, die er von Gott empfangen, und von der Tiefe Seiner wunderbaren Werke erfüllt sein.[10]

Die Ausrottung der Wurzel aller Sünde entspricht der Rückkehr zur adamischen Vollkommenheit.

Das Wesen und Ziel der Mystik ist die Einung mit Gott. Die Alchimie spricht davon nicht. Zum Weg der Mystik gehört aber die Wiederherstellung des ursprünglichen »Adels« der menschlichen Natur, ihrer Sinnbildlichkeit, denn die Einung mit Gott ist nur möglich aufgrund dessen, was trotz des unermesslichen Abstands zwischen Geschöpf und Gott jenes mit Diesem verbindet,

10. *Bibliothèque des philosophes chimiques.*

und das ist die »Ebenbildlichkeit« Adams, welche durch den »Sündenfall« entstellt oder unwirksam geworden ist. Zuerst muss die Reinheit des Sinnbildes Mensch wiedergewonnen sein, bevor dessen Umrisse in das unbegrenzte Göttliche Urbild zurücktauchen können. Nun ist die Verwandlung von Blei in Gold geistig verstanden nichts anderes als die Wiederherstellung des ursprünglichen Adels der menschlichen Natur. So wie sich die unnachahmliche Eigenschaft des Goldes nicht durch die äußerliche Zusammensetzung metallischer Merkmale wie Masse, Härte, Farbe und so weiter erzeugen lässt, so ist auch die adamische Vollkommenheit keine bloße Häufung von Tugenden; sie ist unnachahmlich wie das Gold, und der Mensch, der sie verwirklicht hat, kann nicht an anderen gemessen werden; alles an ihm kommt aus erster Hand, und in diesem Sinne ist sein Wesen eigenständig. Da die Verwirklichung dieses Zustands notwendigerweise zum Weg der Mystik gehört, kann man auch die Alchimie als einen Zweig der Mystik betrachten.

Allein, der geistige »Stil« der Alchimie ist von dem der Mystik, die auf einer Glaubenslehre fußt, so verschieden, dass man bisweilen versucht sein könnte, von einer »Mystik ohne Gott« zu sprechen. Der Ausdruck ist jedoch unangebracht, um nicht zu sagen völlig falsch, denn die Alchimie setzt den Glauben an Gott voraus, und fast alle ihre Meister legen ein großes Gewicht auf die Übung des Gebets. Etwas Richtiges liegt in dem Ausdruck nur insofern, als die Alchimie zum Vornherein keinen theologischen Rahmen besitzt, sodass auch die theologische Kennzeichnung der Mystik nicht notwendigerweise den geistigen Horizont der Alchimie umschreibt. Die jüdische, christliche oder islamische Mystik ist ihrer Methode nach Besinnung auf eine offenbarte Wahrheit, einen Anblick Gottes oder eine Idee im tiefsten Sinne dieses Wortes; sie ist geistige Vergegenwärtigung und willenshafte Befolgung dieser Idee. Die Alchimie dagegen ist in erster Linie weder theologisch (oder metaphysisch) noch ethisch eingestellt; sie betrachtet das Spiel der seelischen Kräfte von einem rein kosmologischen Standpunkt aus und behandelt die Seele als einen »Stoff«, den es zu läutern, aufzulösen und neu zu kristallisieren gilt. Sie verhält sich so wie eine Wissenschaft oder Kunst der Natur, denn alle Zustände des inneren Bewusstseins sind für sie nur Weisen der einen »Natur«, die sowohl die äußeren, sichtbaren und körperlichen, als auch die inneren, seelischen Formen umfasst.

Deshalb entbehrt jedoch die Alchimie nicht eines kontemplativen Zuges; sie besteht nicht etwa aus einer bloßen Pragmatik ohne geistige Einsicht; ihr geistiger und in gewissem Sinne kontemplativer Charakter liegt gerade in ihrer konkreten Form, in der Analogie zwischen dem seelischen und dem mineralischen Bereich, denn diese Ähnlichkeit kann nur von einer Schau umspannt werden, die das Stoffliche qualitativ, also gewissermaßen innerlich, und das Psychische »stofflich«, das heißt objektiv und gleichsam gegenständlich, erfasst. Mit anderen Worten gesagt ist in der alchimistischen Kosmologie eine Lehre vom Sein, eine Ontologie inbegriffen. Das metallurgische Sinnbild ist nicht nur ein Notbehelf, eine annähernde Beschreibung innerer Vorgänge; wie jedes echte Sinnbild ist es eine Art von Offenbarung.

Mit ihrer »unpersönlichen« Betrachtung der seelischen Welt steht die Alchimie dem Weg der Erkenntnis, der Gnosis, näher als dem Weg der Liebe. Denn es ist das Vorrecht der Gnosis – im echten, nicht ketzerischen Sinne des Wortes –, die ichhafte Seele »objektiv« zu betrachten, statt sie nur subjektiv zu erleben. Darum hat auch gerade die auf Erkenntnis eingestellte Mystik gelegentlich alchimistische Ausdrucksweisen benutzt, sofern sie nicht gar die Alchimie in die Stufen und Weisen ihres Weges einbezogen hat.

Der Ausdruck »Mystik« kommt von »Geheimnis« oder »sich versenken« (griechisch *myein*); das Wesen der Mystik entzieht sich der bloß verstandesmäßigen Ausdeutung, und dasselbe gilt auch für die Alchimie.

Ein anderer Grund dafür, dass sich die alchimistische Lehre in Rätsel hüllt, liegt darin, dass sie sich nicht an jedermann wendet. Die »königliche Kunst« setzt ein ungewöhnliches Verständnis und eine gewisse seelische Haltung, eine Tugend voraus, ohne welche ihre Ausübung mit nicht geringen seelischen Gefahren verbunden wäre. Artephius, ein berühmter Alchimist des Mittelalters,[11] schreibt:

> Weiß man denn nicht, dass unsere Kunst eine kabbalistische[12] ist? Ich will damit sagen, dass sie nur mündlich offen-

11. Artephius ist vielleicht der latinisierte Name eines sonst unbekannten arabischen Verfassers. (Siehe Edmund von Lippmann: *Entstehung und Ausbreitung der Alchemie,* Berlin 1919.) Er muss vor 1250 gelebt haben.

12. »Kabbalistisch« bedeutet hier, dem etymologischen Sinn des Wortes gemäß, »mündlich überliefert«.

> bart wird und dass sie voller Geheimnisse ist. Du aber, armer Narr, der du bist, wärest du wirklich so einfältig zu glauben, dass wir offen und klar das größte und wichtigste aller Geheimnisse lehren, sodass du unsere Worte buchstäblich nähmest? Ich versichere dir in gutem Glauben [denn ich bin nicht so eifersüchtig wie die anderen Philosophen], dass der, welcher alles, was die anderen Philosophen [das heißt die anderen Alchimisten] geschrieben haben, nach dem gewöhnlichen Sinn der Wörter auslegen wollte, sich in den Gängen eines Labyrinths verlöre und nie wieder daraus hinausfände, denn es fehlte ihm der Faden der Ariadne, um sich zurechtzufinden und den Ausgang zu erreichen.[13]

Und Synesios, der wahrscheinlich im vierten Jahrhundert nach Christus gelebt hat,[14] schreibt:

> [Die wahren Alchimisten] drücken sich nur durch Bilder, Typen und Gleichnisse aus, damit sie nur von den weisen, heiligen und vom Wissen erleuchteten Seelen verstanden werden. Indessen haben sie in ihren Werken einen gewissen Weg und eine gewisse Regel aufgezeigt derart, dass der Weise alles, was sie verhüllt beschreiben, verstehen und schließlich nach etwelchen Irrungen erlangen kann.[15]

Geber endlich, der in seiner *Summe* das ganze Wissen der mittelalterlichen Alchimie zusammengefasst hat, bezeugt:

> Man soll diese Kunst nicht ganz in dunklen Worten darstellen; man soll sie aber auch nicht so deutlich erklären, dass es alle verstehen können. Ich lehre sie deshalb so, dass sie den Weisen nicht verborgen bleibt, wenn es auch den mittelmäßigen Geistern recht dunkel vorkommen wird; die Dummen und die Narren aber werden überhaupt nichts davon verstehen können.[16]

13. *Bibliothèque des philosophes chimiques.*
14. Es ist umstritten, ob Synesios mit dem gleichnamigen Bischof von Kyrene (379–415), Schüler der alexandrinischen Platonikerin Hypatia, identisch sei.
15. *Bibliothèque des philosophes chimiques.*
16. Ebenda.

Man kann sich darüber wundern, dass trotz dieser Warnungen, von welchen wir noch beliebig viele hier erwähnen könnten, zahlreiche Menschen – besonders im siebzehnten Jahrhundert – daran glaubten, durch eifriges Studium der alchimistischen Schriften das Mittel finden zu können, mit dem man Gold mache. Es ist wahr, dass die alchimistischen Verfasser oft selber vorgeben, sie verhüllten das Geheimnis der Alchimie nur, damit kein Unwürdiger zu gefährlicher Macht gelangen könne. Sie bedienten sich so des unvermeidlichen Missverständnisses, um die Unberufenen fernzuhalten. Doch sprachen sie nie von dem scheinbaren Ziel ihrer Kunst, ohne im gleichen Atemzug auch das wahre zu erwähnen. Wer von weltlicher Leidenschaft besessen war, der musste die wesentliche Aussage überhören. Darum steht im *Hermetischen Triumph* geschrieben:

> Der Stein der Weisen [mit dem man die unedlen Metalle in Gold verwandeln kann] schenkt dem, der ihn hat, ein langes Leben, frei von aller Krankheit, und bringt in seine Gewalt mehr Gold und Silber, als all die mächtigsten Herrscher zusammen besitzen. Dabei hat dieser Schatz vor allen anderen Gütern des Lebens den besonderen Vorteil, dass der, welcher seiner genießt, vollkommen zufrieden ist, ja, dass ihn sein bloßer Anblick zufrieden macht und dass er niemals von Furcht, ihn zu verlieren, angefochten wird.[17]

Der erste Satz scheint die äußerliche Auffassung der Alchimie zu bestätigen, der zweite aber weist so deutlich als nur wünschbar darauf hin, dass der Besitz dessen, um was es hier geht, ein innerlicher und geistiger ist. So heißt es auch in dem bereits erwähnten *Buch der sieben Kapitel:*

> Mit Hilfe des allmächtigen Gottes wird euch dieser Stein [der Weisen] von allen noch so großen Krankheiten befreien und beschützen; er wird euch auch vor Traurigkeit und Kummer und vor allem, was Leib und Seele schaden kann, bewahren. Er wird euch aus der Finsternis zum Licht, aus der Wüste zum Heim und aus der Not zum Reichtum führen.[18]

17. Ebenda.
18. Ebenda.

Der Doppelsinn, der in all diesen Stellen zu finden ist, entspricht der offen zugegebenen Absicht, die »Weisen« zu lehren, die »Toren« aber irrezuführen.

Weil die alchimistische Ausdrucksweise bei all ihrer »hermetischen« Verschlossenheit nicht willkürlich erfunden, sondern echt ist, konnte Geber im Nachsatz zu seiner berühmten *Summe* sagen:

> Überall da, wo ich scheinbar am deutlichsten und offensten von unserer Wissenschaft sprach, habe ich mich in Wirklichkeit am dunkelsten ausgedrückt und meinen Gegenstand am meisten verhüllt. Und trotz all dem habe ich das alchimistische Werk nie in Allegorien oder Rätsel gekleidet, sondern in klaren und verständlichen Worten behandelt und ehrlich beschrieben, so, wie ich es selber gekannt und durch Göttliche Eingebung erlernt habe.

Andererseits haben die Alchimisten ihre Werke absichtlich so verfasst, dass sich beim Lesen die Geister scheiden. Dafür ist gerade das zuletzt erwähnte Werk ein Beispiel, denn Geber sagt in demselben Nachsatz:

> Ich erkläre hier, dass ich in dieser *Summe* unsere Wissenschaft nicht zusammenhängend gelehrt, sondern in verschiedene Kapitel hie und da eingestreut habe; denn wenn ich sie der Ordnung nach und zusammenhängend dargestellt hätte, wären die Übelgesinnten, die sie zum Bösen gebrauchen könnten, in der Lage, sie ebenso leicht zu erlernen wie die Leute guten Willens.

Verfolgt man die scheinbar streng metallurgisch gemeinten Ausführungen Gebers genau, so wird man mitten in der fast handgreiflichen Beschreibung eines chemischen Vorgangs seltsame Gedankensprünge entdecken: Der Verfasser, der vorher nie von einem Stoff zum Werk gesprochen hat, sagt an einer Stelle plötzlich: »So nimm nun diesen Stoff, den du zur Genüge kennst, und tu ihn in das Gefäß.« Oder er spricht, nachdem er ausführlich bewiesen hat, dass sich die Metalle nicht durch äußere Mittel verwandeln lassen, auf einmal von der »Medizin, die alle kranken Metalle heilt«, indem sie dieselben in Silber und Gold verwandle. Hier stößt das gedankliche Verstehen jedes Mal an eine Mauer, und gerade das ist der Zweck einer solchen Darstellung: Der Lernende soll die Grenzen seiner Ratio erleben, damit er endlich, wie es Geber von sich erzählt, in sich selber suche: »Indem ich mich auf mich selber zurückwandte und über die Art und Weise nachsann, wie die Natur die Metalle im Inneren der Erde erzeugt, erkannte ich den wahren Stoff, den uns die Natur bereitet hat, um sie auf der Erde zu vollenden.« Es besteht da eine gewisse Ähnlichkeit mit der Methode des Zen-Buddhismus, die darauf ausgeht, durch inständige Besinnung auf gewisse, von einem Meister geäußerte Paradoxe die Schranken des bloßen Denkens zu sprengen.

Das ist die geistige Schwelle, die es für den Alchimisten zu überwinden gilt; die ethische Schwelle ist, wie gesagt, die Versuchung, die alchimistische Kunst nur um des Goldes willen zu erstreben. Die Alchimisten versichern immer wieder, das größte Hindernis auf ihrem Weg sei der Geiz. Dieses Laster bedeutet für ihre Kunst dasselbe, was für den Weg der Liebe der Hochmut und für den Weg der Erkenntnis die Selbsttäuschung bedeutet; Geiz ist hier einfach der nächstliegende Name für die Eigensucht, die Verhaftung am eigenen, beschränkten und den Leidenschaften verfallenen Ich. Umgekehrt erinnert die Forderung, der Schüler des Hermes möge die Verwandlung der Metalle nur erstreben, um damit den Armen – oder der Natur selber – aus der Not zu helfen, an das buddhistische Gelübde, die höchste Erleuchtung nur zum Heil aller Wesen zu wollen; die Barmherzigkeit befreit von jener Tücke des eigenen Ichs, das in allen Taten nur sich selber spiegeln will.

Sollte uns jemand vorwerfen, dass wir mit unserem Versuch, die Alchimie verständlich zu machen, die von den Alchimisten so streng geforderte Vorsicht durchbrechen, so können wir darauf erwidern, dass niemand die Sinnbilder, die den Schlüssel zum innersten Geheimnis bilden, mit Worten ausschöpfen kann. Was wir weitgehend erklären können, das ist die kosmologische Lehre, die der alchimistischen Kunst zugrunde liegt, ihre Auffassung des Menschen und der Natur sowie der allgemeine Ablauf ihres Vorgangs. Und selbst wenn wir das ganze hermetische Werk zu deuten vermöchten, so bliebe doch immer etwas übrig, das kein geschriebenes Wort vermitteln kann und das zur Vollziehung des Werks unerlässlich ist: Wie jede heilige Kunst im wahren Sinne des Wortes, das heißt wie jede Methode, die zu einer Verwirklichung von höheren Zuständen des Bewusstseins führen kann, beruht auch die Alchimie auf einer Einweihung: Die Anweisung zum Werk muss in der Regel von einem Meister empfangen werden, und nur in seltenen Fällen, wenn die Kette von Mensch zu Mensch unterbrochen ist, kommt es vor, dass der geistige Einfluss auf wunderbare Weise die Lücke überspringt. Im Gespräch zwischen König Chālid und Morienus wird darüber gesagt:

> Die Grundlage dieser Kunst besteht darin, dass der, welcher sie weitergeben will, selber die Lehre von einem Meister empfangen haben muss. [...] Auch ist es nötig, dass sie der Meister oft vor seinem Schüler behandelt habe. [...] Denn der, welcher die Ordnung dieses Werks genau kennt und es selbst erfahren hat, ist nicht mit dem zu vergleichen, der nur in Büchern danach geforscht hat.[19]

Und der Alchimist Denis Zachaire[20] schreibt:

> Zuerst aber will ich, dass man wisse – falls man es noch nicht erfahren hat –, dass diese Göttliche Philosophie nicht in der Gewalt der Menschen ist; noch viel weniger kann man sie aus ihren Büchern erlernen, es sei denn, dass Gott dieselbe unseren Herzen durch Seinen Heiligen Geist eingebe oder uns durch den Mund eines lebenden Menschen lehre.[21]

19. Ebenda.
20. Ein französischer Alchimist des sechzehnten Jahrhunderts.
21. *Bibliothèque des philosophes chimiques.*

Die hermetische Weisheit

DIE HERMETISCHE WELTANSCHAUUNG GEHT DAVON AUS, dass das Weltall – der Makrokosmos – und der Mensch – der Mikrokosmos – einander spiegelbildlich entsprechen; was im einen ist, das muss auch im anderen irgendwie enthalten sein.

Man versteht diese Entsprechung wohl am besten, wenn man sie auf das gegenseitige Verhältnis von Subjekt und Objekt, von Erkennendem und Erkanntem, zurückführt: Die Welt als Objekt erscheint im Spiegel des menschlichen Subjekts; wenn man auch die beiden Seiten oder Pole theoretisch zu unterscheiden vermag, so lassen sie sich doch nicht voneinander trennen; jeder wird stets nur im Hinblick auf den anderen wahrgenommen.

Es ist um der Klarheit willen wichtig, hier genauer zu betrachten, was man mit schwankender Sinngebung als »Subjekt« zu bezeichnen pflegt: Sagt man etwa, dass die Schau, die der Mensch vom Weltall hat, »subjektiv« sei, so versteht man gewöhnlich darunter, dass sie von seinem besonderen Standpunkt in Raum und Zeit und seinen mehr oder weniger entwickelten Fähigkeiten und Kenntnissen abhänge; die »subjektive« Bedingtheit ist so gesehen die des Einzelnen, des Individuums, oder die einer zeitlich und räumlich begrenzten Gruppe von Menschen. Das menschliche Erkenntnisvermögen ist aber nicht nur von Fall zu Fall bedingt, es ist an sich artgebunden, und in diesem Sinne gibt es keinerlei Kenntnis der Welt, die als rein »objektiv« außerhalb der Sphäre des menschlichen Subjekts stünde; weder die Übereinstimmung aller möglichen einzelmenschlichen Wahrnehmungen noch die Verwendung irgendwelcher Hilfsmittel, die den Bereich der Sinne erweitern, überschreitet diese Sphäre, die zugleich die Welt als erkennbaren Gegenstand und den Menschen als erkennendes Wesen umschreibt; der logische Zusammenhang der Welt, das, was ihre vielfachen Erscheinungen zu einem mehr oder weniger überschaubaren Ganzen macht, gehört eben sowohl der Welt als auch der einheitlichen Natur des menschlichen Subjekts an. Dennoch liegt in jeglicher Erkenntnis, mag sie auch ich- und artgebunden sein, irgendetwas Unbedingtes, ansonsten es überhaupt keine Brücke vom Subjekt zum Objekt, vom Ich zum Du, keinerlei Wahrheit und keine Einheit hinter all den zahllosen, von den endlos vielen und vielartigen Wesen erkannten »Welten« gäbe. Dieses Unbedingte und Unwandelbare, das jeglicher Erkenntnis ihren mehr oder weniger verhüllten Gehalt an Wahrheit verleiht, ja, ohne das sie in gar keiner Weise Erkenntnis wäre, ist der reine Geist, der Intellekt, der als das Erkennende und das Erkennbare schlechthin in allen Wesen ungeteilt gegenwärtig ist.

Unter allen Lebewesen dieser Welt ist der Mensch der vollkommenste Träger des allheitlichen und in seinem Ursprung Göttlichen Geistes, und im Hinblick darauf kann er als das Spiegelbild oder zusammenfassende Abbild des ganzen Weltalls betrachtet werden.

Halten wir inne und unterscheiden nochmals die Wirklichkeiten, die sich wie lauter Spiegel gegenüberstehen: Da ist vor allem der rein erkennende Geist, den man auch das »transzendente Subjekt« nennen könnte und dem als Erkennbares nicht nur die äußere, körperliche Welt, sondern auch die innere, seelische Welt und sogar der Verstand gegenüberstehen, denn die Bewegungen des Verstandes können Gegenstand des Erkennens sein, während sich der reine Geist selbst jeder »Vergegenständlichung« entzieht. Es ist wahr, dass der Geist sich selbst in unmittelbarer Weise erkennen kann, aber diese Erkenntnis liegt jenseits alles Unterscheidbaren, sodass sie für die unterschiedliche Wahrnehmung, die sich in Objekt und Subjekt scheidet, wie nichts ist. Etwas anderes ist das menschliche, mit seelischen Kräften wie Denken, Vorstellung und Erinnerung begabte und auf die Fähigkeiten sinnlicher Wahrnehmung gestützte Subjekt, dem die ganze körperliche Welt als Objekt entspricht. Der reine Geist ist gleichsam das, was diesem menschlichen Subjekt sein erkennendes Licht verleiht. Endlich gibt es noch den ganzen, aus Geist, Seele und Leib gemachten Menschen, der selbst ein Teil des Weltalls ist, das er erkennt, zugleich aber auch wegen seines besonderen Ranges, das heißt wegen seiner vornehmlich geistigen Natur, als ein kleiner Kosmos im großen und als dessen spiegelbildliches Gegenstück erscheint.

Die überlieferte Lehre von der gegenseitigen Entsprechung des Weltalls und des menschlichen Wesens hat also zur Grundlage das Wissen vom einen und allumfassenden Geist, der sich zu dem, was man gewöhnlich als »Geist« bezeichnet, nämlich zum bloßen Verstand, wie eine Lichtquelle zu ihrem Widerschein in einem begrenzten Mittel verhält.[22] Dieses Wissen, welches das Bindeglied zwischen der Kosmologie, der Kunde vom Weltall, und der Metaphysik[23] bildet, ist keineswegs ein Vorrecht der Hermetik, wenn es auch mit besonderer Deutlichkeit in den Schriften dargelegt ist, als deren Urheber Hermes Trismegistos, der »dreifach mächtige Hermes«, genannt wird. Vom Geist heißt es in einer dieser Schriften:

> Der Geist (*nous*) entspringt der Substanz (*ousia*) Gottes,[24] sofern man überhaupt von einer »Substanz« Gottes sprechen kann; welcher Natur diese Substanz ist, das nämlich kann nur Gott allein genau wissen.[25] Der Geist also ist nicht von der Substanz Gottes abgeschnitten, sondern strahlt sozusagen von Diesem seinem Ursprung aus, wie das Licht von der Sonne ausstrahlt. In den Menschen ist dieser Geist Gott.[26]

Man darf sich hier nicht von der unvermeidlichen Begrenztheit des verwendeten Gleichnisses irreleiten lassen: Mit dem Ausstrahlen des Geistes von seinem Göttlichen Ursprung ist kein irgendwie stoffliches »Hervorgehen« oder Sich-Ausdehnen gemeint.

In demselben Buch steht geschrieben, die Seele (*psyche*) sei im Leib wie der Geist (*nous*) in der Seele und wie das Göttliche Wort (Logos) im Geist. (Umgekehrt kann man auch sagen, der Leib sei in der Seele wie die Seele im Geist und der Geist im Wort.) Gott ist demnach aller Vater. Man sieht, dass diese Lehre der johanneischen Theologie nah verwandt ist, und versteht, dass christliche Kreise des Mittelalters in den Schriften des *Corpus hermeticum* ähnlich wie in den Schriften Platos die vorchristlichen »Samenkörner« des Logos erkannten.[27]

22. Der Verstand gleicht einer Sammellinse, welche das Licht des Geistes in eine bestimmte Richtung und auf ein beschränktes Feld wirft.

23. Als »Metaphysik« bezeichnen wir die Lehre vom Unerschaffenen. Der größte Teil der aristotelischen »Metaphysik« ist noch Kosmologie. Kennzeichen der eigentlichen Metaphysik ist ihr apophatischer [verneinender] Charakter.

24. Wir übersetzen hier *ousia* mit »Substanz«, dem scholastischen Brauch gemäß. In Wirklichkeit handelt es sich hier um das »Wesen« Gottes.

25. Das heißt, die Substanz oder das Wesen Gottes kann von nichts außerhalb ihrer selbst erkannt werden, weil sie jenseits aller Zweiheit und aller Unterscheidung in Objekt und Subjekt ist.

26. *Corpus hermeticum,* Traduit par A.-J. Festugière. Paris: Les Belles Lettres, 1945. Kapitel «D'Hermes Trismegiste: Sur l'intellect commun, à Tat».

27. So betrachtete unter anderen Albertus Magnus die hermetischen Schriften.

Obwohl die Lehre von der All-Einheit des Geistes durch alle offenbarten Schriften verbürgt ist, bleibt sie in ihren Weiterungen esoterisch, lässt sie sich doch nicht jedermann mundgerecht machen, ohne die Gefahr einer irreführenden Vereinfachung heraufzubeschwören. Diese Gefahr liegt hauptsächlich darin, dass die Einheit des Geistes vorstellungsmäßig aufgefasst und dadurch irgendwie einer stofflichen Einheit verglichen werde; das aber führt dazu, sowohl den Unterschied zwischen Gott und Geschöpf als auch die wesentliche Einmaligkeit jedes einzelnen Geschöpfs zu verwischen.

Der Geist ist nicht einer der Zahl nach, sondern kraft seiner Unteilbarkeit, sodass er in jedem Geschöpf ganz gegenwärtig ist; ja, dessen Einmaligkeit hat gerade in ihm ihren Grund, denn es gibt nichts, was mehr Einheit, Ganzheit und Vollkommenheit besäße als das, wodurch es erkannt wird.

Eine irrtümliche Auslegung der Lehre vom einen Geist, der in allen Wesen gegenwärtig ist, bildet auch der philosophische Kurzschluss, dass mit dem Verlassen des Körpers beim Tod das einzelne geistige Wesen ohne Weiteres in den einen Allgeist zurücktauche, sodass es kein besonderes Fortleben nach dem Tod gäbe. Was aber das Licht des Geistes ichhaft sondert, ist nicht der Leib sondern die Seele, die vom Leib getrennt fortbesteht, auch wenn sie in diesem Leben ganz auf das Leibliche gerichtet war und scheinbar keinen anderen Inhalt hatte.[28]

Da der Geist als der erkennende Pol des Daseins nicht selbst zum Gegenstand der unterscheidenden Erkenntnis gemacht werden kann, ändert das Wissen von ihm nichts an der Erfahrung der Welt, wenigstens nicht auf dem Gebiet der Tatsachen; es bestimmt aber wesentlich die innere Angleichung derselben, die Auffassung der Wahrheit: Für die moderne Wissenschaft sind die Wahrheiten oder allgemeinen Gesetze, ohne welche die bloße Erfahrung nur Flugsand wäre, nichts als vereinfachende Beschreibungen der Erscheinungen, nützliche, aber stets nur vorläufige »Abstraktionen«; für die überlieferungstreue Wissenschaft dagegen ist Wahrheit der Ausdruck oder verstandesmäßige Niederschlag einer dem Geist innewohnenden Möglichkeit, die eben deshalb, weil sie im Geist unveränderlich enthalten ist, auch in der äußeren Welt sich kund-

28. Daher die Qualen, welche die ganz auf das Leibliche gerichteten und nun des Leibes entbehrenden Seelen nach dem Tod erleiden.

gibt. Die Auffassung der Wahrheit ist also hier unbedingter als in der modernen Wissenschaft, ohne dass deshalb die verstandesmäßige Fassung der Wahrheit wie im rationalistischen Denken zum Gott gemacht würde, denn was der Verstand oder die Vorstellung an Wahrheit festhalten kann, ist ja nur ein Sinnbild der Möglichkeiten, die im ewigen Geist enthalten sind.

Nach der modernen Anschauung baut sich die Wissenschaft einseitig von der Erfahrung her auf; in der überlieferungstreuen Sicht ist die Erfahrung nichts ohne den schon vom Geist gegebenen Wahrheitskern, um den sich die einzelnen Erfahrungen kristallisieren können. Eben deshalb beruht die hermetische Wissenschaft auf der Überlieferung gewisser Sinnbilder, die ihrerseits auf eine geistige Offenbarung zurückgehen, wobei wir hier den Ausdruck »Offenbarung« allgemeiner auffassen, als es der theologische Brauch will, ohne ihn deshalb in einem nur dichterischen Sinn zu verstehen. Gemäß der indischen Ausdrucksweise ließe sich der geistige Vorgang, um den es sich handelt, als eine Offenbarung zweiter Ordnung, als *smriti* im Gegensatz zur *shruti*, bezeichnen.[29] Vom christlichen Standpunkt aus darf man wohl von einer Eingebung des Heiligen Geistes sprechen, die sich nicht an eine ganze Glaubensgemeinschaft, sondern nur an gewisse, für eine besondere Schau begabte Menschen wendet; so jedenfalls haben die christlichen Alchimisten das hermetische Erbe aufgefasst. Letzten Endes ist die Hermetik ein Zweig der Uroffenbarung, der durch alle Zeiten hindurch bis in die christliche und islamische Welt hineinreicht.

Die im Geist enthaltenen unveränderlichen Möglichkeiten lassen sich mit dem Verstand nicht unmittelbar erfassen. Plato nennt diese Möglichkeiten die »Ideen« oder »Urbilder« (Archetypen), und man tut gut daran, diesen Bezeichnungen ihren Sinn zu bewahren und sie weder auf allgemeine Begriffe – die höchstens ein Abbild der wahren Ideen sind – noch auf den rein psychologischen Bereich des sogenannten »kollektiven Unbewussten« anzuwenden; die letztere Missdeutung ist besonders irreführend, weil hier die Unteilbarkeit des geistigen Lichts mit der Undurchdringlichkeit des unteren, passiven und dunkeln Seelengrunds verwechselt wird. Die Archetypen liegen nicht unter, sondern über dem Verstand,

29. In der Tradition des Veda werden dessen heilige Schriften in *shruti* (offenbarte) und *smriti* (von menschlichen Verfassern überlieferte) unterschieden [Anmerkung der Herausgeber].

und deshalb ist alles, was dieser an ihnen unterscheiden kann, immer nur ein beschränkter Anblick dessen, was sie an sich sind. Es ist also nicht möglich, die Urbilder als solche bekanntzugeben. Allein, bei der Vereinung der Seele mit dem Geist – oder ihrem Zurücktauchen in die ungeteilte Einheit des Geistes – findet eine Spiegelung jener Urmöglichkeiten im formgebundenen Bewusstsein statt; die Inhalte des Geistes schlagen sich dann in plötzlich gerinnenden Sinnbildern im Verstand und in der Vorstellung nieder.

In dem *Poimandres* genannten Buch des *Corpus hermeticum* ist beschrieben, wie sich der Allgeist dem Hermes-Thot offenbart:

> Bei diesen Worten sah Er mir eine lange Weile geradewegs ins Antlitz, sodass ich bei Seinem Anblick zitterte. Dann, als Er das Haupt wieder erhob, sah ich wie in meinem eigenen Geist (*nous*) das Licht, das aus einer zahllosen Zahl von Vermögen bestand, zu einem grenzenlosen All geworden war, während das Feuer, von einer allmächtigen Kraft umhüllt und so gehalten, seine unbewegte Stellung erreicht hatte: Das war es, was ich von dieser Schau gedanklich festzuhalten vermochte. [...] Während ich so ganz außer mir war, sprach Er wieder: »Du hast nun im Geiste (*nous*) die Urform, den Ursprung vor allem nie endenden Anbeginn gesehen.«[30]

Sinnbild ist alles, was auf der seelischen und der leiblichen Ebene die geistigen Urbilder wiedergibt. Die Vorstellung besitzt bei dieser Spiegelung einen gewissen Vorzug gegenüber dem abstrakten Gedanken; sie ist vieldeutig, nicht so schematisch wie dieser und stützt sich, indem sie sich zum einfachen Bild verdichtet, auf die umgekehrte Entsprechung, die zwischen dem körperlichen und dem geistigen Bereich besteht, gemäß dem Gesetz, dass »das, was zuunterst ist, dem gleicht, was zuoberst ist«, wie es in der »smaragdenen Tafel« heißt.

Dadurch, dass sich der menschliche Geist bei seiner mehr oder weniger vollkommenen Vereinigung mit dem allumfassenden Geist von der Vielheit der Dinge abwendet und gewissermaßen in

30. *Corpus hermeticum,* siehe Fußnote 26, Kapitel «Poimandres».

der ununterschiedenen Einheit aufgeht, kann die Erkenntnis der Natur, die er aus einer solchen »Einsicht« empfängt, nicht verstandesmäßig-zerlegender Art sein. Aber die Welt wird nun für ihn wie durchsichtig, er erblickt in den Erscheinungen den Abglanz der ewigen »Urbilder«. Und da, wo diese Einsicht nicht unmittelbar vorhanden ist, können doch die aus ihr gewonnenen Sinnbilder die »Erinnerung« oder »Ahnung« der Urbilder erwecken. Solcherart ist die hermetische Betrachtung der Natur.

Entscheidend ist für diese Schau nicht die mess- und zählbare, durch die zeitlichen Ursachen und Umstände bedingte Natur der Dinge, sondern deren wesentlichen Eigenschaften, die man sich nach dem Gleichnis eines Gewebes, das die Welt darstellt, als die lotrechten Kettenfäden vorstellen kann, um die sich der waagrechte Faden des Einschlags, der das Gewebe erst zum einheitlichen, dichten Stoff macht, wechselweise schlingt: Die lotrechten Kettenfäden sind die unveränderlichen Gehalte oder »Essenzen« der Dinge, während der Einschlag deren stoffliche, von Zeit und Raum oder ähnlichen Bedingungen beherrschte Beschaffenheit ausmacht.[31]

Man kann aus diesem Gleichnis entnehmen, dass eine auf geistiger Überlieferung beruhende Schau des Kosmos im »lotrechten« Sinne richtig sein mag, auch wenn sie im »waagrechten« Sinne, nämlich im Sinne der messenden und zergliedernden Beobachtung, ungenau bleibt. So ist es zum Beispiel nicht nötig, alle vorkommenden Metalle zu kennen, um das Urbild des Metalls schlechthin zu erfassen; es genügt, die sieben in der Überlieferung erwähnten Metalle Gold, Silber, Kupfer, Zinn, Eisen, Blei und Quecksilber zu betrachten, um die mögliche Abwandlung des einen Typus zu verstehen; es geht hier nur um den qualitativen Anblick des Metalls. Ebenso verhält es sich mit der Kenntnis der vier Elemente,[32] die in der Alchimie eine so große Rolle spielen: Diese Elemente sind nicht chemische Bestandteile der Dinge, sondern qualitative Grundbestimmungen des »Stoffs« überhaupt, sodass man statt von Erde, Wasser, Luft und Feuer auch von fester, flüssiger, luftartiger und feuriger Daseinsweise des Stoffs sprechen könnte. Die analytische Feststellung, dass Wasser aus zwei Teilen

31. Über die Sinnbildlichkeit des Webens siehe René Guénon: *Le Symbolisme de la croix,* Paris 1931.

32. Die Inder sprechen von fünf Elementen, indem sie den Äther (*akasha*), die *quinta essentia* der Alchimisten, ebenfalls zu den Elementen zählen.

Wasserstoff und einem Teil Sauerstoff besteht, sagt demnach nichts über das Wesen des Elements Wasser aus, im Gegenteil: Diese nur mittelbar und gewissermaßen abstrakt zu erkennende Tatsache verhüllt die wesentliche Eigenschaft von »Wasser«; sie legt jedenfalls die Wirklichkeit, um die es geht, auf eine bestimmte Ebene fest, während die unmittelbar sinnliche Erfahrung des Elements ein Echo wachruft, das auf allen Ebenen des Bewusstseins, von der leiblichen bis zur geistigen widerhallt.

Die moderne Wissenschaft zerlegt die Dinge, um sie auf ihrer eigenen Ebene zu besitzen und handhaben zu können; ihr Ziel ist vor allem die Technik. Der Rationalismus glaubte noch daran, durch die stoffliche und quantitative Zerlegung dem eigentlichen Wesen der Dinge näherzukommen. Bezeichnend für diese Auffassung ist die Bemerkung von Descartes, die scholastische Kennzeichnung des Menschen als »vernunftbegabtes Lebewesen« sage gar nichts über das Wesen des Menschen aus, solange man nicht durch die Erforschung der Knochen, Sehnen, Gewebe und so weiter wisse, was das Wort »Mensch« eigentlich bezeichne,[33] als ob eine Kennzeichnung nicht umso wesentlicher wäre, je weiter sie ist. Der analytische Verstand ist schließlich nichts mehr als das Messer, das den Fugen der Dinge nachfährt; er dient dazu, eine bessere Übersicht zu gewinnen; aber das Wesen ist durch bloßes Zerlegen nicht zu erkennen. Goethe hat das sehr wohl gewusst, als er sagte, was die Natur uns nicht am helllichten Tage offenbaren wolle, das entreiße man ihr nicht mit Hebeln und mit Schrauben.

Wohl am deutlichsten zeigt sich der Unterschied zwischen der überlieferungstreuen Kosmologie wie der hermetischen und der ganz vom Verstand beherrschten analytischen Wissenschaft in der Auffassung und Deutung des astronomischen Weltbildes. Das älteste Weltbild, in dem die Erde als eine Scheibe erscheint, die der gestirnte Himmel überwölbt, ist der Träger allgemeinster und tiefster Bedeutungen, die ebenso unverjährt bleiben, wie dieses Weltbild als die natürliche und unmittelbare Erfahrung des Menschen wirklich bleibt: Der Himmel, der durch seine Bewe-

33. René Descartes: *La recherche de la vérité par les lumières naturelles*, erwähnt in Maurice Daumas: *Histoire de la science*, Encyclopédie de la Pléiade, Seite 481.

gung die Zeiten misst, die Jahreszeiten und den Tag und die Nacht bestimmt, der die Lichter herauf- und herabführt und den Regen spendet, gibt den tätigen und männlichen Pol des Daseins kund. Die Erde dagegen, die unter der Einwirkung des Himmels trächtig wird, Pflanzen hervorbringt und alle Lebewesen ernährt, entspricht dem duldigen und weiblichen Pol. Dieses Gegenüber von Himmel und Erde, von tätigem und duldigem Dasein ist Vorbild und Beispiel für zahlreiche verwandte Gegensatzpaare, wie für das Begriffspaar wesentliche Form (*eidos, forma*) und Stoff (*hyle, materia*) und für die im platonischen Sinne verstandene Zweiheit Geist (*nous*) und Seele (*psyche*).

Die kreisende Bewegung des Himmels verrät eine unbewegte und unsichtbare Achse, die dem Geist entspricht, der durch alle Zustände der Welt hindurch unwandelbar gegenwärtig ist. Zugleich legt die Bahn der Sonne ein ebenes Kreuz von Himmelsrichtungen – Nord und Süd, Aufgang und Untergang – fest, nach welchen sich die alles Leben beherrschenden Eigenschaften kalt und warm, trocken und feucht verteilen. Wir werden noch zeigen, wie sich diese Ordnung innerhalb des menschlichen Mikrokosmos wiederholt.

Die Sonnenbahn, so wie sie über dem Horizont erscheint, zieht von ihrer winterlichen Wende bis zur sommerlichen Wende immer weitere Kreise, um dann wieder immer enger zu werden, bis das Jahr erfüllt ist. Im Ganzen gesehen ergibt das eine sich aufrollende Spirale, die nach soundso viel Windungen in eine sich einrollende Spirale übergeht, eine Vorstellung, die sich in vielerlei Zeichen niedergeschlagen hat, wie dem Zeichen der doppelten Spirale,

dem zweifachen Spiralwirbel, der als das chinesische »Yin und Yang« bekannt ist, und nicht zuletzt im Bild des Hermesstabes, bei dem sich zwei Schlangen um eine Achse – die Weltenachse – winden.[34] Der Gegensatz, der sich in den beiden Phasen der Sonnenbahn, ihrer aufsteigenden und ihrer absteigenden Phase, kundgibt,

34. Siehe darüber René Guénon: *Le symbolisme de la croix,* Paris 1931, und Julius Schwabe: *Archetyp und Tierkreis,* Basel 1951.

entspricht in einem gewissen Sinne dem Gegensatz von Himmel und Erde, mit dem Unterschied, dass hier beide Seiten bewegt sind, indem statt einem Gegenüber von Ursachen ein Wechselspiel von Kräften vorliegt. Himmel und Erde sind oben und unten; die beiden Sonnenwenden sind südlich und nördlich, sie verhalten sich zueinander wie Ausweitung und Zusammenziehung. Wir werden diesen Gegensatz, der vielerlei Bedeutungen hat, im alchimistischen Werk als den von Schwefel und Quecksilber wiederfinden.

Das ptolemäische Weltbild, in dem die Erde als Kugel die Mitte bildet, um welche herum die Wandelsterne in verschieden weiten Sphären oder Hohlkugeln kreisen, von dem Himmel der Fixsterne und dem äußersten, sternelosen Empyreum umfasst, hebt den Sinn des älteren Weltbildes ebenso wenig wie dessen natürliches Erlebnis auf, bringt aber zugleich ein anderes Sinnbild zur Geltung, nämlich das der räumlichen Umfassung; die Abstufung der himmlischen Sphären gleicht der seinlichen (ontologischen) Ordnung der Welt, nach der jeder bestimmte Zustand des Daseins aus einem höheren hervorgeht, wobei der jeweils höhere Zustand den verhältnismäßig niederen so in sich trägt, wie die Ursache ihre Wirkung enthält. Je weiter also die himmlische Sphäre ist, in der sich ein Gestirn bewegt, umso reiner, unbedingter, dem Göttlichen Ursprung näher ist der Zustand des Daseins oder die Stufe des Bewusstseins, die ihr entsprechen. Das sternelose Empyreum aber, das alle gestirnten Himmel umfasst und das dem Fixsternhimmel, der sich am raschesten und am regelmäßigsten umdreht, seine Bewegung mitzuteilen scheint, stellt die erste bewegende Tat, das *primum mobile,* und mithin den alles umfassenden Göttlichen Geist dar.

Dante hat diese Deutung des ptolemäischen Weltbildes übernommen; sie ist schon vor ihm in arabischen Schriften dargestellt worden. Es gibt auch eine anonyme hermetische Handschrift des zwölften Jahrhunderts,[35] lateinisch geschrieben und wahrschein-

35. Veröffentlicht durch Marie-Thérèse d'Alverny: «Les pérégrinations de l'âme dans l'autre monde d'après un anonyme de la fin du XIIe siècle» in *Archives d'histoire doctrinale et littéraire du moyen age,* 1940–1942. Nach neueren Forschungen von M.T. d'Alverny ist die in der Bibliothèque Nationale, Paris, aufbewahrte Handschrift wahrscheinlich in Bologna nach einer spanischen Vorlage geschrieben worden.

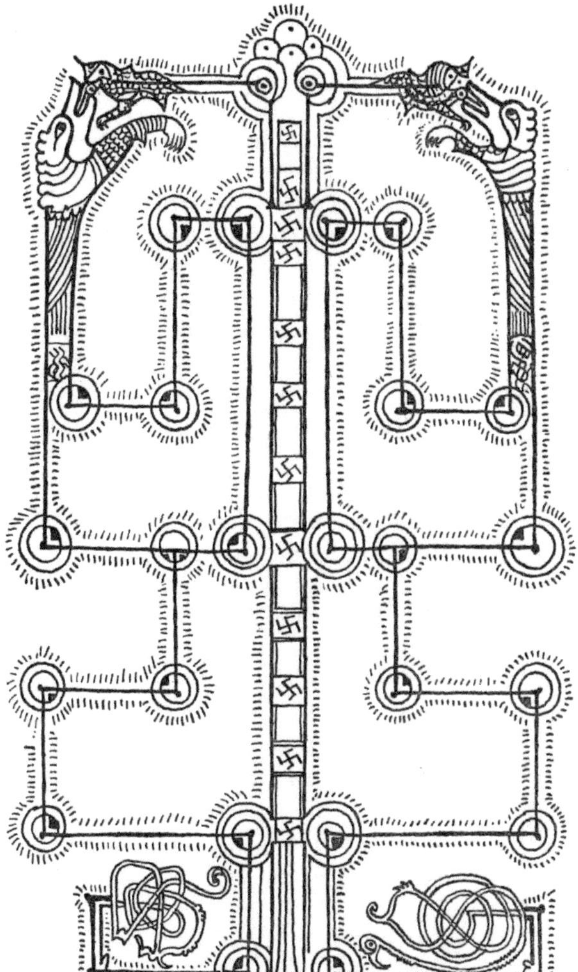

Eine irische oder angelsächsische Form des Drachenpaars am Weltenbaum. Die Swastiken auf dem Stamm des Baumes, welcher der Weltenachse entspricht, zeigen die Himmelsbewegung an. Jeder der beiden Drachen ist wie ein Sternbild aus zwölf Sonnen oder Gestirnen zusammengesetzt, die den zwölf Monaten entsprechen dürften. Nach einer Miniatur des achten Jahrhunderts zu den Paulusbriefen aus Northumberland *in der Universitätsbibliothek von Würzburg*

lich katalanischer Herkunft, in welcher der geistige Sinn der sich umfassenden Himmelskugeln in einer der *Divina commedia* nah verwandten Weise dargestellt ist: Der Aufstieg durch die Sphären wird als ein Aufstieg durch geistige Zustände beschrieben, wobei die Seele, die diese Zustände nach und nach verwirklicht, allmählich von einer zerteilten, an Formen gebundenen Erkenntnis zu einer ununterschiedenen und unmittelbaren Schau gelangt, in der Subjekt und Objekt, Erkennendes und Erkanntes eins sind. Diese Beschreibung ist durch Zeichnungen verdeutlicht, welche die Himmelskugeln als konzentrische Kreise abbilden, an denen Menschen wie an einer Jakobsleiter zur höchsten Sphäre, dem Empyreum, über dem Christus thront, hinaufsteigen.[36] Die Himmelskreise sind nach unten, nach der Erde hin, durch die konzentrischen Sphären der Elemente ergänzt: Der Mondsphäre am nächsten ist der Kreis des Feuers, darunter der Kreis der Luft, die das Wasser umfasst, das die Erde unmittelbar umgibt. Merkwürdig ist, dass diese anonyme Handschrift, deren hermetischer Charakter offen zutage liegt, alle drei monotheistischen Glauben – Judentum, Christentum und Islam – als gültig anerkennt, was deutlich zeigt, wie sich die hermetische Weisheit dank ihrer rein kosmologischen, auf der Natur beruhenden Bildersprache jedem echten Glauben verbinden konnte, ohne mit den verschiedenen Dogmen in Widerspruch zu geraten.

Da die Umdrehung des Fixsternhimmels das Grundmaß der Zeit ist, muss der äußerste, sternenlose Himmel, der jenem seine leicht zurückbleibende, um die sogenannte Präzession der Tagundnachtgleichen verspätete Bewegung mitteilt, die Grenze zwischen Zeit und Ewigkeit oder zwischen allen mehr oder weniger bedingten Weisen der Dauer[37] und dem reinen Jetzt-Sein ausdrücken. Die Seele, die dem Gleichnis nach durch die Sphären emporsteigt, wird also, auf der Stufe des Empyreum angelangt, die Welt der Vielheit und der sich gegenseitig ausschließenden Formen und Zustände verlassen, um in das ungeteilte, aber alles in sich besitzende Sein zurückzutauchen. Diesen Übergang, der eine wahre Umkehrung aller Sicht mit sich bringt, stellt Dante dadurch dar, dass er der kosmischen Ordnung der einander umfassenden, von

36. Siehe die beiden Abbildungen auf Seite 47 und Seite 48 sowie die dazugehörenden Erklärungen.

37. Nach Averroes ist die ununterbrochene Bewegung des sternenlosen Himmels das Mittel zwischen Zeit und Ewigkeit.

der irdischen Begrenztheit zur Göttlichen Unendlichkeit hin sich weitenden Himmelskugeln eine umgekehrte Ordnung gegenüberstellt, deren Mitte Gott selber ist, während um Ihn herum in immer weiteren Reigen die Engelschöre kreisen; sie kreisen am raschesten da, wo sie dem Göttlichen Ursprung am nächsten sind, im Gegensatz zu den kosmischen Sphären, deren scheinbare Bewegung mit dem Abstand von der irdischen Mitte wächst. Mit dieser »Umstülpung« der kosmischen Ordnung in die Göttliche hat Dante gleichsam den tieferen Sinn des heliozentrischen Weltbildes vorweggenommen.

Das Weltbild, in dem die Sonne die Mitte bildet, um welche alle Wandelsterne samt der Erde kreisen, ist nicht eine erstmalige Entdeckung der Renaissance; Kopernikus hat nur eine Auffassung, die schon im Altertum bekannt war, wieder aufgegriffen und durch Beobachtungen bekräftigt.[38] Als Sinnbild betrachtet, ist das heliozentrische Weltbild die notwendige Ergänzung zum geozentrischen; denn der Göttliche Ursprung der Welt – oder der eine Geist, durch den Gott die Welt hervorbringt – kann sowohl, dem unbegrenzten Raum entsprechend, als das Allumfassende wie auch als die eine, strahlende Mitte aller Kundgebung gedacht werden. Gerade weil der Göttliche Ursprung über alle Unterscheidung erhaben ist, gibt es zu jedem seiner Gleichnisse ein spiegelbildlich umgekehrtes Gegenstück.

Aber das heliozentrische Weltbild diente dem rationalistischen Denken als Beweis dafür, dass das überlieferte geozentrische Welt-

38. Das heliozentrische System lehrte schon Aristarchos von Samos (ca. 320–250 v. Chr.). Nikolaus Kopernikus bezieht sich in seiner an Papst Paul III gerichteten Vorrede zu seinem Werk *Von den Kreisbahnen der Himmelskörper* (1543) auf Hiketas von Syrakus und auf gewisse Andeutungen bei Plutarch. Aristoteles schreibt in seinem Buch *Vom Himmel:*

> Während die meisten [Physiker] der Meinung sind, dass die Erde im Mittelpunkt [der Welt] liege, sind die italischen Philosophen, die sogenannten Pythagoräer, entgegengesetzter Ansicht. Denn sie behaupten, in der Mitte befinde sich das Feuer; die Erde dagegen, die einer der Sterne sei, bewege sich im Kreis um die Mitte.

Vermutlich haben auch gewisse indische Astronomen des Altertums das heliozentrische Weltbild gekannt.

bild und alles, was an geistigen Bedeutungen damit zusammenhängt, bloße Täuschung sei. Daraus ergibt sich das Paradoxon, dass eine Weltanschauung, welche die menschliche Ratio zum

Der Aufstieg der Seele durch die Sphären. Zwei analoge Darstellungen aus einer anonymen hermetischen Handschrift vom Ende des zwölften Jahrhunderts (Ms Latin 3236 A der Nationalbibliothek in Paris; erstmals veröffentlicht von M.T. d'Alverny in Archives d'histoire doctrinale et littéraire du moyen age, *1940–1942).*

Blatt 90 [Seite 47] zeigt zuoberst Christus als Pantokrator über den Sphären thronend. Daneben steht geschrieben: creator omnium Deus – causa prima – voluntas divina – voluntas divina *(»der Schöpfer aller Dinge, Gott – die erste Ursache – der Göttliche Wille – der Göttliche Wille«). Die beiden obersten Kreise tragen die Bezeichnungen* forma in potentia *und* materia in potentia *(»Form im Vermögen« und »Stoff im Vermögen«); das sind die beiden Pole der Urform und des Urstoffs, der reinen Tat und des duldigen Behälters, die hier als noch nicht kundgegebene, im reinen Sein enthaltene Möglichkeiten aufgefasst sind. Deshalb liegen sie auch jenseits des Allgeistes, wenn man diesen in seiner kundgegebenen oder erschaffenen Wirklichkeit betrachtet, was dem nächst unteren Kreis entspricht:* causatum primum esse creatum primum principium omnium creaturarum continens in se creaturas *(»erste Wirkung, erstes erschaffenes Wesen, Ursprung aller Geschöpfe, die Geschöpfe in sich enthaltend«). Als Stufen innerhalb des Allgeistes folgen zehn* intelligentiae *(»Erkenntnisvermögen«), denen ebenso viele Engelschöre entsprechen. Seltsamerweise ist deren Abstufung gerade umgekehrt als in Dionysius Areopagitas Lehre von der himmlischen Hierarchie; von oben nach unten sind genannt:* angeli *(»Engel«),* archangeli *(»Erzengel«),* troni *(»Throne«),* dominationes *(»Reiche«),* virtutes *(»Tugenden«),* principatus *(»Fürstentümer«),* potestates *(»Gewalten«),* cherubyn, seraphyn *und* ordosenorum *(»Chor der Ältesten«). Die Umkehrung der Reihenfolge geht vielleicht auf den Irrtum eines Kopisten zurück, dem ein theozentrisches Schema vorlag.*

Unter diesen zehn Sphären des überförmlichen Geistes liegen vier Sphären der Seele: anima celestis *(»himmlische Seele«),* anima rationabilis *(»vernünftige Seele«),* anima animalis *(»tierische Seele«) und* anima vegetabilis *(»pflanzliche Seele«).*

Bis dahin ist die konzentrische Ordnung der Sphären rein sinnbildlich gemeint, während die nach innen folgenden Sphären der körperli-

Causa p̄ma.
Voluntas diuina.
forma in potentia
materia in potentia.
Angeli
Archangeli
dominationes.
principatus.
potestates.
Cherubin
Seraphyn
Ordo seniorum
Intelligentia p̄ma.
Intelligentia secunda.
Intelligentia tertia.
Intelligentia quarta.
Intelligentia quinta.
Intelligentia sexta.
Intelligentia septima.
Intelligentia octaua.
Intelligentia nona.
Intelligentia decima.
Anima
Anima
Anima
Anima
celestis.
rationalis.
animalis.
vegetabilis.
Natura
Spera decima.
Spera stellata.
Spera saturni.
Spera iouis.
Spera martis.
Spa solis.
Saturnus.
Iupiter.
Mars.
Sol
Venus.
Mercurius.
Luna
Ignis
Aer
Aqua
Terra
centrū mundi.

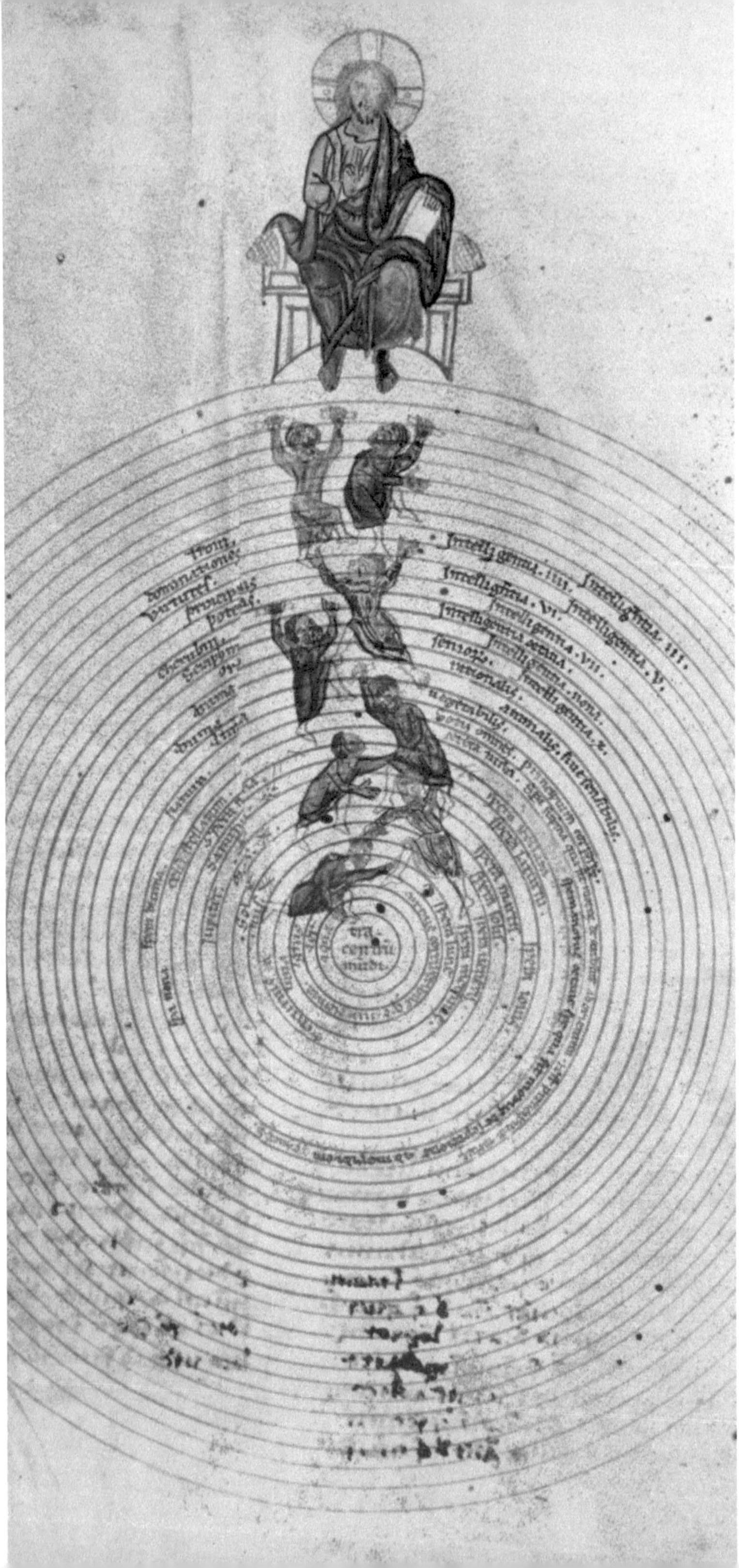
Throni
Dominationes
Virtutes
Principatus
Potestates
Cherubim
Seraphim
Intelligentia .IIII.
Intelligentia .III.
Intelligentia .VI.
Intelligentia .V.
Intelligentia .VII.
Intelligentia nona
Intelligentia .X.
centrum mundi

Maß aller Wirklichkeit machen will, ein astronomisches Weltbild begründet, innerhalb dessen der Mensch immer mehr als ein Staubkorn unter Staubkörnern, als ein jedes kosmischen Vorranges

chen Welt sinnbildlich und räumlich zugleich aufzufassen sind: Die körperliche Welt wird durch ihren äußersten Kreis zusammengefasst: natura principium corporis *(»die Natur als Ursprung der Körper«). Sie enthält die astronomischen Sphären, deren äußerste der täglichen Umdrehung des Himmels entspricht:* spera decima – spera sprema qua fit motus de occidente ad orientem et est principium motus *(»zehnte Sphäre – höchste Sphäre, wo die Bewegung von Westen nach Osten stattfindet und die der Ursprung aller Bewegung ist«). Innerhalb davon liegt die Sphäre, welche die Präzession der Tagundnachtgleichen bewirkt:* spera nona – spera motus octave spere qua fit motus eius de septentrione ad meridiem et e converso *(»neunte Sphäre – welche die achte Sphäre bewegt und diese von Westen nach Osten und umgekehrt dreht«). Dann folgen in absteigender Reihenfolge der Fixsternhimmel und die Planetensphären:* spera octava – spera stellata; Saturnus – spera saturni; Jupiter – spera iovis; Mars – spera martis; Sol – spera solis; Venus – spera veneris; Mercurius – spera mercurii; Luna – spera lunae. *Innerhalb davon liegen als konzentrische Kreise die vier Elemente um den Erdmittelpunkt (der äußerste Kreis entspricht zugleich dem ganzen elementaren Bereich und dem höchsten Element, dem Feuer):* ignis – corpus corruptibilis quod est quatuor elementa *(»Feuer – verweslicher Körper, aus den vier Elementen bestehend«),* aer *(»Luft«),* acqua *(»Wasser«),* terra *(»Erde«) und* centrum mundi *(»Erdmittelpunkt«).*

Durch diese Kreise der geistigen, seelischen und körperlichen Welten steigen Menschen wie an einer Leiter zu Gott empor. Die unterste Figur steckt noch im Bereich der Elemente und wird von einem Gefährten an den Haaren daraus emporgerissen. Neben der obersten Gruppe steht geschrieben: o mi magist[er] *(»oh mein Meister«), neben der nächstunteren:* [e]phebei *(»Jünglinge«), neben der mittleren:* socii omnes *(»alle Gefährten«) und neben der untersten:* cetera turba *(»die übrige Menge«). Es handelt sich offenbar um Rangstufen der Weisheit oder der Einweihung.*

Die andere Miniatur auf Blatt 89 [Seite 48] wiederholt dieselbe Ordnung mit vollständig ausgezogenen Kreisen aber nur teilweiser Beschriftung

barer Zufall erscheinen wird, während die mittelalterliche Weltanschauung, die nicht auf der menschlichen Ratio, sondern auf Offenbarung und Eingebung beruhte, den Menschen in die Mitte ihrer Welt gestellt hatte. Dieser scheinbare Widerspruch ist jedoch leicht zu erklären: Die rationalistische Anschauung vergisst vollständig, dass alles, was sie über das Weltall auszusagen vermag, ein Inhalt des menschlichen Bewusstseins bleibt und dass der Mensch gerade dadurch, dass er sein leibliches Dasein von einem höheren Standpunkt aus betrachten kann, so, als sei er nicht an diese Erde gebunden, sich als die erkennende Mitte der Welt erweist. Gerade weil der Mensch der bevorzugte Träger des Geistes ist und deshalb grundsätzlich alles, was ist, zu erkennen vermag, stellt ihn die überlieferungstreue Anschauung in die Mitte der sichtbaren Welt, so wie es auch der unmittelbaren sinnlichen Erfahrung entspricht. In der gleichen Sicht, nämlich der einer überlieferungstreuen Kosmologie, kann das heliozentrische Weltbild, in welchem der Mensch gewissermaßen vor der Sonne weicht, nur einen esoterischen Sinn haben, den nämlich, welchen Dante mit seiner »theozentrischen« Beschreibung der Engelswelt ins Auge fasst: Von Gott aus gesehen ist der Mensch nicht in der Mitte, sondern am äußersten Rand des Daseins.

Dass sich das heliozentrische Weltbild vom physikalisch-mathematischen Standpunkt aus als richtiger erweist, hängt damit zusammen, dass dieser Standpunkt selber etwas »Außermenschliches« hat: Er nimmt Abstand vom Menschen als ganzem, aus Geist, Seele und Leib bestehendem Wesen durch ausschließliche Betrachtung der stofflich-quantitativen Ebene und ist damit wie das »untere« Gegenbild eines Standpunkts, der den Menschen *sub specie aeternitatis* wahrnimmt.

Kein Weltbild kann unbedingt richtig sein, weil ja die Wirklichkeit, auf die sich die Beobachtung bezieht, bedingt, unselbstständig und endlos vielfältig ist.

Der Glaube an das heliozentrische Weltbild als etwas Unbedingtes hat eine große geistige Leerheit geschaffen: Der Mensch sah sich seiner kosmischen Würde beraubt, ohne dass er fähig gewesen wäre, aus seiner Verminderung zum bedeutungslosen Stäubchen unter all den Stäubchen, die um die Sonne kreisen, eine geistig befreiende Erkenntnis zu gewinnen; das christliche Denken, auf die Menschwerdung Gottes eingestellt, war darauf schlecht vorbereitet: Den Menschen als verschwindendes Nichts im Weltenraum und zugleich als dessen erkennende und sinnbildliche Mitte zu sehen, ohne Verzweiflung auf der einen oder Eitelkeit auf der anderen Seite, das übersteigt das seelische Vermögen der meisten.

Durch die Einbettung der Sonne selber in den unabsehbaren Strom von Milliarden anderer, vielleicht ebenso von Planeten umgebenen Sonnen, wobei Tausende und Millionen von Lichtjahren zwischen der einen und der anderen Sonne liegen mögen, zerbarst jedes Weltbild im eigentlichen Sinne des Wortes: Der Bau der Welt kann nicht mehr vorgestellt werden, sodass der Mensch jedes Gefühl dafür verliert, in ein sinnvolles Ganzes eingeordnet zu sein; so wenigstens wirkt sich die moderne astronomische Auffassung der Welt gewöhnlich auf den Abendländer aus; die buddhistische Denkart, welche die Welt immer als Flugsand betrachtet hat, mag auf dieselbe wissenschaftliche Schau anders antworten.

Wenn die wissenschaftliche Erkenntnis Hand in Hand ginge mit einer geistigen Deutung der Erscheinungen, so sähe man in der fortschreitenden Auflösung aller irgendwie geschlossenen Systeme den Beweis dafür, dass jede Schau der Welt nur ein Gleichnis und jedes Gleichnis nur bedingt sein kann: Die Sonne ist wohl für diese Welt, die unsere unbewaffneten Sinne erfassen, der Inbegriff des Lichts und das natürliche Abbild des Göttlichen Ursprungs, der alle Dinge erleuchtet und um den alle Dinge kreisen; zugleich aber ist sie nur ein leuchtender Körper und als solcher nicht einzig, sondern ein Ding unter anderen gleicher Art.

Es ist hier nicht der Ort zu zeigen, wie jedes neue Weltbild nicht so sehr durch die wissenschaftliche Beobachtung als durch die logische Einseitigkeit des vorausgehenden gefordert wird. Dahin gehört auch die neueste Auffassung des Raumes: Die mittelalterliche Kosmologie stellte sich die Ganzheit des Raumes als die unmessbar große Kugel vor, die der äußerste Himmel geistig umschloss; die rationalistische Philosophie dachte sich den Raum unendlich; weil er jedoch als bedingte Ausdehnung wohl endlos, nicht aber unendlich sein kann, führt ein weiterer Schritt der Wissenschaft zur fast nicht mehr vorstellbaren Auffassung eines in sich selbst gekrümmten, in sich selber zurückfließenden Raumes.

Die unbedingte Gleichmäßigkeit des Raumes oder der Zeit wird durch die jüngste Mathematik zugunsten eines stetigen Verhältnisses von Raum und Zeit aufgehoben. Wenn aber der Raum das ist, was alles gleichzeitig Wahrgenommene umfasst, und die Zeit das, was das Nacheinander der Wahrnehmungen ausmacht, sind auf einmal die Fixsterne nicht mehr um eine Vielzahl von Lichtjahren von uns »entfernt«, sondern sind dort, wo der sichtbare, in der Gleichzeitigkeit seiende Raum seine äußerste Grenze hat. Mit diesem Paradoxon sei hier nur angedeutet, dass sich jedes wissenschaftliche Weltbild schließlich selber widerlegt, während der geistige Sinn, der sich so oder so in den sichtbaren Dingen kundgibt und der sich umso überzeugender offenbart, je ursprünglicher und dem Menschen angemessener ein Weltbild ist, keinerlei Veränderung erfährt. Wenn wir hier von einem »Sinn« sprechen, so meinen wir damit nichts Gedankliches; wir verwenden den Ausdruck »Sinn« oder »Bedeutung« notgedrungen und nach dem Beispiel überlieferungstreuer Schriften für den unwandelbaren, nur geistig erfassbaren Gehalt der Dinge.

Durch die vorausgehenden Betrachtungen über das astronomische Weltbild ist es uns vielleicht gelungen zu zeigen, dass es zwei einander entgegengesetzte Anschauungsweisen der Welt oder der Natur im weitesten Sinne dieses Wortes gibt: Die eine, von der wissenschaftlichen Neugierde getragene strebt in die unausschöpfbare Vielheit der Erscheinungen hinaus und wird in demselben Maße, als sie Erfahrungen einheimst, selbst vielfach und zergliedert; die andere strebt nach der geistigen Mitte hin, die zugleich die Mitte des Menschen und der Dinge ist, indem sie sich auf den sinnbildlichen Charakter der Erscheinungen stützt, um die im Geist unwandelbar enthaltenen Wirklichkeiten zu ahnen und zu schauen. Diese letztere Sicht drängt zur Vereinfachung, nicht in dem, was sie in vielfältiger Abstufung wahrnimmt, sondern in dem, was sie als wesentlich festhält. Die vollkommenste Schau, die der Mensch erlangen kann, ist einfach in dem Sinne, dass ihr innerer Reichtum keine unterscheidenden Kennzeichnungen zulässt. Auf diese höchste Schau weist ein hermetischer Text syrischer Sprache hin, von dem wir hier einige Auszüge zum Abschluss unseres Kapitels über die hermetische Weisheit wiedergeben wollen (es ist in diesem Text von einem geheimnisvollen Spiegel die Rede, der in einem Tempel jenseits von sieben Toren, die den sieben planetarischen Himmeln entsprechen, aufgestellt ist):

Der Spiegel war so gemacht, dass kein Mensch sich darin stofflich sehen konnte, denn sobald er sich vom Spiegel abwandte, verlor er sein eigen Bild aus dem Gedächtnis. Der Spiegel stellt den Göttlichen Geist dar. Wenn die Seele sich darin schaut, entdeckt sie die Schande, die in ihr ist, und wirft sie von sich. [...] Gereinigt, ahmt sie den Heiligen Geist nach und nimmt ihn zum Vorbild; sie wird selber Geist; sie erlangt die Ruhe und kehrt ständig zu diesem höheren Zustand zurück, in dem man [Gott] erkennt und von Ihm erkannt wird. Alsdann, schattenlos geworden, befreit sie sich von ihren eigenen Fesseln und von denen, die sie mit dem Körper gemein hat. [...] Was sagt das Wort der Philosophen? »Erkenne dich selbst!« Damit weist es auf den geistigen und erkenntnishaften Spiegel hin. Was ist aber dieser Spiegel, wenn nicht der Göttliche und ursprüngliche Geist? Wenn ein Mensch sich darin betrachtet und sieht, wendet er sich ab von allem, was den Namen von Göttern und Dämonen trägt, und wird, indem er sich mit dem Heiligen Geist verbindet, zum vollkommenen Menschen. Er sieht Gott in sich selber. [...] Dieser Spiegel ist über sieben Pforten aufgestellt [...], die den sieben Himmeln entsprechen. Über dieser sinnlichen Welt, über den zwölf [Himmels-]Häusern [...], über all dem ist dieses Auge der unsichtbaren Sinne, dieses Auge des Geistes, das gegenwärtig und überall ist. Dort sieht man diesen vollkommenen Geist, in dessen Vermögen alles enthalten ist.[39]

Seite 54: Gustave Droé: »Paradiso Canto 31« aus Dante Alighieris Göttlicher Komödie

39. Marcellin Berthelot: *La chimie au moyen age,* Paris 1893. II, 262–263.

Geist und Stoff

FÜR DIE MENSCHEN VERGANGENER ZEITALTER WAR DAS, WAS wir »Materie« nennen, weder dem Begriff noch dem Erlebnis nach dasselbe wie für den modernen Menschen. Nicht, als ob die sogenannten Primitiven die Welt durch einen Schleier »magischer Zwangsvorstellungen« hindurch gesehen hätten, wie das gewisse Ethnologen meinen, oder dass ihr Denken »alogisch« oder »prälogisch« gewesen wäre; die Steine waren damals so hart wie heute, das Feuer ebenso heiß, die Naturgesetze gleich unerbittlich, und der Mensch dachte immer logisch, auch wenn er außer den sinnlichen Gegebenheiten und durch sie hindurch Wirklichkeiten anderer Art in Betracht zog. Logik gehört zum Wesen des Menschen, und ihre Auflösung in gefühlshafte Vorstellungen findet sich nicht beim »Primitiven«, nicht einmal beim geistig verkümmerten Wilden, wohl aber im Zerfall einer einseitig städtischen Kultur.

Dass die »Materie« als etwas vom Geist durchaus Getrenntes aufgefasst werde, wie das in der modernen Welt sowohl praktisch als auch gedanklich – und ungeachtet einzelner entgegengesetzter Strömungen der Philosophie[40] – geschieht, versteht sich nicht von selbst; es ist das Ergebnis einer bestimmten geistigen Entwicklung, der Descartes als Erster eine philosophische Form verlieh, die aber tiefer und gleichsam organisch bedingt ist durch den Hang, den Geist dem bloßen Denken gleichzusetzen, ihn auf die folgernde Ratio zu beschränken, sodass ihm jede übergedankliche Tragweite und damit auch alle kosmische Gegenwart oder Immanenz abgesprochen wird. Nach Descartes sind Geist und Materie zwei völlig voneinander getrennte Wirklichkeiten, die sich kraft Göttlicher Vorbestimmung nur in einem Punkt, im menschlichen Gehirn, begegnen. Die stoffliche Welt, als »Materie« bezeichnet, wird so alles geistigen Gehalts entleert, während der Geist seinerseits zum abstrakten Spiegelbild derselben nur stofflichen Wirklichkeit wird, denn was er darüber hinaus und an sich ist, bleibt dahingestellt.

40. Gewisse moderne Theorien, welche die Entwicklung der anorganischen und organischen Formen als eine »Bewegung« des Geistes verstehen wollen, sind im Grunde nichts anderes als eine Fortsetzung des Materialismus, da sie dem Geist, der in seinem Wesen unwandelbar ist, ein Werden zuschreiben.

Für die Menschen früherer Zeitalter war die Materie oder der Stoff etwas wie ein Anblick Gottes. In den Kulturen, die man »archaisch« zu nennen pflegt, war diese Auffassung ganz unmittelbar und gleichsam mit dem sinnlichen Erleben verbunden, denn hier war das Sinnbild der Materie die Erde. Diese stellte in ihrem dauernden Wesen den duldigen Ursprung aller sichtbaren Dinge dar, welcher dem Himmel als dem tätigen und zeugenden Ursprung gegenüberstand. Beide Ursprünge sind wie zwei Hände Gottes; sie beziehen sich aufeinander wie Mann und Frau, wie Vater und Mutter, und lassen sich nicht voneinander trennen, denn in allem, was die Erde hervorbringt, ist der Himmel als gestaltende Kraft gegenwärtig, während die Erde ihrerseits dem himmlischen Gesetz Körper verleiht. So war die »archaische« Anschauung der Dinge sinnlich und geistig zugleich, denn die metaphysische Wahrheit, die ihr zugrunde liegt, bleibt auch unabhängig von diesem einfachsten Weltbild bestehen.

Für die *philosophia perennis,* die dem Morgenland und dem Abendland bis zum Einbruch des Rationalismus gemein war, sind die beiden Ursprünge, der tätige und der duldige, jenseits aller sichtbaren Kundgebung die ersten und alles bestimmenden Pole des Daseins. Die »Materie« bleibt demnach ein Anblick oder eine Wirkungsweise Gottes; sie ist nicht ein vom Geist abgetrenntes Ding, sondern seine notwendige Ergänzung. An sich ist sie nur ein Vermögen, Form anzunehmen, und alles, was an ihr wahrgenommen wird, ist bereits vom Geist oder vom Wort Gottes, ihrem tätigen Gegenpol, geprägt.

Erst für den modernen Menschen wird die Materie Ding, denn jetzt ist sie nicht mehr der ganz und gar duldige Spiegel des allheitlichen Geistes; sie verdichtet sich sozusagen, indem sie die räumliche Ausdehnung und alles, was mit dieser Eigenschaft zusammenhängt, für sich allein beansprucht; sie wird zur trägen Masse, die dem freien Geist ihren Widerstand entgegensetzt; sie ist durchaus äußerlich, geistig undurchdringlich, ist bloße Tatsache. Gewiss, auch für die Menschen früherer Zeitalter besaß der körperliche Stoff diesen tatsächlichen, verhältnismäßig ungeistigen Anblick, doch hatte er nicht denselben Anspruch auf Wirklichkeit; vor allem wurde er nie als etwas betrachtet, das man für sich und unabhängig vom Geistigen erforschen könne.

Die Auffassung, dass die räumliche Ausdehnung das Kennzeichen der Materie sei, ist ebenfalls von Descartes philosophisch beglaubigt worden. Materie war demnach Menge und Ausdehnung. Das hatte zur Folge, dass man alle räumlichen Formen und schließlich überhaupt alle sinnlich wahrnehmbaren Eigenschaften rein mengenhaft zu erfassen suchte. In einer gewissen Hinsicht ist das auch möglich, soweit das nämlich für eine bloß auf die äußerliche Veränderung und Handhabung der Dinge eingestellte Wissenschaft von Vorteil ist. Allein, weder die räumliche Ausdehnung noch irgendeine andere sinnliche Eigenschaft lässt sich mengenhaft erschöpfen. Wie René Guénon in seinem Werke *Le règne de la quantité* meisterhaft gezeigt hat, gibt es keinerlei räumliche Ausdehnung, die nicht einen qualitativen und nicht bloß quantitativen Anblick hätte, was man wohl am besten an den einfachsten räumlichen Formen wie Kreis, Dreieck, Viereck und so weiter erkennen kann: Jede dieser Figuren hat etwas Einzigartiges, das sich in keinen mengenhaften Vergleich mit den anderen einbeziehen lässt.[41] In der Tat ist es unmöglich, die sinnlich wahrnehmbare Welt auf mengenhafte Kategorien zurückzuführen, denn sie zerfiele sonst in lauter Nichts. Selbst die einfachsten »Denkmodelle«, mit denen die empirische Wissenschaft arbeitet, enthalten noch qualitative Bestimmungen oder beziehen sich mittelbar auf solche. So kann man wohl den Unterschied von Rot und Blau in Zahlen ausdrücken, indem man die Farben auf Schwingungen zurückführt und diese in Zahlen übersetzt; doch wird ein Blinder, der nie Farben erlebt hat, niemals aus den so gewonnenen Zahlenwerten das Wesen von Rot und Blau erkennen, und dasselbe gilt ebenso für alle anderen qualitativen Gehalte sinnlicher Wahrnehmung: Es ließe sich ein Mensch denken, der von Geburt an taub und gleichzeitig farbenblind ist, der aber die modernen, quantitativen Erklärungen von Tönen und Farben zu verstehen vermag; sie werden ihm weder das Wesen der Töne noch das der Farben noch auch den tiefen Unterschied zwischen der einen und der anderen Art von sinnlicher Wahrnehmung vermitteln. Was aber für die einfachsten und sozusagen elementaren sinnlichen Eigenschaften wahr ist, das gilt erst recht für Formen, die Ausdruck einer lebendi-

41. Das gilt sogar für die Zahlen, insofern als eine jede Zahl nicht nur eine Menge, sondern zugleich auch einen Anblick der Einheit darstellt, nämlich die Zweiheit, die Dreiheit, die Vierheit und so weiter. Der qualitative Unterschied der Formen zeigt sich in den Zahlenheiten in der einfachsten Weise, und das ist auch der Grund dafür, dass die pythagoreische Lehre die einfachen Zahlen als Ausdruck der Urbilder oder Archetypen auffasst.

gen Einheit sind; sie entziehen sich ihrem eigentlichen Wesen nach nicht nur allem Messen und Zählen, sondern überhaupt jeder zerlegenden Betrachtungsweise. Dabei ist es sehr wohl möglich, die Grenzen einer solchen Form abzustecken, ohne damit ihr Wesen zu erfassen. Auf künstlerischer Ebene wird das niemand bestreiten; man vergisst nur, dass dasselbe Gesetz auf allen anderen Ebenen auch gilt: Das Wesen, der Gehalt, die qualitative Einheit eines Dinges kann nie durch ein schrittweise abzählendes Vorgehen, sondern nur durch eine umfassende und unmittelbare Schau begriffen werden.

Der qualitative Gehalt der Dinge gehört nicht der Materie an, er spiegelt sich nur in ihr, sodass man ihn wohl wahrnehmen, nicht aber auf ihrer Ebene ganz einfangen kann. Eine Wissenschaft, die auf quantitativer Analyse beruht, die mehr handelnd denkt und

Seite 59: Zwei Kerzenhalter aus dem Grab des heiligen Bernward, Bischof von Hildesheim (993–1022). Der heilige Bernward, Erzieher von Otto III, dem Sohn der byzantinischen Prinzessin Theophanu, gründete als Bischof Werkstätten für Metallurgie, Goldschmiedekunst, Schreibkunst und Malerei.

Auf den Sockeln der beiden Kerzenhalter, die man in seiner Gruft gefunden hat, steht geschrieben: Bernwardus Praesul candelabrum hoc puerum suum primo hujus artis flore non auro, non argento, et tarnen, ut cernis,conflare jubebat *(»Der Vorsteher Bernward befahl seinem Knappen in der ersten Blütezeit dieser Kunst, diesen Kerzenhalter weder von Gold noch von Silber und dennoch, wie du siehst, zu gießen«). Die beiden Kerzenhalter bestehen aus einer Legierung von Silber mit Kupfer und Eisen; die Oberfläche zeigt Spuren einer Vergoldung.*

Der Fuß eines jeden Leuchters besteht aus drei verschlungenen Drachenpaaren, auf welchen nackte Männer reiten. Die Weinranken, die sich um den Schaft winden, entspringen dem Rachen eines Löwen. An ihnen klettern Menschen empor, und Vögel sitzen daran. Die Kerzenschale wird von Salamandern gehalten. Die Drachenpaare stellen die beiden seelischen Urkräfte im ungebändigten, chaotischen Zustand dar; sie entsprechen dem caduceus. *Die Rebe, die dem Rachen des Sonnenlöwen entsprießt, ist ein uraltes Bild des Lebens, gleich dem Brunnenstrahl, der einer Löwenmaske entquillt; in christlicher Sicht ist sie auch ein Bild des Göttlichen Wortes. Der Salamander ist das Tier des Feuers*

Flos sapientum
Rubeum Rot
Album weiss
A.
B.
Mercurius noster
2.a cucurbita
Die ander kirbis
Cucurbita prima

denkerisch handelt als schaut, muss deshalb notwendigerweise an dem qualitativ vielschichtigen Sein der Dinge vorbeisehen. Für sie kann das, was die Alten die »Form« eines Dinges nannten, nämlich dessen qualitativer Gehalt, kaum eine Rolle spielen, und damit hängt nicht zuletzt zusammen, dass Wissenschaft und Kunst, die im vorrationalistischen Zeitalter noch gleichbedeutend waren, heute nichts mehr miteinander zu tun haben, und dass Schönheit für die moderne Wissenschaft keinen noch so geringen Anhaltspunkt zur Erkenntnis bietet.

Dem vielschichtigen, zugleich mengenhaften und qualitativen Charakter der Dinge trägt die überlieferte Unterscheidung von *eidos* und *hyle* oder *forma* und *materia* am besten Rechnung, weil sie als eine echte Unterscheidung nicht bloß aufteilt oder zerlegt, sondern beide Teile in ihrer gegenseitigen Ergänzung wahrnimmt. Aristoteles hat ihr den dialektischen Ausdruck gegeben; »erfunden« hat er sie nicht, denn sie liegt in der Natur der Dinge und entspricht einer ursprünglich geistigen Schau.

Die Form im peripatetischen Sinne des Wortes ist der Inbegriff der Eigenschaften, die das Wesen eines Dinges ausmachen: Sie bezeichnet dessen Gehalt, das, was ein Ding abgesehen von seinem stofflichen Dasein in der Erkenntnis und im Geist ist. Man darf also die »Form« in diesem Sinne des Wortes nicht mit der räumlich umrissenen oder irgendwie begrenzten Gestalt verwechseln, ebenso wenig wie man den Stoff, das heißt die *materia,* welche die *forma* empfängt und ihr ein begrenztes Dasein verleiht, dem modernen Begriff der »Materie« gleichsetzen darf.

Der Vorstellung nach beziehen sich zwar die beiden Begriffe der »Form« und des »Stoffs« auf das Gleichnis vom Künstler oder Handwerker, der irgendeinem Stoff wie Ton, Holz, Stein oder Erz eine bestimmte, in seinem Geist vorgefasste Form gibt und damit ein Bild oder einen Gegenstand schafft. Doch bleibt dieses Gleichnis eben nur ein Gleichnis, weil der handwerkliche Stoff nicht

Seite 58: Die Blume der Weisen. Im hermetischen Ei liegt der Drache Uroboros, der als das Sinnbild der unerlösten Natur oder der ungestalten materia *seinen eigenen Schwanz verzehrt. Aus ihm wächst die rote Blume des Goldes, die weiße des Silbers und in deren Mitte die blaue »Blume der Weisen« empor. Unten Sonne und Mond, dazwischen der Stern des »philosophischen« Quecksilbers. Eine Seite aus dem* Alchimistischen Manuskript *von 1550 in der Universitätsbibliothek Basel*

durchaus formlos sein kann; wenn er auch verhältnismäßig ungestaltet ist, hat er doch schon gewisse Eigenschaften, ansonsten der Ton nicht vom Holz oder der Stein vom Metall zu unterscheiden wären; der reine, ungeformte Stoff kann weder dargestellt noch vorgestellt werden, denn er ist ein bloßes Vermögen, Gestalt anzunehmen, und hat an sich keinerlei unterscheidbares Merkmal; man kann ihn überhaupt nur in seinem Verhältnis zur Form erkennen. Aber auch die Form lässt sich nicht vom Stoff abgelöst darstellen; denn alle Form, die kundgegeben ist, hat schon am Stoff teil, und das gilt auch für die bloß vorgestellte Form, insofern nämlich die Vorstellungskraft bereits das geistige Wesen der Form mit einer Art von seelischem Stoff bekleidet.

Weil das Wesen einer Form ungeachtet ihrer stofflichen Einkleidungen immer dasselbe bleibt, sodass man auch die stofflich begrenzte Form als »Form« bezeichnen kann, hat der Begriff etwas Gleitendes; man muss deshalb darauf achten, dass unter Umständen dasselbe Wort »Form« entgegengesetzte Bedeutungen haben kann: Als die äußere Gestalt eines Wesens oder eines Werks kann die Form im Gegensatz zu dessen Geist oder Gehalt auf der Seite des Stoffs stehen; als die formgebende Ursache aber, die dem Stoff ihren Stempel aufprägt, gehört sie der anderen Seite, der des Geistes oder der Wesenheit an.

Vergleicht man nun mit dieser Lehre die cartesianische Vorstellung von der Materie, so wird man unter anderem feststellen, dass die räumliche Ausdehnung, die Descartes der Materie zuschreibt, dem überlieferten Begriff der *materia* widerspricht, denn eine räumliche Ausdehnung ohne jegliche qualitative Form ist schlechthin unvorstellbar; schon die bloße Richtung ist, wie René Guénon gezeigt hat,[42] qualitativer Natur. Die *materia* aber ist an sich jeder Form bar. Es bleibt so die Menge übrig, die reine, durch keine einmalige Zahl bestimmte Quantität, die sich als solche nirgends fassen lässt. Sie entspricht – auch darauf hat Guénon hingewiesen – der *materia signata quantitate,* welche die Scholastiker als Grundlage der körperlichen Welt betrachten, aber nur dieser, das heißt nur einer verhältnismäßigen, schon auf das körperliche Dasein hin bestimmten *materia secunda* und nicht der *materia prima* der ganzen Welt, die keinerlei Kennzeichnung verträgt. Von der

42. In René Guénon: *Le règne de la quantité et les signes des temps,* Paris: Éditions Gallimard, 1945.

materia prima, dem Urstoff, kann man nur sagen, dass er im Verhältnis zur formgebenden Ursache des Daseins rein empfangend ist und gleichsam die Wurzel der »Andersheit« darstellt, denn durch ihn werden die Dinge begrenzt und vielfältig. In der Sprache der Bibel entsprechen der *materia prima* die Wasser, über welchen am Anfang der Schöpfung der Geist Gottes schwebt.

So wie die *materia,* wenn man sie erfassen will, jedem rationalen Zugriff entflieht und in den duldigen Pol des ganzen Daseins zurücktaucht, so kann man auch die wesentliche Form, die *forma,* auf den tätigen Pol des Daseins zurückführen, indem man stufenweise alle durch eine noch so feine *materia* bedingten Kundgebungsweisen von ihr abschält. Aristoteles, der die beiden Begriffe *forma* und *materia* (oder *eidos* und *hyle*) nur so weit zurückverfolgt, als ihre Ontologie sich logisch darstellen lässt, geht nicht bis zur Schwelle, wo sich der Gegensatz paradoxerweise in einer höheren Einheit aufhebt. Doch die formgebende Ursache, die der reinen Tat entspricht, und der empfangende Urstoff, der rein duldig ist, ergänzen sich gegenseitig, sodass sie an sich als grundsätzliche und zeitlose Möglichkeiten nicht voneinander zu trennen sind. Durch diese Zurückführung aller Erscheinungen auf zwei erste Pole wird natürlich das Wunder der Schöpfung nicht aufgehoben, sondern es werden nur deren äußersten wahrnehmbaren Grenzen gezeichnet. Den tätigen Pol kann man allgemein auch als »Wesen« oder besser als »Wesenheit« (Essenz) und den duldigen als »Stoff« oder »Substanz« bezeichnen. Die Wesenheit entspricht in gewissem Sinne dem Geist, da die *formae* oder wesentlichen Urbestimmungen der Dinge als »Urbilder« oder »Archetypen« im Geist enthalten sind.

Man könnte hier einwenden, dass man den Begriff der Form nicht beliebig weit »nach oben« erweitern könne, ohne den grundlegenden Unterschied zwischen »förmlicher« und »überförmlicher« Kundgebung, welcher dem von Individuum und allheitlichem Geist entspricht, zu verwischen. Demgegenüber ist zu sagen: Dass man »förmlich« oder »formhaft« nur etwas nennen kann, das durch eine Form einem Stoff »aufgeprägt« ist; an sich kann die Form sowohl als eine Begrenzung – ein »Umriss« – wie auch als ein »Büschel« nicht stofflich festgelegter Eigenschaften betrachtet werden, und in diesem letzteren Sinne darf man sie bis auf die allheitlichen »Anblicke« des Seins übertragen. In der Tat findet man bei den mittelalterlichen Theologen aller drei monotheistischen Religionen den Ausdruck »Form Gottes« (*forma Dei;* arabisch *aṣ-ṣūrat al-ilāhiyya*) für die Gesamtheit aller Göttlichen Eigenschaften. Das Wesen Gottes, das sich durch diese Eigenschaften kundgibt, ist an sich, in seiner Unbedingtheit, über alle Eigenschaften erhaben.

In seinem 1661 veröffentlichten Buch *The Sceptical Chymist* griff Robert Boyle die überlieferte Lehre von den vier Elementen als den Grundlagen allen körperlichen Stoffs an. Er zeigte, dass Erde, Wasser und Luft nicht unteilbare Körper, sondern aus verschiedenen chemischen Bestandteilen zusammengesetzt sind, und glaubte so, die Alchimie in ihrer Wurzel vernichtet zu haben. Was er aber in der Tat mit seinem Einwand traf, war nur die missverstandene und vergröberte Auffassung der überlieferten Lehre von den Elementen, denn die wahre Alchimie hat nie Erde, Wasser, Luft und Feuer als körperliche oder chemische Stoffe im heutigen Sinne des Wortes betrachtet. Die vier Elemente sind einfach die ersten und allgemeinsten Eigenschaften, durch welche der an sich ungegliederte, rein mengenhafte Stoff aller Körper erstmals unterschiedlich kundgegeben wird. Ihr unveränderliches Wesen hat also nichts mit einer körperlichen Unteilbarkeit zu tun, und tatsächlich ändert der Umstand, dass sich Wasser in Sauerstoff und Wasserstoff oder Luft in Sauerstoff und Stickstoff zerlegen lässt, nichts an der unmittelbaren Erfahrung von vier grundlegenden Zuständen des körperlichen Stoffs, für die Erde, Wasser, Luft und Feuer die allgemeinsten Beispiele sind. Selbst die chemischen Bestandteile, in die sich die drei ersten Erscheinungen aufteilen lassen, fallen wieder unter diese Kategorien. Eine gewisse Schwierigkeit für das Verständnis der Lehre von den vier Elementen mag darin liegen, dass diese vier Erscheinungsweisen zwar eine erste qualitative Unterscheidung der Stoffe sind, zugleich aber selbst in ihrem Verhältnis zu den eigentlichen Körpern die Rolle duldiger und bildbarer Stoffe spielen. In dieser letzteren Hinsicht, nämlich als stoffliche Grundlagen, kann man die vier Elemente, wie es schon ar-Rāzī (Rhases) getan hat, mit mehr oder weniger dichten Zuständen des körperlichen Stoffs, besser aber noch mit verschiedenen Schwingungsarten vergleichen, wenn auch alle diese Vorstellungen nur annähernd richtig sind, denn das Element als solches steht vor oder unterhalb der grobstofflichen Kundgebung, so wie auch der Urstoff der ganzen körperlichen Welt selbst nicht wahrnehmbar ist.

Daraus kann man folgern, dass die ihrer kosmologischen Grundlagen bewusste Alchimie nicht glauben konnte, die vier Elemente seien anhand von chemischen Verrichtungen ineinander und auf ihren Urstoff zurückzuführen, so wie es die hermetische Kunst verlangt; wurde diese Forderung sinngemäß befolgt, so konnte sie nur von der äußerlich empirischen Ebene weg und in eine ganz andere ontologische »Dimension« hineinführen.

Sowohl nach den morgenländischen als auch nach den abendländischen Alchimisten treten die einzelnen Elemente nie rein in den Körpern auf; jeder körperliche Stoff enthält alle vier Elemente, wenn auch jeweils das eine oder das andere vorherrscht und der körperlichen Erscheinung seinen Charakter aufprägt. Das trink- und schöpfbare Wasser ist also nicht das gleichnamige Element selber, wiewohl es dessen unmittelbarste Erscheinung darstellt und dem Wesen nach sowohl mit ihm als auch mit dem duldigen Anblick des Urstoffs eins ist: Der Umstand, dass überall, durch die verschiedenen Schichten des Daseins hindurch, »senkrechte« Verbindungen mit den Urgründen bestehen, macht die kosmologische Betrachtung der Natur wie auch jede Kunst, die darauf beruht, überaus vieldeutig.

Die gemeinsame Grundlage der vier Elemente ist, wenn man die Dinge gesamthaft und »abkürzend« betrachtet, der Urstoff, die *materia prima* der Welt; genauer genommen aber gehen die Elemente nicht aus dem Urstoff selbst, sondern aus dessen nächster Besonderung, dem Äther, hervor, der den ganzen Raum gleichmäßig erfüllt und der in den alchimistischen Schriften, je nachdem, ob er stofflich oder qualitativ aufgefasst wird, als *materia* oder als *quinta essentia* bezeichnet wird.

Die vollständigste Erklärung der vier Elemente findet man in der indischen Kosmologie des Sankhya. Danach stehen den körperlichen Elementen oder *bhuta,* die der »gegenständlichen« Welt im weitesten Sinne des Wortes angehören, im erkennenden Subjekt ebenso viele unveränderliche »Wesensmaße« oder *tanmatra* gegenüber. Beide Gruppen von Urbestimmungen, die *tanmatra* sowohl als auch die *bhuta,* gehen letzten Endes aus *prakriti,* der *materia prima,* hervor und werden durch *ahamkara,* das *principium individuationis* oder Ich-Bewusstsein, gefiltert und in objektive und subjektive Pole der körperlichen Erscheinungswelt zerlegt.

Diese Erklärung der Elemente entspricht durchaus ihrer hermetischen Auffassung. Sie zeigt auch, wie sich die sinnlich wahrnehmbaren Erscheinungen auf die innere Welt übertragen lassen, denn dieselben *tanmatra* »messen« auch die seelischen Erscheinungen.

Teilt man die Elemente nach ihrer mehr oder weniger feinen Beschaffenheit ein, so steht die Erde an unterster, die Luft aber an oberster Stelle. Ordnet man sie jedoch nach ihren Bewegungsrichtungen, so nimmt das Feuer den höchsten Rang ein: Die Erde zeichnet sich durch Schwere aus, sie hat einen abwärts gerichteten Hang; das Wasser ist ebenfalls schwer, dehnt sich aber zugleich in die Breite; die Luft steigt und dehnt sich aus, während das Feuer gerade emporstrebt.

Nach der hermetischen Überlieferung wird die natürliche Ordnung der Elemente entweder durch ein Kreuz, dessen Mitte der *quinta essentia* entspricht, oder durch konzentrische Kreise dargestellt, wobei die Erde den Mittelpunkt und das Feuer den weitesten Kreis einnimmt, oder auch durch die einzelnen Teile des »Siegels Salomonis«, das aus zwei sich durchdringenden regelmäßigen Dreiecken besteht, ausgedrückt: Das nach oben gerichtete Dreieck △ entspricht dem Feuer, sein nach unten gerichtetes Gegenstück ▽ dem Wasser. Das Dreieck des Feuers samt dem Querbalken des entgegengesetzten Dreieckes bedeutet die Luft 🜁 und die Umkehrung dieses Zeichens die Erde 🜃. Das salomonische Siegel als Ganzes ✡ bedeutet die Synthese aller Elemente und damit die Vereinigung aller Gegensätze.

Die überlieferte Auffassung der *materia* oder des Stoffs als dem duldigen und empfangenden Grund jeglicher Vielfalt ermöglicht es, denselben Begriff auch außerhalb des körperlichen Bereichs anzuwenden und zum Beispiel von einer seelischen *materia* zu sprechen, insofern nämlich, als die psychische Welt ihrerseits aus einer vielfältigen und veränderlichen Ausprägung von wesentlichen Formen besteht, also ebenfalls einen tätigen oder wesentlichen und einen duldigen oder »stofflichen« Pol aufweist.

Der »stoffliche« Pol der Seele, ihre *materia,* kommt in ihrem Vermögen, Formen aufzunehmen und festzuhalten, das heißt in ihrer reinen und grundsätzlich unbeschränkten Empfänglichkeit zum

Seite 67: Salomonisches Siegel als Mosaik auf dem Fußboden der Basilica di Santa Maria Maggiore in Rom, um 1150

Ausdruck. Das ist ihre weibliche Seite, was man beinahe wörtlich zu verstehen hat, denn in der Natur der Frau herrscht dieser Anblick der Seele vor und gibt sich auch körperlich kund: Bei der Frau sind Seele und Leib durch ihre beiderseitigen duldigen Merkmale einander angenähert, was den Leib veredelt, die Seele aber bindet.

Die »Formen«, die der seelische »Stoff« aufnimmt, kommen sowohl von außen als auch von innen; das heißt, empirisch kommen sie von außen, durch die Sinne; wesentliche Formen aber sind sie nur, insofern sie den im Geist unveränderlich enthaltenen »Urbildern« entsprechen, die den eigentlichen Gehalt jeglicher Erkenntnis ausmachen. Der wesentliche Pol der Seele ist also der Geist; er ist ihre *forma.* Dieser Ausdruck mag hier seltsam klingen; man darf ihn jedenfalls nicht so verstehen, als habe der Geist an sich eine besondere Form. Wenn man den Begriff der »wesentlichen Form« auf den Geist anwenden kann, so nur deshalb, weil er in seiner Hinwendung auf einen gegebenen seelischen Stoff die »persönliche Form« der Seele ausprägt und so, in Verbindung mit ihr, das persönliche Wesen bildet. Aus demselben Grund, das heißt im Hinblick auf diese Gegenseitigkeit von Geist und Seele, und weil die unnachahmbare Eigenschaft der Person aus dem Geist kommt, kann man auch von einem dem besonderen Wesen eigenen Geist und von den Geistern in der Mehrzahl sprechen. Es ist das wie mit einem Licht, von welchem ein Strahl oder ein Strahlenbündel durch eine spiegelnde Fläche aufgefangen wird: Das Licht hat an sich keine besondere Richtung, es breitet sich im ganzen Raum aus; in seinem Verhältnis zur spiegelnden Fläche aber ist es gerichtet und erscheint so, ohne sich in seinem Wesen zu verändern, als ein besonderer Strahl. Ebenso ist alles, was Geist ist, »aus Erkenntnis gemacht« und mit dem Licht der Wahrheit schlechthin eins; und doch erscheint der Geist, wenn er in die Seele eingetaucht ist, als Einzelwesen.

Da sich Geist und Seele nicht wie zwei Dinge voneinander abgrenzen lassen, ist jedes Bild, das man von ihrem gegenseitigen Verhältnis zeichnet, irgendwie zu einfach und zu grob. Dennoch sagen solche Bilder mehr als psychologische Umschreibungen, die notgedrungen alles auf die psychische Ebene zurückführen müssen, sodass der geistige Pol nur mittelbar, als eine besondere Seite der psychischen Welt wahrgenommen wird. Das gilt zum Beispiel für die psychologische Unterscheidung von *animus* und *anima,* die nur eine ferne Verwandtschaft mit der von Geist und Seele hat, was sich unter anderem darin zeigt, dass der *animus* verstandesmäßig zugespitzt erscheint. Er ist in Wahrheit nur ein psychisches und daher passives Abbild des Geistes.

Jan van Ruysbroek schreibt in seinem Buch *Die Zierde der geistigen Hochzeit* (2. Buch, Kapitel IV):

> Bei allen Menschen findet man von Natur eine dreifache Einheit, die bei den Gerechten außerdem übernatürlich ist. Die erste und höchste Einheit des Menschen ist in Gott; denn alle Geschöpfe hängen an dieser Göttlichen Einheit dem Wesen, dem Leben und dem Bestand nach, und wenn sie sich in dieser Beziehung von Gott ablösten, so fielen sie ins Nichts und würden zunichte. Die Einheit, von der wir sprechen, ist wesentlich in uns von Natur, ob wir gut oder schlecht seien. Ohne unsere Mitwirkung macht sie uns weder heilig noch selig. Wir besitzen diese Einheit in uns selbst und dennoch über uns selber, als den Grund und den Halt unseres Seins und Lebens.
>
> Eine zweite Einung oder, wenn man so will, Einheit ist ebenfalls in uns von Natur vorhanden. Es ist die Einheit der höheren Fähigkeiten, die darin besteht, dass diese Fähigkeiten im Hinblick auf ihre Tätigkeit natürlicherweise aus der Einheit des Geistes selber entspringen. Es handelt sich dabei stets um jene selbe Einheit, die wir in Gott besitzen; sie wird hier aber von der tätigen Seite her betrachtet und nicht im Hinblick auf das Wesen. Der Geist ist ganz sowohl in der einen wie in der anderen Einheit vorhanden, in der Fülle seines Wesens. Diese zweite Einheit besitzen wir in uns selber, über dem sinnlichen Teil; aus ihr gehen das Gedächtnis, der Verstand, der Wille und alle Möglichkeiten geistiger Tätigkeit hervor. Hier trägt die Seele den Namen »Geist«.
>
> Die dritte Einheit, die von Natur in uns ist, besteht aus dem Bereich der unteren Fähigkeiten, die das Herz als Grund und Quelle des animalischen Lebens zum Sitz haben. Es ist im Leib und insbesondere in der Tätigkeit des Herzens, dass die Seele diese Einheit besitzt, aus welcher alle Handlungen des Leibes und der fünf Sinne hervorgehen. Hier trägt sie ihren eigentlichen Namen »Seele«, denn sie ist die Form des Körpers, den sie belebt, das heißt, den sie leben macht und am Leben erhält.

> Diese drei Einheiten, die von Natur im Menschen sind, bilden ein einziges Leben und ein einziges Reich. In seiner unteren Einheit ist es sinnlich und animalisch, in der mittleren verständig und geistig, und in der höchsten ist es in seinem Wesen enthalten. Und das ist allen Menschen von Natur eigen.

Ruysbroek kennzeichnet die Seele im eigentlichen Sinne des Wortes (*anima, psyche*) durch ihre Hinwendung zu den sinnlichen Fähigkeiten, womit er den Rang der ichhaften und empirischen Seele in ihrem Verhältnis zum Geist angibt. Aber das Verhältnis Geist–Seele lässt sich auch anders betrachten; wenn wir von der Seele als der *materia* des Geistes sprechen, so meinen wir damit nicht bloß das empirische Gewebe des Ich-Bewusstseins, sondern das duldige und empfangende Vermögen, das tiefer liegt und das gerade durch die gewohnheitsmäßige Bindung der Seele an die Sinne verhüllt wird; dass sich die Seele als Ich mit dem Leib verwechselt, macht sie bruchstückhaft und lässt sie gewissermaßen gerinnen, und das hindert sie daran, den Geist unverzerrt und ungetrübt zu spiegeln.

Der chaotischen Seele entspricht auf mineralischer Ebene der Zustand des unedlen Metalls und insbesondere des Bleis, dessen Dumpfheit und Schwere sich der rohen Masse nähert. Das Gold, schreibt der berühmte islamische Mystiker Muḥyīddīn Ibn ʿArabī, entspricht dem gesunden und ursprünglichen Zustand der Seele, die ungehemmt und ungetrübt den seinem Wesen nach Göttlichen Geist zu spiegeln vermag, das Blei aber ihrem kranken, getrübten und »toten« Zustand, der den Geist nicht mehr widerspiegelt. Das wahre Wesen des Bleis ist Gold; jedes unedle Metall stellt einen Bruch des Gleichgewichtes dar, das allein im Gold zutage tritt.

Um die Seele aus ihrer Gerinnung und Lähmung zu befreien, müssen ihre beiden Ursprünge, ihre wesentliche Form und ihr »Stoff«, aus ihrer rohen, einseitigen Verbindung herausgelöst werden. Es ist das, als ob Geist und Seele voneinander getrennt würden, um nach ihrer Scheidung neu vermählt zu werden. Der amorphe Stoff wird verbrannt, aufgelöst, gereinigt, um schließlich neu in Gestalt eines vollkommenen Kristalls zu gerinnen.

Die »wiedergeborene« Form der Seele hebt sich zwar vom allumfassenden Geist ab; sie gehört noch dem bedingten Dasein an;

aber sie ist gleichsam durchlässig für das ununterschiedene Licht des Geistes und in lebendiger Verbindung mit dem Urstoff aller Seelen. Denn der »stoffliche« oder duldige Grund der Seele hat ebenso wie ihr wesentlicher Grund eine allheitliche Natur. Dass alle Seelen »aus gleichem Stoff gemacht« sind, ist daran zu erkennen, dass die seelischen Regungen aller lebenden Wesen trotz der Verschiedenheit der Arten und der Stufen des Bewusstseins ähnlich ablaufen; man könnte sagen, dass sie wie Wellen eines gleichen Meeres sind.

Die alchimistische Lehre und Sinnbildlichkeit weist nirgends auf die völlige »Entwerdung« des Einzelwesens hin, wie sie der indische Begriff des *moksha,* der buddhistische des *nirvana,* der sufische des *fanā' al-fanā'i* und ebenso der christliche der *unio mystica* oder der *deificatio* im höchsten Sinne des Wortes voraussetzt. Der Grund davon ist, dass die Alchimie auf einer rein kosmologischen Schau beruht und deshalb nur mittelbar auf das überkosmische Wesen Gottes bezogen sein kann. Da jedoch die alchimistische Verwirklichung eine Stufe auf dem Wege zu jenem höchsten aller Ziele darstellen kann, ist sie in die christliche und in die islamische Mystik einverleibt worden. Die alchimistische Verwandlung bringt die Mitte des menschlichen Bewusstseins in unmittelbare Berührung mit jenem Göttlichen Strahl, der die Seele unwiderstehlich nach oben zieht und sie zum Voraus das Reich der Himmel kosten lässt.

Die Anwendung der beiden sich ergänzenden Begriffe *forma* und *materia* auf den seelischen Bereich gibt darüber Aufschluss, in welchem Sinne sich gewisse sinnliche Gegebenheiten wie die vier Elemente auf die psychische Ebene übertragen lassen. Gleich wie der körperliche Stoff, der sich am einfachsten in den vier Elementen kundgibt, hat auch der seelische »Stoff« in seiner Entfaltung verschiedene, einander entgegengesetzte Strebungen; er hat einen Hang nach »abwärts«, eine Neigung zur Trägheit und erdhaften Verdichtung; zugleich aber hat er auch eine Strebung »nach oben«, zum Geist hin, wie das Feuer, und außerdem einen Hang zur Ausdehnung, wobei diese Ausdehnung entweder wie das Wasser eine duldige und verhältnismäßig träge oder aber gleich der Luft eine mehr tätige und schwebende Bewegung zeigt. Die seelische »Erde« ist zugleich jener Anblick oder Hang der Seele, der sich in den

Körper einsenkt und ihm anhaftet. Das seelische »Feuer« hat denselben reinigenden und verwandelnden Charakter wie das äußere Feuer. Das »Wasser« der Seele nimmt alle Formen an; in seiner ursprünglichen und unverdorbenen Natur ist es »sehr demütig und keusch«, wie der heilige Franziskus das Wasser nennt. Die seelische »Luft« endlich umfasst frei und beweglich alle Formen des Bewusstseins.

Die aus dem »Siegel Salomonis« abgeleiteten Zeichen für die vier Elemente sind in ihrer seelischen Anwendung besonders aufschlussreich: Man sieht, dass sich die Vielfalt der Elemente auf den Gegensatz von Feuer und Wasser zurückführen lässt, also auf die Paarheit von Tätigem und Duldigem, die der Zweiheit *forma–materia* auf ihre Weise entspricht; es ist derselbe Gegensatz, den wir später in der Gestalt des Schwefels und des Quecksilbers wiederfinden werden. Durch die Vereinigung der Gegensätze wird die Seele »flüssiges Feuer« und »feuriges Wasser« und nimmt gleichzeitig die positiven Eigenschaften der anderen Elemente an, sodass ihr Wasser »beständig« und ihr Feuer »nicht brennend« wird; denn das seelische Feuer ist es, das dem Wasser seine »Festigkeit« verleiht, während das seelische Wasser dem Feuer die Milde und Allseitigkeit der Luft mitteilt.

Die »innerlichen Elemente« lassen sich aber auch als reine Eigenschaften (Qualitäten) des Geistes auffassen und schließlich als unveränderliche Anblicke des Seins. So betrachtet besteht ihre Vereinigung und Versöhnung darin, dass in jeder einzelnen elementaren Eigenschaft die übrigen erkannt werden, denn das reine Sein ist zugleich einfach und unerschöpflich reich. Der höchste Sinn der Alchimie ist die Erkenntnis, dass alles in allem enthalten sei, und ihr *magisterium* ist nichts anderes als die Verwirklichung dieser Wahrheit auf seelischer Ebene durch die Schaffung des »Elixiers«, das dem Vermögen nach alle feinstofflichen Kräfte in sich vereint und deshalb auf die psychische und mittelbar auch auf die äußere Welt als verwandelndes »Ferment« wirkt.

Da es keinen körperlichen Stoff gibt, der ganz und gar von den höheren Weisen des Seins abgetrennt wäre, ist es unter Umständen möglich, seelische Kräfte auf einen körperlichen Stoff zu übertragen, sodass sie gewissermaßen an ihm haften, und deshalb mag das innere Elixier der Alchimisten bisweilen auch ein äußeres Gegenstück haben.

Planeten und Metalle

DIE ALCHIMISTEN BEZEICHNEN DIE VERSCHIEDENEN METALLE mit denselben Sinnbildern wie die Planeten und geben ihnen oft auch dieselben Namen; für Gold sagen sie »Sonne«, für Silber »Mond», für Quecksilber »Merkur«, für Kupfer »Venus«, für Eisen »Mars«, für Zinn »Jupiter« und für Blei »Saturn«. Die Entsprechungen, die damit ausgedrückt sind und die eine Beziehung zwischen Alchimie und Astrologie herstellen, beruhen auf jenem Gesetz, das die »smaragdene Tafel« in die Worte fasst: «Was unten ist, gleicht dem, was oben ist.«

Astrologie und Alchimie, die in ihrer abendländischen Form beide aus der hermetischen Überlieferung hervorgehen, verhalten sich zueinander wie Himmel und Erde: Die Astrologie deutet den Sinn des Tierkreises und der Planeten, die Alchimie den der Elemente und der Metalle. Die zwölf Zeichen des Tierkreises sind das vereinfachte Bild der Archetypen oder Urbilder, die unwandelbar im Geist enthalten sind. Die Elemente Feuer, Luft, Wasser und Erde aber geben die ersten und grundlegenden Unterscheidungen des Urstoffs (*materia prima, hyle*) sinnlich kund. Während die Planeten die im Tierkreis enthaltenen Möglichkeiten durch ihre gegenseitigen Stellungen vielfältig und zeitgebunden auswirken und so die Wirkungsweisen des vom Himmel zur Erde »herabsteigenden« Geistes darstellen, sind umgekehrt die Metalle die ersten vom Geist gereiften »Früchte« des elementaren Stoffs.[43]

Die Alchimie lehrt, dass die Metalle durch die Einwirkung der sieben Planeten, das heißt der Sonne, des Mondes und der fünf von bloßem Auge sichtbaren Wandelsterne, im dunkeln Schoß der Erde erzeugt worden seien. Diese Anschauung darf nicht im Sinne einer physikalischen Erklärung verstanden werden. Sie gibt an, wie sich die stofflichen Erscheinungen in ihrem Wesen, nicht aber ihrer physikalischen Entstehungsgeschichte nach aus den beiden ursächlichen Polen des Daseins ableiten. Im Gegenüber von Gestirnen und Metallen hat man so eine Art von ontologischer Skala,

43. Kühn ausgedrückt ist das Metall eine geistige Erscheinungsform des körperlichen Stoffs, während die Planeten oder die Gestirne insgesamt eine körperliche Erscheinungsform des Geistes darstellen.

auf die sich alle Anblicke der Natur beziehen lassen. Das gilt nicht nur für die »äußere« Natur, den Makrokosmos, sondern auch für den Mikrokosmos, das heißt für den Menschen in seiner seelisch-leiblichen Beschaffenheit; für die Alchimie gibt es »innere« Metalle ebenso, wie es für die Astrologie »innere« Planeten gibt.

Eine gewisse Schwankung in der Zuordnung von Metallen zu Planeten ergibt sich hauptsächlich daraus, dass einzelne alchimistische Schulen das Quecksilber wegen seiner Flüchtigkeit und seiner Einwirkung auf andere Metalle nicht zu den Metallen oder »Körpern«, sondern zu den flüchtigen Wirkstoffen oder »Geistern« zählen. Anstelle des Quecksilbers tritt dann in der siebenfachen Stufenleiter ein anderes Metall, zum Beispiel ein gemischtes auf. Entscheidend ist, dass jedes der sieben Metalle einen bestimmten Typus darstellt und damit eine ganze Gruppe untereinander verwandter Metalle vertritt.[44]

Die Paarheit des tätigen und des empfangenden Daseinspols, die sich im Gegenüber von Himmel und Erde, von Planeten und Metallen ausdrückt, spiegelt sich andererseits innerhalb einer jeden der beiden Gruppen von Typen in der Zweiheit von Sonne und Mond oder von Gold und Silber wider. Die Sonne oder das Gold ist gewissermaßen die Verkörperung des tätigen und zeugenden Daseinspols, während der Mond oder das Silber den empfangenden Pol, die *materia prima,* verkörpert. Gold ist Sonne; Sonne ist Geist; Silber oder Mond ist Seele.

Die übrigen Metalle oder die übrigen Planeten haben zu ungleichen Teilen an den beiden Polen des Daseins teil, sodass sich in ihnen weder der eine noch der andere ungebrochen kundgibt.

Die Abstufung der kosmischen Eigenschaften, die sich tätig in den Planeten und duldig in den Metallen kundgeben, sind deutlich in den sieben Zeichen, die sowohl für die einen wie für die andern gelten, ausgedrückt. Wir schreiben sie hier in der Reihenfolge der Planetenbahnen auf, so wie sich diese von der Erde aus gesehen darbieten:

☽	☿	♀	☉	♂	♃	♄
Mond	Merkur	Venus	Sonne	Mars	Jupiter	Saturn
Silber	Quecksilber	Kupfer	Gold	Eisen	Zinn	Blei

44. Bei einzelnen hellenistischen Alchimisten tritt anstelle des Quecksilbers das Elektron.

Im Gegensatz zur üblichen Schreibweise des Marszeichens als Kreis mit Pfeil ♂, die völlig aus dem Stil der anderen Zeichen herausfällt, stellen wir dasselbe als einen Kreis mit einem Kreuz darüber dar. Man darf annehmen, dass Mars früher so bezeichnet wurde und dass das heute übliche Zeichen zur Unterscheidung von dem der Venus bei Himmelsbildern ohne eindeutiges Oben und Unten eingeführt wurde. Die Verwendung des ehemaligen Marszeichens für die Erde kam natürlich erst mit dem heliozentrischen Weltbild auf und ist nichts anderes als das christliche Sinnbild der vom Kreuz bekrönten Erdkugel.

Die sieben Planetenzeichen sind demnach aus drei Grundfiguren gebildet, dem Kreis, dem Halbkreis und dem Kreuz. Da der Kreis zugleich das Zeichen für die Sonne und der Halbkreis das Zeichen für den Mond ist, kann man diese beiden Figuren für die Bilder der Sonnenscheibe und der Mondsichel nehmen. Weil aber im Sonnenzeichen der Mittelpunkt des Kreises angegeben ist, wird man die beiden Figuren richtiger als die Bilder der ganzen und der halben Sonnenbahn deuten; ihre geistige Bedeutung ändert sich dadurch nicht, denn die halbe Bahn der Sonne, die eine der beiden Phasen des Jahres misst, ist in der ganzen enthalten, so wie das Licht des Mondes von der Sonne herkommt. Die dritte Grundfigur, das Kreuz, erinnert in astronomischer Hinsicht an das Kreuz der vier Himmelsrichtungen und auf alchimistischer Ebene an die vier Elemente. Ineinander geschrieben ergeben die drei Grundfiguren das Rad des Himmels: ⊕.

Wir finden so in den sieben Zeichen die ganze kosmische Hierarchie, von der wir anfangs sprachen, ausgedrückt: Diese Hierarchie geht aus von der Scheidung des Daseins in einen tätigen oder männlichen Pol ☉ und einen duldigen oder weiblichen Pol ☽ und entfaltet sich dadurch, dass die Einwirkung des ersten auf den zweiten, der die Rolle des bildbaren Stoffs spielt, gegensätzliche Zustände + ausprägt. Dass Sonne und Mond den beiden Daseinspolen entsprechen, ergibt sich sowohl aus dem Verhältnis von Lichtquelle zu Widerschein als auch daraus, dass die Form des Mondes wechselt, die der Sonne aber stets dieselbe bleibt: Das Werden gehört der duldigen Seite an, während die reine Tat des Wesens unbewegt bleibt. Die dritte Grundfigur der Planetenzeichen, das Kreuz, ist das allgemeinste Sinnbild für die Ausprägung der im duldigen Stoff latent enthaltenen Gegensätze; es ist das Kreuz der vier Elemente.

Man muss wohl beachten, dass die Sonne oder das Gold nicht der tätige Pol an sich, sondern nur dessen getreuestes Abbild innerhalb eines gewissen Bereichs ist, und dasselbe gilt vom Mond oder vom Silber, das dem duldigen Pol entspricht. Das Sinnbild des duldigen Pols hat streng genommen keine eigene Form, da ja der Urstoff – die *materia prima* – an sich gestaltlos ist; es kann also nur das Gegenstück oder die Brechung des Abbildes des tätigen Pols sein, weshalb eben der Halbkreis – der Halbmond oder die halbe Sonnenbahn – die duldige Ursache wiedergibt. Ebenso vereinigt das Gold in sich alles »metallische Licht« oder alle »Farbe«, während das Silber wie ein Spiegel farblos ist.

Die Planeten außer Sonne und Mond oder die unedlen Metalle sind Abwandlungen des einen in der Sonne und im Gold verkörperten Urbildes, wobei entweder die sonnenhafte oder die mondhafte Ursache in ihnen vorherrscht, ohne jedoch ganz zum Ausdruck zu kommen, denn die wechselnde Verbindung von Kreis oder Halbkreis mit dem Kreuz zeigt eine gewisse Störung des ursprünglichen Gleichgewichts der Elemente an, die, je nachdem, ob das Sonnen- oder das Mondbild oben, unten oder an der Waagrechten des Kreuzes steht, eine andere Eigenschaft hat: Das Zeichen ♄ für Saturn oder Blei zeigt die Mondsichel am unteren Arm des Kreuzes, am »Tiefpunkt« der stofflichen Gegensätze, so wie ja das Blei das dumpfste und »chaotischste« aller Metalle ist. Im Zeichen für Jupiter ♃ haftet die Sichel dem waagrechten Kreuzbalken an, was auf der alchimistischen Ebene der mittleren Stellung des Zinns zwischen Blei und Silber entspricht. Ein Zeichen, das die Mondsichel auf der Spitze des Kreuzes zeigen würde, gibt es nicht; es wäre gleichbedeutend mit dem Zeichen des Mondes, denn wo die mondhafte Ursache ganz herrscht, löst sie die elementaren Gegensätze auf, ist doch der Urstoff lauter ungestaltete Bereitschaft gleich dem Wasser. Dagegen gibt es ein Zeichen, das für Venus oder Kupfer ♀, in dem die Sonne über dem Kreuz erscheint, denn die tätige, formgebende Ursache löst die elementaren Gegensätze nicht auf, im Gegenteil, sie prägt sie aus, ehe sie dieselben in der Gestalt des Goldes zum vollendeten Gleichgewicht bringt. Nach Basilius Valentinus enthält das Kupfer ein Übermaß an ungefestigter Sonnenkraft, wie ein Baum, der zu viel Harz hat. Sein Gegenteil, dem Zeichen sowohl als auch der Natur nach, ist das Eisen ⚨; in ihm ist die Sonne unter das Kreuz hinabgestiegen und gleichsam im finsteren Erdreich vergraben. Mars ⚨ und Venus ♀ stehen im geozentrischen Weltbild beide der Sonne am nächsten; sie sind auch das mythologische Liebespaar.

Ein einziges Zeichen, dasjenige für Merkur oder Quecksilber ☿, enthält alle drei Grundfiguren: das Kreuz, den Kreis und den Halbkreis. In ihm herrscht die mondhafte Ursache über die sonnenhafte, die ihrerseits das Kreuz der elementaren Gegensätze »festhält«. Auf diese Hieroglyphe werden wir noch mehrmals zurückkommen müssen, denn sie ist der eigentliche Schlüssel zum alchimistischen Werk, so wie Merkur oder Hermes der Stammvater der Alchimie ist. Vorläufig wollen wir nur sagen, dass dieses Zeichen und das Metall, dem es entspricht, den Urstoff als Träger aller Formen ausdrückt; das Quecksilber ist gleichsam die »Gebärmutter« aller Metalle, während das Silber dem jungfräulichen Zustand des reinen Urstoffs gleicht. Das erklärt auch, weshalb die Alchimisten die »stoffliche« oder weibliche Ursache – die *materia* –, insofern sie in ihr Werk einbezogen ist, sowohl durch den Mond oder das Silber als auch durch das Quecksilber darstellen: Dieses entspricht der wirkenden, »gebärenden« Kraft der *materia,* ihrem »dynamischen« Anblick, gleich wie der Schwefel – der Gegenpart des Quecksilbers – die wirkende Kraft der sonnenhaften oder männlichen Ursache ist. In einem gewissen Sinne kann man auf Gold und Silber die chinesische Theorie für Sonne und Mond anwenden: Die Sonne, sagen die Chinesen, ist erstarrtes Yang und der Mond erstarrtes Yin; ebenso ist das Gold erstarrter, statisch gewordener »Schwefel« und das Silber erstarrtes »Quecksilber«. Es ist kaum nötig zu bemerken, dass man all diese Beziehungen nicht im physikalischen Sinne, sondern auf dem Hintergrund einer nicht nur auf das Körperliche beschränkten Kosmologie zu verstehen hat.

Die Reihe der sieben Planeten- und Metallzeichen kann als die vereinfachte Darstellung irgendeines kosmischen Bereichs betrachtet werden. In jedem Bereich gibt es etwas wie eine Mitte, nämlich einen qualitativen Höhepunkt, in dem sich das Urbild oder die Ursache, die diesen ganzen Bereich beherrscht, am unmittelbarsten kundgibt. So ist das Gold unter den Metallen, der Edelstein unter den Steinen, die Rose oder der Lotos unter den Blumen, der Löwe unter den vierbeinigen Tieren, der Adler unter den Vögeln und der Mensch unter allen irdischen Lebewesen Mitte. Die jeweils »zentrale« Kundgebung ist deshalb »edel«, weil sie als Sinnbild so vollständig als möglich ist; dagegen sind die »am Rand« befindlichen Kundgebungen mehr oder weniger »unedel«, insofern sie nur beiläufige Eigenschaften oder Anblicke des einen Urbildes ausdrücken.[45]

Dazu ist zu bemerken, dass der Mensch zwar als Art immer sinnbildlich die Mitte des irdischen Zustands innehat, nicht aber notwendigerweise auch als Einzelmensch. Das Tier bleibt immer der wesentlichen Form seiner Art treu; es hat an dem Strahl des Geistes, der sich in ihm kundgibt, durch sein bloßes Dasein, also gewissermaßen duldig teil (der sogenannte Instinkt des Tieres gehört zu diesem duldigen Teilhaben am Geist); der Mensch dagegen ist dazu geschaffen, um tätig am Göttlichen Geist, dessen »zentrales« Abbild er ist, teilzunehmen. Erst dann ist er wirklich Mitte des irdischen und sogar, im Maße seiner Einswerdung mit dem Geist, des ganzen förmlichen Zustands oder des ganzen Kosmos. Die Verwirklichung der Mitte des irdischen Zustands ist das eigentliche Ziel der Alchimie und auch der tiefste Sinn des Goldes: Das Gold ist ein »Körper« wie die anderen Metalle, aber die Schwere, Dichte und Teilbarkeit der Körper hat sich in ihm zur reinen, sinnbildlichen Eigenschaft verwandelt; es ist zum Körper gewordenes Licht. Die Alchimisten selber beschreiben oft das Ziel ihres Werks als »eine Verflüchtigung des Festen und Verfestigung des Flüchtigen« oder auch als »Vergeistigung des Körpers und Verkörperung des Geistes«; das Gold ist nichts anderes als dieses.

Nur im Zeichen des Goldes ist der Mittelpunkt des Kreises angegeben, was darauf hinweist, dass im Gold allein die wesentliche Einheit des Urbildes mit seinem stofflichen Abbild zum Ausdruck kommt, ebenso wie nur im vollkommenen Menschen die Ähnlichkeit des Geschöpfs mit Gott geistig wirksam wird.

In dem Wort der »smaragdenen Tafel«, nach welchem das Unterste dem Obersten und das Oberste dem Untersten gleicht, ist eine spiegelbildliche Umkehrung der beiden Seiten angedeutet. In der

45. Es ist jedoch zu bemerken, dass nur ein ganzer Bereich des Daseins eine eindeutige Mitte besitzt; so ist der Mensch die eindeutige Mitte des ganzen irdischen Zustands; dagegen besitzen Teilbereiche nur verhältnismäßige Mitten, die sich oft in verschiedenen, einander ergänzenden Formen kundgeben. So gibt es im Reich der Vögel sowohl den Adler als auch die Nachtigall, und auch die Taube und den Pfau, oder den Schwan und die Eule, die alle auf ihre Weise eine Mitte kundgeben.

Tat verhält sich die Rangordnung der Metalle nach ihrer mehr oder weniger großen Ähnlichkeit mit dem Gold gerade umgekehrt zu jener der Planeten, die einen umso höheren Rang innehaben, je weiter ihre Bahn von der irdischen Mitte entfernt ist. Eine Ausnahme macht dabei die Sonne, die dem Gold entspricht und deren Sphäre sich in der Mitte zwischen je drei Planetenbahnen befindet: Über ihr bewegen sich, von unten nach oben gezählt, Mars, Jupiter und Saturn, unter ihr und nach der Erde hin abgestuft Venus, Merkur und der Mond. Zählt man nach oben und außen hin noch den Fixsternhimmel zu den Sphären, so ist die Reihe nach unten und nach der Mitte hin durch die Erde zu ergänzen. So oder so nimmt die Sonne auch im geozentrischen Weltbild eine Mitte ein, abgesehen davon, dass sie als die Quelle des Lichts aller Planeten deren Mitte ist.

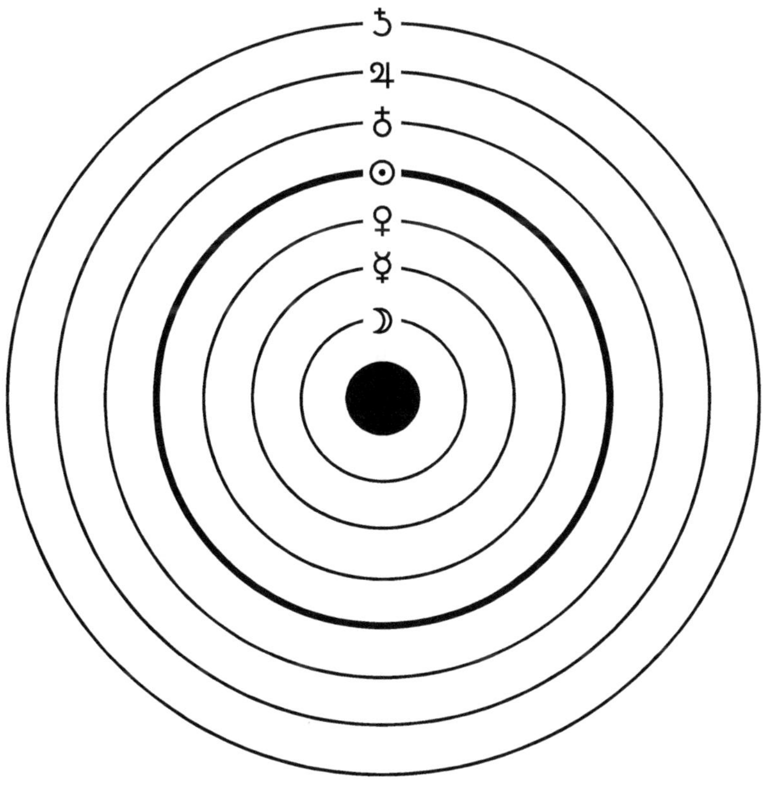

Die Verflechtung zweier sinnbildlicher Ordnungen, wobei einerseits die größere oder geringere Weite der »Himmel« und andererseits die zentrale Stellung der Sonne maßgebend ist, tritt auch in der Anwendung der Eigenschaften der Planeten auf den Menschen zutage und erhält hier einen Sinn, der für das Weltbild, das sowohl der Alchimie als auch der Astrologie eignet, besonders aufschlussreich ist.

Der Saturn, dessen Bahn von der Erde aus gesehen die weiteste ist, entspricht dem Verstand oder genauer gesagt dem Intellekt, während der Mond, welcher der irdischen Mitte am nächsten kreist, dem Lebensgeist, der Seele und Körper miteinander verbindet, gleicht. Das sind die beiden äußersten Pole des seelischen Vermögens, denn der Lebensgeist, der die unwillkürlichen Tätigkeiten des Leibes wie Wachstum und Angleichung beherrscht und also einen mehr daseinshaften als verstandesmäßigen Charakter hat, ist dem Intellekt in gewissem Sinne entgegengesetzt. Zwischen diesen beiden äußersten Polen stufen sich die übrigen seelischen Fähigkeiten ab, wobei sie, je nachdem, ob man mehr die Seite des Erkennens oder die des Wollens wahrnimmt, anders zu bezeichnen und auf die Planeten zu beziehen sind. In jedem Fall entspricht der Sonne eine Fähigkeit, die zwischen den beiden äußersten Polen vermittelt oder sie sogar vereint. Nach Macrobius, der in seinem Kommentar zum *Traum des Scipio* die Stufenleiter der Planetenhimmel im Zusammenhang mit der pythagoräisch-orphischen Lehre vom Abstieg der Seele aus dem obersten Himmel zur Erde betrachtet, gleicht der Sonne die Fähigkeit, welche die fünf Sinne belebt und ihre Eindrücke zusammenfasst; die Sonne ist demnach das Urbild des seelisch-sinnlichen Lebens. In einer anderen und tieferen Schau jedoch, wie sie zum Beispiel 'Abd al-Karīm al-Dschīlī in seinem Buch vom »Allmenschen« (*insān al-kāmil*)[46] darstellt, gleicht die Sonne dem Herz (*qalb*) als dem Organ der intuitiven, einigenden Erkenntnis, die alle anderen seelischen Fähigkeiten grundsätzlich übersteigt. So wie die Sonne den Planeten ihr Licht mitteilt, so erleuchtet das Licht des Herzens alle seelischen Fähigkeiten.

Als »Verstand« bezeichnen wir hier die *ratio* im alten, nicht »rationalistisch« gemeinten Sinne des Wortes (griechisch: *nous;* arabisch: *'aql*). Der so geartete Verstand – der Intellekt – ist als Fähig-

46. Siehe unsere teilweise Übersetzung dieses Werkes: 'ABD AL-KARĪM AL-DSCHĪLĪ: *De l'homme universel*, übersetzt von Titus Burckhardt, Algier und Lyon 1953.

keit zum grundsätzlichen und zusammenfassenden Denken dem allumfassenden Geist verwandt, doch hat er von den beiden Anblicken Erkenntnis und Sein, die im reinen Geist vereint sind, nur den der Erkenntnis, denn der Verstand ist von dem, was er erkennt, gewissermaßen abgeschnitten; je umfassender seine Sicht ist, desto mehr ist er von seinem Gegenstand abgelöst, während umgekehrt der Lebensgeist, so wie er sich subjektiv und der gewöhnlichen Erfahrung nach darstellt, sozusagen ohne Abstand im leiblichen Dasein eingetaucht ist. Das sind die beiden äußersten Grenzen des ichhaften Bewusstseins, und im Hinblick auf sie kann man sagen, dieses Bewusstsein sei in Verstand und Leib gespalten. Das cartesianische *cogito ergo sum* (»Ich denke, folglich bin ich«) wird dadurch widerlegt, dass gerade das Denken sein eigenes Sein nicht zu fassen vermag. Die Behauptung »ich bin« ist entweder der Ausdruck einer vor allem Denken vorhandenen, transzendenten Gewissheit oder meint die gewöhnliche Erfahrung des eigenen leiblichen Daseins, das als solches dem Denken duldig gegenübersteht, mag es auch mit einem ganzen Netz von Vorstellungen überzogen sein. Erkennen und Sein spiegeln sich innerhalb des ichhaften Bewusstseins getrennt als Verstand und Leib. Um dieser Entzweiung zu entrinnen, muss das Bewusstsein zur Sonne des Herzens zurückkehren, der »Leib« muss, wie die Alchimisten lehren, wieder »Geist« und der »Geist« wieder »Leib« werden.

Von den übrigen Planeten wird Jupiter vornehmlich mit der Entschlusskraft (arabisch: *himma*) verglichen; er stellt also gleichsam die geistige Form des Willens dar. Zu Mars gehört der Wagemut; al-Dschīlī schreibt ihm auch die tätige Einbildung (*wahm*) zu; beide Eigenschaften beziehen sich auf den demiurgischen, in die Welt herabstoßenden Willen. Venus ist nach Macrobius wie nach allen hellenistischen Kosmologen der Stern der Liebesleidenschaft; für al-Dschīlī ist Venus vor allem das Vorbild der duldigen Vorstellungskraft (*chayāl*), die sich zur martialischen Einbildung oder Phantasie wie das Wachs zum Siegel verhält. Für alle Kosmologen ist Merkur das Vorbild des analytischen Denkens (*fikr*). Dem Mond schreibt Macrobius die Fähigkeit der Zeugung und der leiblichen Bewegung zu, was Albertus Magnus noch genauer als *motus quos movet in sequendo naturam corporis, ut attrahendo, mutuando, augendo et generando* beschreibt, und das sind genau die Wirkungsweisen des Lebensgeistes (*spiritus vitalis, rūḥ*), den al-Dschīlī demselben Gestirn zuordnet.

Die Hierarchie der Planeten ist absteigend, die der entsprechenden Metalle aufsteigend; die Ersten sind tätig, die Zweiten duldig. Als träger Stoff kann das Metall nicht Sinnbild einer erkennenden oder wollenden Fähigkeit sein; dafür ist es, durch seine statische und ungegliederte Beschaffenheit, der Ausdruck eines ebenso statischen Zustands von Bewusstsein, nämlich eines inneren, nicht an gedankliche Formen gebundenen Bewusstseins. Dieses aber ist zunächst nichts anderes als das innerliche Bewusstsein des eigenen Körpers, dessen »seelische Form«. Aus diesem »Metall« muss der Alchimist die »metallische Seele« und den »metallischen Geist« herausziehen. Das chaotische, von Leidenschaften und Gewohnheiten getrübte, »undurchsichtige« Bewusstsein des Leibes ist das »unedle« Metall; in ihm scheinen Seele und Geist verschüttet, verdunkelt, der Erde beigemischt; das geklärte körperliche Bewusstsein dagegen, das »edle« Metall, ist selbst eine geistige Daseinsweise. Aus dem unedlen Metall, sagen die Alchimisten, muss die Seele zuerst herausgezogen werden; der übrigbleibende Leib ist zu reinigen, zu verbrennen, bis er nur noch Asche ist; dann muss die Seele wieder mit ihm vereinigt werden. Wenn der Leib so in der Seele aufgelöst ist, dass beide einen reinen Stoff bilden, wirkt der Geist auf diesen ein und verleiht ihm eine unverderbliche Form, das heißt, er verwandelt das seelisch-leibliche Bewusstsein zurück in seine rein geistige Möglichkeit, wo es in seiner ganzen Fülle, aber unzerteilt und dem Wesen nach unbewegt verharrt. Basilius Valentinus vergleicht diesen Zustand mit dem »ruhmvollen Leib« der Auferstandenen.

Während die Astrologie als theoretische Wissenschaft stets vom Höheren, nämlich von den Urbildern oder Archetypen ausgeht, deren himmlische Sinnbilder die zwölf Tierkreiszeichen sind, und dieselben anhand der Planetenstellungen in einem abwärts gerichteten Sinne vielfach spiegelt und verflicht, baut die Alchimie als eine Kunst, welche die »metallischen« Stoffe veredelt, von dem noch ungestalteten Stoff aus, also von unten her auf und bezieht sich deshalb nicht in erster Linie auf die wesentliche Form, das Urbild, sondern auf den Urstoff, die *materia prima,* die ihrer duldigen Natur gemäß »unten« liegt.

Neben der Hierarchie der Planetensphären, die sich zu der Rangordnung der Metalle umgekehrt verhält, gibt es eine andere und noch ältere, zur alchimistischen Ordnung parallel verlaufende

Abstufung der Planeten, nämlich ihre Abstufung nach den »Häusern«, deren Verteilung im Tierkreis erst dann sinnvoll erscheint, wenn man ihre gemeinsame Achse so stellt, wie sie aller Wahrscheinlichkeit nach im ursprünglichen Tierkreis, nämlich etwa zweitausend Jahre vor Christus stand. Damals ging die Sonnenwendachse am oberen Ende zwischen Löwe und Krebs hindurch, sodass die sogenannten Planetenhäuser symmetrisch dazu angeordnet waren. Wie Julius Schwabe nachgewiesen hat,[47] spricht sehr vieles dafür, dass diese Stellung des Himmels für die ganze astrologische Sinnbildlichkeit grundlegend war, und da sich der alchimistische Sinn der Planetenzeichen mit derselben Ordnung deckt,

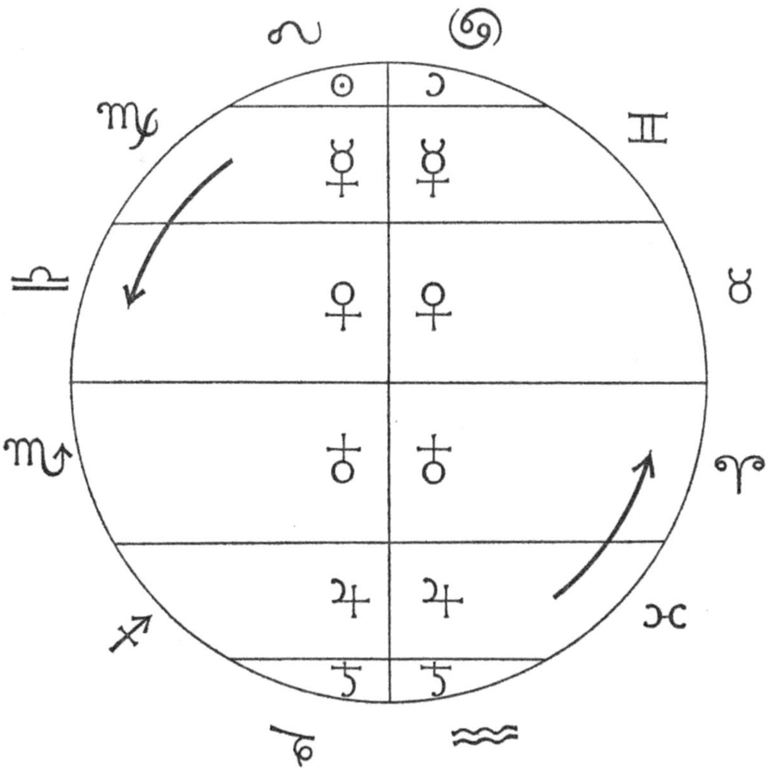

Die Planetenhäuser um 2000 vor Christus

47. Julius Schwabe: *Archetyp und Tierkreis,* Basel 1951.

darf man vermuten, dass der gleiche kosmische Zeitpunkt auch die Geburtsstunde der Alchimie in ihrer bis zur Schwelle der Neuzeit überlieferten Gestalt war.

Jeder Planet besitzt so zwei sich gegenüberliegende »Häuser«, ein linkes und ein rechtes oder ein weibliches und ein männliches, mit Ausnahme von Mond und Sonne, die nur je ein Haus haben und zugleich die beiden, weiblich-männlichen Hälften des Tierkreises beherrschen. An der tiefsten Stelle dieses Himmelsbildes, beidseits der unteren, winterlichen Sonnenwende, am Ort der Finsternis und des Todes, »wohnt« Saturn, dem unter den Metallen das Blei entspricht. Sein Zeichen ♄ zeigt die Mondsichel im Tiefstand, was als Zustand des Bewusstseins ein chaotisches Eingetauchtsein im Leib bedeutet. Dagegen weist das Zeichen für Jupiter oder Zinn ♃, das die nächsthöhere Stufe einnimmt, auf ein erstes Sich-Lösen der Seele von den elementaren Gegensätzen hin; der Mond der Seele berührt hier den waagrechten Balken des Kreuzes, der die Ausdehnung im kosmischen Bereich ausdrückt. Unmittelbar unter der waagrechten Mittelachse des ganzen Tierkreises liegen die beiden Häuser des Mars und unmittelbar darüber die der Venus; ihre beiden Zeichen ♂ und ♀ gleichen sich spiegelbildlich. Das Zeichen des Mars, dem das Eisen entspricht, zeigt eine Erstarrung oder Versenkung des Geistes im Leiblichen. Im Zeichen für Venus oder Kupfer dagegen erscheint die Sonne des Geistes über dem Baum der elementaren Gegensätze; die Farbe des Goldes wird sichtbar, ist aber noch ungeläutert. Darüber liegen die beiden Häuser des Merkur, dem das Quecksilber zugeordnet ist; sein Zeichen ☿ ist das einzige, das sowohl das Bild der Sonne als auch das des Mondes in sich hat. Das Quecksilber enthält in seinem mondhaften »Wasser« den feurigen Keim der Sonne, so wie die ursprüngliche Kraft der Seele den Keim des wesentlichen Geistes in sich trägt. Für die Alchimisten ist das Quecksilber die »Mutter des Goldes« und das *primum agens* ihres Werks. Sonne und Mond stehen in ihren Häusern am Scheitel des Tierkreises einander gegenüber. Der Mond ☽ gleicht der Seele im Zustand ihrer reinen Empfänglichkeit, die Sonne ☉ dem Geist oder genauer gesagt der vom Geist verwandelten und verklärten Seele, die zugleich die vollkommene Einheit von Geist, Seele und Leib darstellt.

Die Sonne herrscht nicht nur in ihrem eigenen »Haus«, sie durchwandert auch den ganzen Tierkreis, indem sie auf dessen

»männlicher« Seite durch die beschriebenen Stufen emporsteigt und auf dessen »weiblicher« Seite dieselben von oben nach unten durchläuft. Die »Wende« vom Abstieg zum Aufstieg liegt im Bereich des Saturns, und darum ist in seinem bleiernen »Chaos« das Leben der Sonne und des Goldes verborgen.

Der alchimistische Mythos vom König Gold, der getötet und begraben werden muss, damit er neu zum Leben erwache und durch sieben »Herrschaften« (*regimes*) wachsend seinen vollen Ruhm erreiche, ist nichts anderes als eine Einkleidung dieser astro-

Finis corruptionis et principio generationis *(»Ende der Fäulnis und Beginn der Zeugung«). Der Kampf der beiden Urkräfte Sonne und Mond, Schwefel und Quecksilber im Himmelskreis. Nach dem sogenannten* Ripley Scrowle *der Bibliothek des Britischen Museums*

logischen Sinnbildlichkeit. Diese aber ist das kosmische Abbild eines inneren Gesetzes: Der Sonne entspricht im Menschen der Göttliche Funke, der scheinbar stirbt, wenn die Seele in das Haus des Saturns eingeht, in Wahrheit jedoch durch diesen Tod neu ersteht und die sieben Stufen des Bewusstseins emporsteigend zum »roten Löwen«, dem alles verwandelnden Elixier, wird.

Der Kreislauf der Elemente

WIE SCHON GESAGT WURDE, WAR DIE GEISTIGE ALCHIMIE nicht notwendigerweise mit äußeren, metallurgischen Operationen verbunden, selbst wenn sie dieselben zum Vergleich heranzog. Man muss jedoch annehmen, dass ursprünglich das innere und das äußere Werk Hand in Hand gingen, denn im Rahmen einer ganzheitlichen, das heißt auf das höchste Ziel des Menschen ausgerichteten Kultur konnte ein Handwerk nur dann einen Sinn haben, wenn es einem geistigen Weg diente, während umgekehrt eine sinnbildliche Ausdrucksweise ihren Grund in der unmittelbaren Erfahrung hatte. Es ist deshalb hier angebracht, einen Blick auf die einfachsten Vorgänge zu werfen, die in der Alchimie stets Vorbild oder bildlicher Anhaltspunkt blieben.

Neben den eigentlich metallurgischen Handlungen, die darin bestehen, ein Metall aus dem gemischten und unreinen Erz herauszuziehen, es schmelzbar zu machen und es dann, wenn nötig, mit anderen Metallen zu legieren, um seine Mängel auszugleichen, gibt es die Gewinnung jener chemischen Stoffe, mit welchen man auf die Metalle einwirken konnte, entweder um sie zu reinigen oder um ihnen gewisse Eigenschaften wie größere Schmelzbarkeit, mehr Härte oder auch Farbe zu verleihen. Zu diesen Stoffen gehören Antimon und Schwefel und auch Quecksilber, das zwar selbst ein Metall ist, zugleich aber auf andere Metalle lösend wirkt.

Durch die Gewinnung und Handhabung solcher chemischer Stoffe erweitert sich das Arbeitsfeld des Metallurgen grundsätzlich auf jenes ganze Gebiet, welches wir heute als »Chemie« bezeichnen, und das ist wohl auch der Grund dafür, dass angrenzende Handwerke wie die Herstellung von farbigen Gläsern und künstlichen Edelsteinen oder auch die Zubereitung von Farben in die im Grunde metallurgische Überlieferung der Alchimie und deren Bildersprache einbezogen wurden.

Berühmte Alchimisten wie Dschābir Ibn Hayyān, Abū Bakr ar-Rāzī (ca. 865–925) und Geber erwähnen in ihren Werken eine Reihe grundlegender Operationen, die offenbar chemischer Natur sind, zugleich aber, wegen ihres allgemeinen und typischen Charakters, auch als Vorbild innerer Vorgänge dienen können.

Nach Dschābir gibt es vier Vorgänge, die das alchimistische Werk beherrschen, nämlich zuerst die Reinigung der Substanzen, dann ihre Auflösung, welcher eine neue Verfestigung folgt, und schließlich ihre Verbindung. Ar-Rāzī zählt weit mehr Operationen auf, die man fast alle bei Geber, in dessen *Summa perfectionis,* wiederfindet und von welchen wir hier nur die wichtigsten erwähnen wollen: Die Verflüchtigung oder Sublimation diente wie noch heute dazu, einen verdunstbaren Stoff von einem Gemisch zu trennen und rein zu gewinnen; bekanntlich gewinnt man Schwefel auf diese Weise. Die Abtropfung oder Deszension dagegen wurde verwendet, um einen schmelzbaren Stoff, ein Metall, durch Abfließen nach unten von nicht schmelzbaren Mineralien abzusondern. Die Destillation war eine Filterung löslicher Stoffe. Die Verbrennung oder Kalzination machte aus einem Metall ein »Kalk«, ein Oxyd, das löslich war, sodass man das betreffende Metall über Verbrennung und Auflösung (Dissolution) von nichtlöslichen Beimengungen scheiden konnte. Es musste dann durch erneute Verfestigung (Koagulation) und durch Reduktion auf seinen nicht oxydierten Zustand zurückgeführt werden. Flüchtige Stoffe konnte man »fixieren« und im Feuer beständig machen, spröde Stoffe durch die Inceration zu wachsartigen und schmelzbaren umgestalten. Bei all dem wurden außer rein mineralischen Hilfsmitteln auch organische wie Öl und Harn gebraucht.

Wenn die praktische Alchimie der analytischen Kenntnisse entbehrte, über welche die moderne Chemie verfügt, war dafür ihr Auge umso mehr für die qualitativen Anblicke des Stoffs und seine Wandlungen geschärft; im Hinblick darauf waren ihre Methoden oft äußerst fein, und es ist möglich, dass sie manchmal auf Fährten geriet, welche die moderne Wissenschaft außer Acht lässt. Die Natur hat vielerlei Antlitze.

Das unmittelbarste Sinnbild bot der Wandel dar, den ein einziger Stoff erfahren konnte, wenn er nacheinander flüssig, gasförmig und wieder fest wurde, aus bröckeligem Zustand wachsartig und geschmeidig wurde, seine Form durch Lösung verlor und auf einmal in Kristallen aufblühte, wobei er je und je seine Farbe wechseln mochte. Das wies auf den einen Grundstoff der Welt hin, der alle möglichen Zustände und Formen annimmt, ohne sich wesentlich zu ändern, und auf die Beschaffenheit der Seele, die ebenfalls vielerlei Zustände und Eigenschaften zeigt, welche alle irgendwie zu ihrem an sich nicht unmittelbar greifbaren Wesen gehören. So zeigt sich im Kleinen, im alchimistischen Ofen oder Gefäß, das Spiel der großen, sowohl physischen als auch psychischen Natur.

Um die stofflichen Veränderungen als Ausdruck eines allgemeinen Gesetzes wahrzunehmen, beziehen sie die Alchimisten einerseits auf die vier Elemente und andererseits auf die vier Eigenschaften warm, kalt, feucht und trocken, die als Wirkungsweisen der Natur den Elementen gegenüber tätig erscheinen. Das Schema dieser Beziehungen hat schon Aristoteles angegeben:

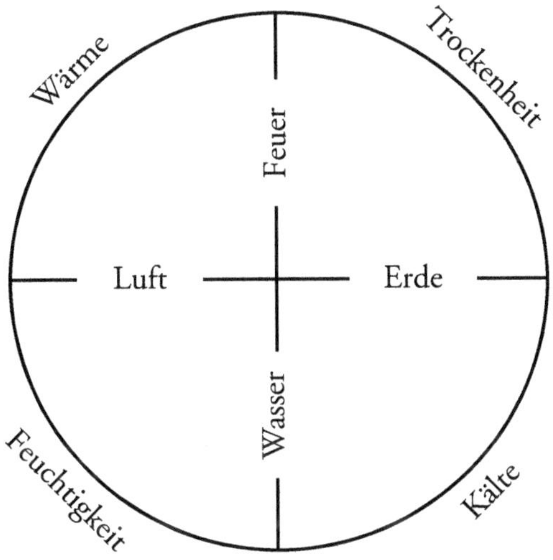

Die vier natürlichen Eigenschaften sind also im Verhältnis zum Stoff bewegend, und in der Tat verwandeln sie scheinbar ein Element in das andere: Durch die Wärme wird das Wasser in die Luft aufgesogen; durch die Kälte gefriert es zu Eis und wird damit der festen Erde ähnlich. In Wahrheit aber sind es nicht die Elemente, die sich wandeln, sondern der körperliche Stoff durchläuft unter der Einwirkung von Wärme, Kälte, Feuchtigkeit und Trockenheit die elementaren Zustände. Dabei sind Wärme und Kälte die eigentlich bewegenden Kräfte, und da die zweite Eigenschaft als bloße Verneinung der ersten aufgefasst werden kann, ist es letzten Endes die Wärme allein, die den Kreislauf erzeugt: Die Einwirkung des Feuers genügt, um den im hermetischen Gefäß eingeschlossenen Stoff nacheinander flüssig, luftförmig, feurig und fest zu machen und damit das Werk der Natur im Kleinen nachzuahmen.

Der Sinn des angeführten Schemas lässt sich auch auf die innere Welt anwenden, wenn man anstelle von Wärme, Kälte, Feuchtigkeit und Trockenheit die Eigenschaften Ausdehnung, Zusammenziehung, Lösung und Verfestigung setzt, worauf wir noch zurückzukommen haben. Von den seelischen Entsprechungen zu den vier Elementen war schon die Rede.

Der »spekulative« Wert dieser Alchimie im alten Sinne des Wortes *speculatio,* das heißt »Spiegelung« geistiger Wahrheiten, beruht darauf, dass die Beobachtung vom sichtbaren Einzelfall auf die großen Rhythmen der Natur schließen kann; ein Eindringen in das unsichtbare Gefüge der einzelnen Stoffe, wie es sich die moderne Chemie zum Ziel gesetzt hat, vermehrt diesen Wert nicht und führt im Gegenteil zu ganz anderen, kaum mehr einer Gesamtschau von körperlicher und seelischer Welt dienenden Erfahrungen.

Der Gehalt der hermetischen Naturbetrachtung liegt in folgendem Wort von Muḥyīddīn Ibn 'Arabī beschlossen:

> Die Welt der Natur besteht aus mannigfachen Formen, die in einem einzigen Spiegel widerscheinen; nein doch: Sie ist eine einzige Form, die sich in vielen Spiegeln spiegelt.[48]

Das hier ausgedrückte Paradoxon ist der Schlüssel zum geistigen Sinn der Erscheinungen.

Nicht zufällig gleicht das oben angeführte Schema der Elemente und der natürlichen Eigenschaften oder Wirkungsweisen dem kosmischen Rad, dessen Reifen die Sonnenbahn und dessen Speichen die vier Himmelsrichtungen sind.

Seite 91: *Die vier Elemente und die elementaren Zustände. Aus dem Manuskript* La sphère du monde *von Oronce Finé aus dem Jahr 1549; Houghton Library, Harvard University, Ms Typ 57*

48. Siehe unsere Übersetzung der *Fuṣūṣ al-Ḥikam* in Muḥyīddīn Ibn 'Arabī: *Die Weisheit der Propheten.* Zürich: Chalice Verlag, 2005.

ciel: Cest ascauoir les quatre simples elements, qui sont le feu/ lair/leau/et la terre, conuenans incessament a la generation et corruption de toutes choses: Auec la diuerse et innumerable espece de tous les corps tant perfaictz que imperfaictz, engendres materiellemet par la naturelle commixtion, et uertu des dictz quatre elements. Lesquelz elements, ne peuuet estre plus de quatre. Cest ascauoir autant, et non plus, ne moins, quil y ha de premieres qualites predominantes en iceulx, qui sont chaleur, humidite, froidure, et secheresse: et quil y ha de conuenances ou combinations dicelles qualites, qui peuuet estre ensemble en ung corps elementaire. Cest ascauoir chauld et sec/qui sont au feu, chauld et humide/qui sont en lair, froid et humide/qui sont en leau, et froid et sec qui sont en la terre. Dont la chaleur domine au feu, lhumidite en lair, la froidure en leau, et la secheresse ou siccite en la terre. Car la chaleur et froidure, qui sont qualites actiues: semblablemet lhumidite

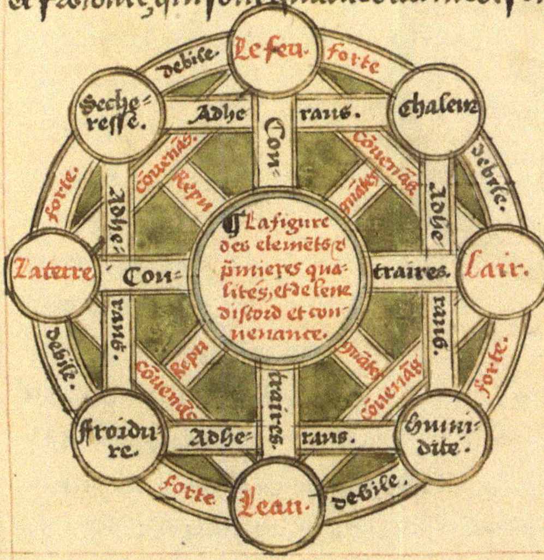

et secheresse, qui sont qualites passiues: sont totalemet contraires, et ne peuuet estre ensemble en ung mesmes subiect elementaire. Qui est la cause, que le feu et leau, pareillement lair et la terre: sont totalemet contraires. Come demostre ceste fig.

Auf alchimistischer Ebene ist die Nabe des »Rads« die *quinta essentia.* Darunter versteht man entweder den geistigen Pol aller vier Elemente oder ihren gemeinsamen stofflichen Grund, den Äther, in dem sie alle ungeteilt enthalten sind. Um diese Mitte wiederzugewinnen, müssen die Gegensätze der Elemente miteinander versöhnt, muss das Wasser feurig, das Feuer flüssig, die Erde schwerelos und die Luft fest werden. Damit aber verlässt man die Ebene der körperlichen Erscheinungen und dringt in den Bereich der inneren Alchimie ein. Synesios schreibt:

> So ist es klar, was die Philosophen meinen, wenn sie die Herstellung unseres Steins als Veränderung der Naturen und Kreislauf der Elemente bezeichnen. Denn du siehst nun, dass durch die Einkörperung das Feuchte trocken, das Flüchtige fest, das Geistige körperlich, das Flüssige dicht, das Wasser Feuer und die Luft Erde wird, sodass alle vier Elemente ihre Natur aufgeben und sich im Kreislauf eines in das andere verwandeln.

Und ferner:

> So wie am Anfang ein Einziger war, so kommt auch in diesem Werk alles von Einem und kehrt zu Einem zurück. Das ist mit der Rückwandlung der Elemente gemeint.[49]

49. *Bibliothèque des philosophes chimiques.*

Von der *materia prima*

DIE UNEDLEN METALLE, SAGEN DIE ALCHIMISTEN, KÖNNEN nicht in Silber und Gold verwandelt werden, ehe sie nicht auf ihren Urstoff, ihre *materia prima,* zurückgeführt wurden. Betrachtet man die unedlen Metalle als einseitig und unrein »geronnene« Zustände der Seele, so ist die *materia prima,* auf die sie zurückzuführen sind, nichts anderes als deren »Grundstoff«, nämlich die Seele in ihrem ursprünglichen, weder durch Eindrücke noch durch Leidenschaften bedingten und zur besonderen »Form« erstarrten Zustand. Erst wenn die Seele von allen Verhärtungen und inneren Widersprüchen frei ist, wird sie zum bildbaren Stoff, auf welchen der »von oben« kommende Geist eine neue »Form« aufprägen kann, eine Form, die nicht begrenzt und bindet, sondern im Gegenteil befreit, da sie aus dem zeitlosen Wesensgrund stammt. War die Form des unedlen »Metalls« eine Art von Erstarrung und deshalb eine Fessel, so ist die des edlen »Metalls« ein Sinnbild und somit eine unmittelbare Verbindung mit dem eigenen Urbild in Gott.

Für den Alchimisten ist die Seele in ihrem duldigen Grund grundsätzlich eins mit der *materia prima* der ganzen Welt. Das ist zunächst einfach eine theoretische Voraussetzung des alchimistischen Werks, die sich aus der gegenseitigen Entsprechung von Makrokosmos und Mikrokosmos ergibt; zugleich aber ist damit ein Ziel des alchimistischen Werks ausgedrückt: Die Einheit von Seele und Welt wird in dem Maße, als das Werk seiner Vollendung entgegengeht, wirklich erlebt und erkannt. Wir berühren damit das eigentliche Geheimnis der Alchimie, weshalb auch alles, was sich über diesen Punkt aussagen lässt, notwendigerweise Andeutung und Gleichnis bleiben muss.

Die *materia prima,* die der Seele zugrunde liegt, ist zunächst der Urstoff des eigenen, ichhaften Bewusstseins, dann der Urstoff aller seelischen Formen überhaupt, ohne Unterscheidung der einzelnen Wesen, und schließlich der Urstoff der ganzen Welt. All diese Deutungen sind möglich; denn wäre das »Gewebe« der Welt nicht grundsätzlich gleicher Natur wie das der Seele, so wäre – was sinnlos anzunehmen ist – jedes einzelne Wesen in seinen eigenen

Traum eingeschlossen. Ist die Welt im Vergleich zum unwandelbaren Geist auch ein Traum, so ist der Traum doch in sich folgerichtig. »Die Welt ist aus solchem Stoff gemacht wie der, aus dem Träume gemacht sind«, sagt Shakespeare in seinem hermetischen Schauspiel *Der Sturm.* Der Gegensatz von »innerer« und »äußerer« oder von seelischer und körperlicher Welt ist in diesen Traum mit eingewoben.

Die *materia prima* liegt sinnbildlich »unten«, weil sie ganz duldig ist, und erscheint »dunkel«, weil sie als das schlechthin Ungeformte sich je und je dem Zugriff des Verstandes entzieht. Daraus erwächst das Missverständnis, welches die *materia prima* der Alchimisten mit dem »kollektiven Unbewussten« der modernen Psychologie verwechselt. Die *materia* ist aber nicht wie jener schlecht umgrenzte seelische Bereich ein Quellort irrationaler und gewissermaßen »nur seelischer« Triebe, sondern eben die duldige Grundlage aller Wahrnehmungen. Das Wort »kollektiv« ist übrigens im Hinblick auf das, was die Psychologen meinen, widerspruchsvoll: Entweder bezeichnet es seinem etymologischen Sinne gemäß eine Ansammlung von Dingen, also von ererbten seelischen Anlagen, dann aber versteht man schlecht, wie da irgendwelche Einheit bestehen soll, weil sich Erbschaft nicht nur häuft, sondern auch ebenso sehr verzweigt; oder der Ausdruck »kollektiv« ist eine ungenaue Bezeichnung für »allgemein«, nämlich für das, was allen Menschen gemein ist, und das ist die Natur der Seele und des Leibes schlechthin; in diesem Fall aber bleibt es unbewiesen, ob der Psychologe, der das sogenannte »kollektive Unbewusste« gleichsam von oben herab betrachtet oder beurteilt, indem er es anscheinend zum Gegenstand einer »objektiven« Forschung macht, nicht auch nur kraft dieses »kollektiven« Grundes denke und handle. Seine Lage bleibt, wie man sie auch betrachte, die eines Menschen, der in einem Boot sitzend das Meer ausschöpfen will.

Man muss unterscheiden zwischen einer unter dem Tagesbewusstsein liegenden, mehr oder weniger dunklen Schicht des Bewusstseins, die übrigens nicht durchaus unbewusst sein kann, sofern sie irgendwie in das Bewusstsein hineinspielt, und dem eigentlichen, rein duldigen und deshalb an sich formlosen Seelengrund. Jene dunkle Schicht, die mehr einer sich nach unten verdichtenden Dämmerung als einer völligen Nacht gleicht, ist angefüllt mit den schlackenhaften Ablagerungen seelischer Eindrücke und Verhaltensweisen; der eigentliche Seelengrund aber ist an sich weder dunkel noch hell; er ist auch kein brütender Vulkan irrationaler Ausbrüche; dagegen ist er, sofern er nicht ganz verhüllt und daher scheinbar dunkel bleibt, der getreue Spiegel seines Gegenpols, des ursprünglichen Geistes, und damit aller Wahrheiten, die sich manchmal, wenn die ruhende Vorstellungskraft sich dem reinen Zustand der *materia prima* nähert, als Sinnbilder ausprägen. Das kann im Traum geschehen, wenn auch nur selten, denn im Allgemeinen ist die Bilderwelt des Traums ein Spielball der verschiedensten Triebe; und da die Seele in diesem Zustand allen möglichen Einflüssen ausgeliefert ist, so gibt es auch die »koboldhafte« oder gar satanische Verzerrung von Sinnbildern. Es gehört zu den nicht geringen Gefahren der modernen »Tiefenpsychologie«, dass sie echte Sinnbilder und deren Zerrbilder wahllos miteinander vermengt; das geschieht zum Beispiel, wenn fernöstliche Mandalas auf die gleiche Stufe mit konzentrischen Malereien von Geistesgestörten gestellt werden.[50] Ein richtiges Sinnbild ist nie »irrational«; das »Überrationale« darf niemals mit dem »Irrationalen« verwechselt werden.

Um darzutun, dass im Urstoff der Seele alle Formen des Bewusstseins und damit alle Formen der vergänglichen Welt dem Vermögen nach enthalten sind, schreibt der arabische Alchimist Abū l-Qāsim al-ʿIrāqī, der im neunten Jahrhundert christlicher Zeitrechnung gelebt hat:

> Diese *materia prima* findet man in einem Berg, der eine unermessliche Sammlung unerschaffener Dinge enthält. In diesem Berg ist jede Art von Erkenntnis, die man in dieser Welt finden mag. Es gibt weder Erkenntnis noch Verständnis, noch Traum, Gedanke, Klugheit, Meinung, Überlegung, Weisheit, Philosophie, Geometrie, Regierungsweise, Macht, Mut, Vornehmheit, Befriedigung, Geduld, Zucht, Schön-

50. Wie in der Einführung von C. G. Jung zu Richard Wilhelms Übersetzung des taoistischen Buchs *Das Geheimnis der Goldenen Blüte* (München 1929). Einige der dort abgebildeten, mit Mandalas verglichenen Malereien von Geisteskranken sind richtige Karikaturen, bei denen zum Teil kindische Vorstellungen von morgenländischer Geheimlehre mitspielen, andere sind harmlose und belanglose Basteleien.

> heit, Erfindungsgeist, Reise, Rechtgläubigkeit, Führung, Genauigkeit, Wachstum, Befehl, Herrschaft, Reich, Würde, Rat oder Geschäft, die nicht darin enthalten wären. Es gibt aber auch keinen Hass, kein Übelwollen, keinen Betrug, keine Untreue, Täuschung, Tyrannei, Unterdrückung, Verderbtheit, Unkenntnis, Dummheit, Niedrigkeit, Gewaltherrschaft oder Ausgelassenheit, keinen Gesang, kein Spiel, keine Flöte oder Leier oder Hochzeit, keinen Spaß, keine Waffe, keinen Krieg, weder Blut noch Totschlag, die nicht darin enthalten wären.[51]

Der Berg, in dem man die *materia prima* findet, ist der menschliche Leib, denn die *reductio* auf den Urstoff geht methodisch vom leiblichen Bewusstsein aus, das zuerst von innen her aufgelöst werden muss, ehe der Mensch die Seele seelisch und nicht nur auf dem Umweg über ihre sinnlichen Empfindungen zu erfassen vermag. Deshalb wird das alchimistische Schlüsselwort V.I.T.R.I.O.L. von Basilius Valentinus so gedeutet: *visita interiora terrae; rectificando invenies occultum lapidem* (»Besuche das Innere der Erde; läuternd wirst du den verborgenen Stein finden«). Das Innere der Erde ist sowohl das Innere des Leibes als die innere, ungeschiedene Mitte des Bewusstseins. Der verborgene Stein ist hier nichts anderes als der Urstoff.

Die »Zurückführung der Metalle auf ihren Urstoff« hat, innerlich gesehen, nichts mit einem schlafwandlerischen Zurücktauchen des Bewusstseins in das Unbewusste zu tun. Die Zurückführung geschieht nur nach hartem Kampf gegen die auseinanderstrebenden Neigungen der Seele, wobei alle unvernünftigen Verhaftungen oder »Komplexe« zum Vornherein aufgelöst sein müssen. Das alchimistische Werk ist keine Kur für seelische Krankheiten.

Beim Übergang vom unterschiedlichen zum ununterschiedenen Bewusstsein tritt eine Finsternis ein, die dem Chaos entspricht, das heißt dem Zustand der *materia,* die nicht mehr ihre uranfängliche Reinheit besitzt, deren unterschiedliche Möglichkeiten aber auch nicht klar und geordnet ausgeprägt sind. Es ist der Zustand eines »Rohstoffs«. Dringt aber das Bewusstsein weiter in die Tiefe, so er-

51. Text übermittelt durch Dr. S. Hussein Nasr, Teheran.

blickt es den Spiegel des Seelengrunds, der sich in seiner »stofflichen« Wirklichkeit zwar nicht erfassen lässt, aber seine Natur dadurch kundgibt, dass er das Licht des Geistes ungebrochen widerstrahlt. Das Chaos der Seele war wie Blei; der Spiegel des Seelengrunds ist wie Silber; er ist auch einer reinen Quelle vergleichbar. Er ist der Jungbrunnen der Sage, aus dessen Tiefe das Lebenswasser, das quecksilbergleiche, emporsteigt. Das ist der Sinn folgender Erzählung des Alchimisten Bernardus Trevisanus:

> Es geschah eines Nachts, dass ich studieren sollte, um tags darauf zu disputieren; doch ich fand einen kleinen Brunnen, schön und klar, der ganz von einem schönen Stein umschlossen war. Der Stein war auf einen alten hohlen Eichenstamm gelegt und ringsum von Mauern eingezäunt, damit nicht die Kühe oder andere unvernünftige Tiere noch die Vögel darin baden könnten. Weil ich sehr schläfrig war, setzte ich mich auf den Rand des Brunnens; da sah ich, dass er oben zugedeckt und ganz verschlossen war.
>
> Es kam aber ein alter und greiser Priester vorbei. Den fragte ich, warum dieser Brunnen oben und unten und auf allen Seiten so verschlossen sei. Er war freundlich und gut zu mir und begann so zu sprechen:
>
> »Herr, es ist wahr, dass diese Quelle eine furchtbare Kraft besitzt, mehr als irgendeine andere auf Erden; sie ist nur da für den König des Landes, den sie gut kennt, und der sie kennt. Er badet sich mit ihr in diesem Brunnen während zweihundertundzweiundachtzig Jahren, und dabei verjüngt sie den König so sehr, dass ihn kein Mensch zu besiegen vermag […]«
>
> […] Darauf kam ich insgeheim zum Brunnen zurück und begann, alle Verschlüsse, die sehr genau passten, aufzutun. Dann schickte ich mich an, das Buch, das ich [beim Disputieren] gewonnen hatte, anzuschauen und mich an seinem so feinen Glanz zu erfreuen; doch weil ich schläfrig war, fiel es in jenen Brunnen hinein, worüber ich mich über die Maßen grämte. Denn ich wollte es zum Preis der Ehre, die ich erlangt hatte, behalten. Ich begann also [in den Brunnen] zu schauen, bis ich mein Augenlicht verlor. Daraufhin fing ich an, den Brunnen auszuschöpfen, und ich schöpfte ihn so gut und sorgsam aus, dass ihm nur der zehnte Teil verblieb samt

den anderen zehn, die, obwohl ich mich zu schöpfen abmühte, fest zusammenhielten. Während ich mich aber bemühte, kamen plötzlich Leute [...] und so wurde ich für mein Vergehen vierzig Tage lang gefangengesetzt. Als ich nach Ablauf dieser vierzig Tage aus dem Gefängnis kam, ging ich den Brunnen anschauen. Da sah ich schwarze und dunkle Wolken, die lange Zeit anhielten. Am Ende aber sah ich alles, was mein Herz begehrte, und hatte keine Mühe dabei; so wirst auch du keine haben, wenn du dich nicht auf schlechtem und irreleitendem Pfade verlierst, indem du die Dinge unterlässt, die [die] Natur verlangt.[52]

Die Alchimisten geben der *materia prima,* die sie zugleich als den Urstoff der Welt und als den Grundstoff ihres Werks betrachten, eine Menge Namen, deren Vielfalt weniger dazu dient, die hermetische Einsicht vor Unberufenen zu schützen, als darauf hinzuweisen, dass jene *materia* in allen Dingen enthalten ist oder dass sie alle enthält. Sie nennen sie »Meer«, weil sie alle Formen in sich trägt wie das Meer die Wellen, oder »Erde«, weil sie alles, was »auf ihr« lebt, ernährt; sie ist der »Samen der Dinge«, »die grundlegende Feuchtigkeit« (*humiditas radicalis*), die *hyle.* Sie ist »Jungfrau« wegen ihrer unergründlichen Reinheit und Empfänglichkeit und »Dirne«, weil sie scheinbar allen Formen »anhangt«. Man vergleicht sie auch, wie wir sahen, dem »verborgenen Stein«, obwohl sie in ihrem Urzustand vom »Stein der Weisen« als der Frucht des ganzen Werkes unterschieden wird; die *materia prima* ist nur in dem Sinne Stein, dass sie in sich unveränderlich bleibt; ihre Bezeichnung als »Stein« erinnert an das persische *gohar* und das arabische *dschawahr,* das wörtlich »Edelstein« bedeutet und im übertragenen Sinne für »Substanz« (griechisch *ousia*) verwendet wird.

Die *materia prima* ist auch das »Erzlager« aller seelischen »Metalle«; umgekehrt aber wird auch der Mensch als das »Erzlager« bezeichnet, aus welchem die *materia* des Werks herauszuziehen sei, wie das Morienus dem König Chālid erklärt: *Haec enim res a te extrahitur; cuius etiam minera tu existis* (»Aus dir nämlich wird dieses Ding hervorgebracht, sodass du sein Erzlager bist«).

52. Nach *Le livre du Trévisan de la philosophie naturelle des métaux* in *Bibliothèque des philosophes chimiques.*

In ihrem chaotischen Zustand, der weder rein und bildbar ist noch schon deutliche Formen trägt, wird die *materia* als ein »gemeines Ding« bezeichnet, denn als »Rohstoff« ist sie überall zu finden, und doch ist sie zugleich ein »sehr kostbares Ding«, weil aus ihr das Elixier gewonnen wird, mit dem man Gold machen kann. Die rohe *materia,* die im Vergleich zur eigentlichen *materia prima* eine *materia secunda* darstellt, wird mit dem Blei verglichen, in dem die Natur des Goldes verborgen ist, oder mit Eis, das geschmolzen werden muss, und mit einem Feld, das erst Frucht bringt, wenn es gepflügt und besät wurde. Heinrich Kunrath sagt:

> Die durchtränkte, feuchte, fette und schlammige Erde Adams, der Urstoff, aus dem diese große Welt, wir selber und unser kraftvoller Stein erschaffen wurden, kommt zum Vorschein.[53]

Als Baum ist die *materia prima* grundsätzlich eins mit dem Weltenbaum, dessen Früchte Sonne, Mond und die Wandelsterne sind. Am Baum der alchimistischen *materia* wachsen Gold und Silber oder alle Metalle oder auch die verschiedenen Phasen des Werks mit ihren sinnbildlichen Farben Schwarz, Weiß und Rot und manchmal noch Gelb zwischen Weiß und Rot. Abū l-Qāsim al-'Irāqī schreibt von einem solchen Baum, der statt in der Erde mitten im Weltmeer wurzelt. Das Meer bedeutet die seelische *materia,* die *anima mundi.* Der Baum wächst in den »Ländern des Westens«, also des Sonnenuntergangs, denn die *materia* entspricht dem Westen, so wie die *forma,* das Urbild, dem Osten entspricht. Der Baum kann die Gestalt eines Lebewesens annehmen, denn er ist die »innere Form« des Menschen. Die *materia prima* des Werks wird von ihm gewonnen, denn in der Frucht liegt der Ursprung des Baumes selbst beschlossen.

> Die *materia prima,* welche die Form des Elixiers hervorbringen kann, wird von einem einzigen Baum gewonnen, der in den Ländern des Westens wächst. Er hat zwei Äste, die zu hoch sind für jemanden, der ihre Frucht essen will, ohne Arbeit und Mühe auf sich zu nehmen, und zwei andere, deren Frucht aber trockener und gegerbter ist als die der beiden erstgenannten Äste. Die Blüte des einen dieser beiden

53. Heinrich Kunrath: *Theatrum sapientiae aeternae.*

> Äste ist rot und die Blüte des zweiten zwischen Weiß und Schwarz. Der Baum hat noch zwei weitere Äste, die schwächer und weicher als die vier ersten sind; die Blüte des einen dieser Äste ist schwarz und die des anderen zwischen Weiß und Gelb. Dieser Baum wächst auf der Oberfläche des Ozeans, so wie andere Pflanzen auf der Oberfläche der Erde wachsen. Wer immer von diesem Baum isst, dem gehorchen Menschen und Genien (*dschinn*). Es ist derselbe Baum, von dem zu essen Adam – Der Friede sei auf ihm! – verboten wurde; als er davon aß, wurde er aus einer Engelsgestalt in menschliche Gestalt verwandelt. Dieser Baum kann sich in die Form eines jeglichen Lebewesens verwandeln.[54]

Die *materia prima* der Alchimisten ist also sowohl der Ursprung als auch die Frucht ihres Werks, denn das Chaos der *materia* ist solange finster und undurchdringlich, als die Formen, die in ihr enthalten und schon am Keimen sind, nicht zu ihrer Entfaltung gelangen; jegliches »Vermögen« (*potentia*) ist dem Wesen nach undurchdringlich. Es verhält sich das wie mit einem mineralischen Stoff, der im amorphen Zustand trüb und undurchsichtig erscheint und der in dem Augenblick, da er zum geformten Kristall gerinnt, klar und durchsichtig wird. Daraus darf man nicht schließen, dass alle in der Seele grundsätzlich vorhandenen Möglichkeiten zur Kundgebung gelangen müssen, denn erstens ist die Vielfalt dieser Möglichkeiten unerschöpflich, und zweitens ist gerade die Verzettelung der seelischen Inhalte ein Hindernis für die Verwirklichung der wesentlichen »Form«, das heißt jenes einheitlichen und ausgewogenen Zustands des Bewusstseins, das die »Göttliche Tat« des Geistes voll zu spiegeln vermag. Die wahre Natur der *materia prima* gibt sich also in ebendem Maße kund, als sie die wahre *forma* aufnimmt.

Gleich wie der Urstoff nur durch die Erkenntnis des reinen Seins, deren Schatten er ist, wirklich »erfasst« werden kann, lässt sich der wahre Grund der Seele auch nur in seiner Antwort auf den reinen Geist erkennen; die Seele enthüllt sich erst ganz, wenn sie dem Geist bräutlich vereint wird, und das ist es, was mit der Hochzeit von Sonne und Mond, von König und Königin, von Schwefel und Quecksilber ausgedrückt wird.

54. Text übermittelt durch Dr. S. Hussein Nasr, Teheran.

Die »Enthüllung« des empfangenden Seelengrundes und die »Offenbarung« des schöpferischen Geistes fallen zusammen; sie lassen sich nicht voneinander trennen. Dennoch kann man die verschiedenen Phasen und Anblicke des inneren Werks auf den einen oder den anderen Pol beziehen. Jeder Weg geistiger Verwirklichung kennt die Vorbereitung eines empfänglichen »Stoffs« und die Einwirkung der geistigen oder Göttlichen Tat auf diesen »Stoff«. Je nach dem befolgten Weg aber wird das Schwergewicht – das lehrliche [der Lehre gemäße] sowohl als auch das praktische – auf dem einen oder dem anderen inneren Vorgang liegen, und dementsprechend wird das geistige Augenmerk entweder mehr auf die »unbewegte Tat« des Geistes oder mehr auf den unveränderlichen, reinen Grund der Seele gerichtet sein; dem handwerklichen Gleichnis der Alchimie, das in der Veredlung eines mineralischen Stoffs besteht, entspricht es, dass die Seele als ein »Stoff« aufgefasst werde, und dass also die Idee des Urstoffs der *materia prima* im Mittelpunkt aller Betrachtungen steht. Selbst die Einwirkung des transzendenten Geistes, der dem seelischen »Stoff« polar entgegengesetzt ist, wird im Rahmen der alchimistischen Bildersprache stofflich ausgedrückt, als eine chemische Verwandlung, die eben dadurch, dass sie den Rahmen des handwerklich Darstellbaren sprengt, auf ihren überstofflichen Ursprung hinweist.

Die beiden Anblicke oder Phasen der geistigen Verwirklichung lassen sich durch ein überliefertes Vorbild der christlichen Kunst veranschaulichen, nämlich durch das mit Sinnbildern bereicherte Kruzifix. Als Beispiel dafür wählen wir ein silbernes Reliquienkreuz vom Anfang des dreizehnten Jahrhunderts, das im Kloster von Engelberg aufbewahrt wird und dessen Schmuck auf die oft mit der Goldschmiedekunst verbundene Alchimie hinweist. Dieses Kreuz ist sowohl auf der Vorder- wie auf der Rückseite mit Bildern verziert; die durch die stärkere Ausprägung des Reliefs erkennbare Vorderseite trägt in der Mitte die Gestalt des gekreuzigten Heilands und auf den vier Enden der Kreuzarme die Bildnisse der mit ihren Tieren gekennzeichneten Evangelisten. Es ist das eine in der christlichen Kunst des Mittelalters sehr verbreitete Komposition, die hier in einer schon verhältnismäßig »naturalistischen« Form auftritt; auf älteren liturgischen Kreuzen ist die Gestalt Christi oder die des Lammes nur von den vier himmlischen Tieren umgeben, was dem Sinnbild einen strengeren und damit auch weiteren Anblick verleiht. Die Rückseite des Kreuzes zeigt in ähnlicher

Vorder- und Rückseite des Reliquienkreuzes des Engelberger Abts Heinrich von Wartenbach, um 1200. Kloster Engelberg, Schweiz

Anordnung die Heilige Jungfrau mit dem Kind, in der Mitte thronend, und die Wahrzeichen der vier Elemente an den vier Kreuzarmen: Das Feuer ist oben, die Luft zur Rechten des Beschauers, das Wasser zu seiner Linken und die Erde unten.

Die beiden Seiten des Kreuzes können als Schemata des Wesentlichen und des »Stofflichen«, des Tätigen und des Duldigen, der *forma* und der *materia* des Kosmos betrachtet werden: Die Vorderseite mit den menschlichen Gestalten des Göttlichen Wortes und seiner vier Offenbarungsweisen entspricht in ihrem Verhältnis zur Sinnbildlichkeit der Rückseite ganz offensichtlich der Göttlichen Tat oder der wesentlichen »Form« des Kosmos; die andere Seite dagegen entspricht dem Urstoff oder genauer gesagt der Welt, die sich aus ihm entfaltet; die Jungfrau im Mittelpunkt nimmt sinnbildlich den Ort des Äthers ein, der in einer gewissen hermetischen Sicht eins ist mit der *materia prima,* während die vier Elemente die vier Grundbestimmungen derselben und damit die vier Grundlagen der ganzen formgebundenen Welt kundgeben. Das ungeschiedene Gleichgewicht des Urstoffs, sein »jungfräulicher« Zustand, wird durch die zentrale Stellung seines Sinnbildes im Verhältnis zu den vier Wahrzeichen von Feuer, Luft, Wasser und Erde deutlich gemacht.

Es erübrigt sich zu betonen, dass diese kosmologische Bedeutung der beschriebenen christlichen Bilder deren theologischen Sinn keineswegs beeinträchtigt; im Gegenteil, das Zusammenfallen der beiden »geistigen Blickrichtungen« in ein und demselben Sinnbild verleiht diesem eine umso größere Tragweite in der einen Hinsicht sowohl als auch in der anderen; es enthüllt seinen wahrhaft metaphysischen Gehalt, und das gibt uns einen Vorgeschmack von den schier unbegrenzten Möglichkeiten geistiger Schau, die sich einem in der hermetischen Kunst erfahrenen und zugleich dem christlichen Glauben verbundenen Handwerker oder Künstler eröffnen konnten.

Die innere Verbindung zwischen den beiden, auf Vorder- und Rückseite des Kreuzes verteilten sinnbildlichen Kompositionen ist in der Darstellung der Taube des Heiligen Geistes, die sich auf die Jungfrau herablässt, und in der Gegenwart des Göttlichen Kindes auf ihrem Schoß angedeutet: Die Taube verrät die Gegenwart des unerschaffenen Geistes, unter dessen Einwirkung die *materia prima* sich förmlich entfaltet, gleich wie die Jungfrau empfängt und gebiert; als Kind aus ihr nimmt der Göttliche Geist Gestalt an; er bleibt im Wesen gleich, umhüllt sich aber mit dem Stoff, den ihm seine Mutter leiht; er passt sich dem unterschiedlichen Anblick des Stoffs an.[55]

Die Form des Kreuzes selber, welche das Gesetz des ganzen Kosmos ausdrückt, ergibt sich sowohl aus dem einen als auch aus dem anderen Pol: Sie entspricht gleichzeitig der vierfaltigen Offenbarung des ewigen Wortes und den paarweisen Gegensätzen, die im Urstoff enthalten sind. Ebenso geht jedes geistige Werk gleichzeitig aus der wesentlichen Tat und deren »stofflichem« Empfänger hervor; die Seele wird nicht verwandelt ohne die Einwirkung des Geistes, und dieser erleuchtet sie nur im Maße ihrer duldigen Bereitschaft und nach deren Weise. Der Gegensatz der beiden Pole ist nur auf höchster Ebene aufgehoben, nur im reinen Sein, wo der empfangende »Stoff« selbst nichts anderes ist als eine erste, unmittelbare und innere Setzung des Göttlichen Geistes, der nur in das, was schon sein eigen ist, herabsteigt, um dessen Form und Weise anzunehmen.[56]

Die erwähnten Bedeutungen der hier beschriebenen Bilder werden durch verschiedene Beigaben und Einzelheiten erweitert; so sind die vier Arme des Kreuzes mit Dreipässen versehen, womit die Vierheit der Evangelisten und der Elemente sich zur Zwölfzahl der Apostel und der Tierkreisbilder vermehrt. Über der Christusfigur der Vorderseite halten Engel ein Kreisrund, während Bilder des heiligen Petrus und verschiedener heiliger Bischöfe die Figur der Jungfrau auf der Rückseite umgeben: Man wird in diesen beiden Ordnungen die himmlische und die kirchliche Hierarchie erkennen, die sich nach der Lehre des heiligen Dionysius Areopagita gebend und empfangend gegenüberstehen.

Weitere Einzelheiten beziehen sich noch ausdrücklicher auf die Alchimie: Am Stamm des Kreuzes sieht man Moses, der die eherne Schlange aufrichtet, was zugleich ein alttestamentliches Vorbild der Kreuzigung und ein Sinnbild der alchimistischen »Fixierung« des Quecksilbers ist; derselbe Vorgang mag auch durch die Gruppe

55. So nimmt nach der Lehre der islamischen Mystiker die Offenbarung (*tadschallī*) Gottes im Herzen die Form an, die durch dessen Bereitschaft gegeben ist. Siehe unsere Übersetzung der *Fuṣūṣ al-Ḥikam* in Muḥyīddīn Ibn ʿArabī: *Die Weisheit der Propheten.* Zürich: Chalice Verlag, 2005.

56. Diese Wahrheit hat Dante im Sinn, wenn er die Heilige Jungfrau »Tochter deines Sohnes« (*figlia del tuo figlio*) nennt (*Divina commedia,* Anfang des 33. Gesangs).

der sich bekämpfenden Tiere unmittelbar unter den Füßen des Gekreuzigten angedeutet sein. Gewiss, der erste und nächstliegende Sinn dieser Gruppe ist der Sieg des Löwen von Juda über den höllischen Drachen; doch dasselbe Bild ist auch als die Bändigung des »flüchtigen« Quecksilbers durch den sonnenhaften Löwen des Schwefels zu deuten.

Zu dieser christlichen Ikonografie gibt es eine fernöstliche Parallele, die, wenn sie auch räumlich und zeitlich weit hergeholt ist, umso mehr den allgemein gültigen Sinn der erwähnten Symbolik zu bekräftigen vermag. Es handelt sich um eine gewisse Form von Mandala, die im japanischen Shingon, einem Zweig des Mahayana-Buddhismus, zur Meditation verwendet wird. Das Mandala besteht aus einer beidseitig bemalten Fahne, die auf der einen Seite ein Schema der »Welt der Unzerstörbaren« oder der »diamantenen Elemente« und auf der anderen Seite eines des »Gebärmutter-Elements« zeigt. Im Mittelpunkt einer jeden Seite ist eine Erscheinungsform des »großen Erleuchters«, des Buddha Mahavairocana, auf dem Lotos sitzend, dargestellt. Im ersten Schema, dem der unwandelbaren Urbilder, hat der Buddha eine beschauliche Haltung; sein Haupt ist von einem weißen Heiligenschein umgeben. Auf dem zweiten Schema ist er aus einem offenen Lotos hervorkommend und mit einem roten Heiligenschein, dem Sinnbild der Tätigkeit, abgebildet; das bedeutet, dass hier der »stoffliche« Pol in seinem dynamischen Anblick betrachtet wird, entsprechend der tao-buddhistischen Lehre vom tätigen Wesen des Nichthandelns und dem duldigen des Handelns. Die Besinnung auf das erstgenannte Schema führt zur Kenntnis des Weges der Befreiung vom Werden, während die Besinnung auf das zweite Schema, das des »Gebärmutter-Elements«, die Kenntnis der fünf kosmologischen Wissenschaften zur Frucht hat.[57]

Die Bedeutung der *materia prima* als Spiegel des Allgeistes ist auch im fernöstlichen Sinnbild des Spiegels inbegriffen. Man kennt die chinesischen Kult- oder Zauberspiegel, die auf ihrer Rückseite meist eine Darstellung des Himmelsdrachen aufweisen; dieser ent-

Seite 106: Das Kreuz Christi wächst als blaue Lilie aus der Heiligen Jungfrau, die auf der Mondsichel kniet, empor. Die Lilie mit fünf Enden entspricht der Quintessenz, die Muttergottes der materia prima. *Nach einer Miniatur aus dem alchimistischen* Buch der Heiligen Dreifaltigkeit *der Staatsbibliothek München*

57. Siehe Emile Steinilber-Oberlin: *Les sectes bouddhiques japonaises,* Paris 1930.

spricht dem Allgeist oder Logos. Im Shinto, der vorbuddhistischen Religion Japans, ist der heilige Spiegel, der das Abbild der Sonnengöttin Amaterasu aufnimmt, offensichtlich auch das Sinnbild der Seele im Zustand ihrer heiligmäßigen Reinheit, in welchem sie die Wahrheit, das heißt die übergedankliche, ursprüngliche Wahrheit aufzunehmen vermag. Das führt uns zurück zur hermetischen Gleichung von *materia prima* und Seelengrund.

Überraschenderweise sind wir derselben Sinnbildlichkeit bei gewissen nordamerikanischen Indianern, den Krähen und den Schoschonen, begegnet. Der Spiegel ist hier ein eigentlicher Zauberspiegel, durch welchen ein Schamane verlorene und vergessene Dinge wiederfinden kann; er sieht sie auf seinem Grund. Auf die Fläche des Spiegels war eine rote Zickzacklinie gemalt, den Blitz darstellend, der bei den Indianern gleich wie der am Himmel schwebende und blitzartig herabstoßende Adler das Sinnbild des Allgeistes und der Offenbarung ist.

Die Allnatur

»DIE KUNST«, PFLEGEN DIE ALCHIMISTEN ZU SAGEN, »SOLL die Natur in ihrem Wirken nachahmen.« Das Vorbild des alchimistischen Werks ist die Natur; sie kommt dem schaffenden »Künstler«, dem Alchimisten, der ihre Wirkungsweise erkannt hat, zu Hilfe und vollendet spielend, was er mit größter Mühe begonnen hat. Der Ausdruck »Natur« hat hier einen ganz bestimmten Sinn; er bezeichnet nicht bloß das unwillkürliche Werden der Dinge, sondern eine einheitliche Kraft oder Ursache, deren wahres Wesen dadurch erkannt wird, dass man ihren allumfassenden, die äußere und die innere Welt gleicherweise beherrschenden Rhythmus wahrnimmt.

Da die abendländische Alchimie allgemein die Sprache der platonischen Metaphysik benützt, muss man auf diese zurückgreifen, um zu erfahren, was der Ausdruck *natura* oder *physis* in sich schließt. Wohl die sinnvollste Kennzeichnung der Natur finden wir bei Plotin, in seinen *Enneaden* (III, 8). Dort schreibt er:

> Früge man die Natur, warum sie ihre Werke hervorbringt, so würde sie, falls sie sich überhaupt zu einer Antwort herbeiließe, folgendermaßen sprechen: »Besser wäre es gewesen, keine Frage zu stellen [das heißt, nicht gedanklich nachzuforschen], sondern schweigend zu lernen, so wie ich selber schweige; denn ich pflege nicht zu reden [im Unterschied zum Geist, der sich in Worten offenbart]. Das aber sollst du lernen, dass alles, was wird, Gegenstand meiner schweigenden Schau ist, einer Schau, die mir ursprünglich eigen ist, denn ich entstamme ja selbst einer Schau [nämlich der Schau der Allseele, die den Allgeist betrachtet, so wie dieser das unendliche Eine schaut]; ich liebe das Schauen, und das, was in mir schaut, erzeugt zugleich den Gegenstand seiner Schau. So zeichnen die Mathematiker aus ihrer geistigen Schau heraus Figuren. Ich aber zeichne nichts; ich betrachte nur, und die Formen der stofflichen Welt entstehen, als gingen sie aus mir hervor.

Danach ist die Natur in ihrem empfangenden Wesen dem Urstoff, der *materia prima,* verwandt. Und in der Tat steht sie unter den drei erkennenden Hypostasen des platonischen Weltalls dem Urstoff (*hyle*) am nächsten: Über ihr ist die Allseele (*psyche*) und über dieser der Allgeist (*nous*), der allein das unnennbare Eine schaut und Es schauend endlos kundzugeben trachtet; unter ihr ist nur der Urstoff, die duldige Grundlage aller Kundgebung, die selbst nicht am Werden teilhat und deshalb ewig »jungfräulich« bleibt. Man könnte die Natur den »mütterlichen« Anblick des Urstoffs nennen, denn sie ist es, welche »gebärt«; sie ist wirkend und bewegend, während der Urstoff, die *materia prima,* an sich unbewegt bleibt.

Muḥyīddīn Ibn ʿArabī, der »größte Meister« (*asch-schaikh al-akbar*) der islamischen Mystik, dem wir die weitesten Deutungen hermetischer Grundsätze verdanken, fasst die Allnatur (*ṭabīʿa al-kull*) als die weibliche, mütterliche Seite der Schöpfungstat auf; sie ist der »barmherzige Aushauch Gottes« (*nafas ar-Raḥmān*), der den im »Nichtsein« (*ʿadam*) ununterschieden harrenden Möglichkeiten das vielfältige Dasein schenkt. Barmherzig ist dieser »Aushauch«, weil die Möglichkeiten, die sich kundgeben sollen, gleichsam sehnsüchtig danach verlangen; doch dieselbe Kraft hat auch einen dunklen, verwirrenden Anblick, weil die Vielheit als solche Täuschung und Gottesferne ist.[58]

Ibn ʿArabīs Erklärung der Allnatur als mütterlich gütige und zugleich verwirrende Kraft Göttlichen Ursprungs ist hier von besonderer Bedeutung, weil sie eine Brücke zur indischen Idee der *shakti,* der weiblich-schöpferischen Kraft der Gottheit, schlägt. Auf diese Idee der *shakti* aber beziehen sich all jene tantrischen Methoden, die der Alchimie unter sämtlichen geistigen Künsten am nächsten verwandt sind und zu welchen die Inder auch die Alchimie zählen.

Als Kali ist die *shakti* einerseits die Allmutter, die alle Wesen liebend umhegt, und andererseits die tyrannische Macht, die sie allen Weisen der Vernichtung, dem Tod, der Zeit und dem trennenden Raum ausliefert. Sie wird teils in erhabener Schönheit, teils mit schreckenerregenden Zügen abgebildet; ihre Farbe ist dunkel wie ihr unfassbares Wesen. Die *shakti* ist auch *maya,* die Göttliche

58. Siehe unsere Übersetzung der *Fuṣūṣ al-Ḥikam* in Muḥyīddīn Ibn ʿArabī: *Die Weisheit der Propheten.* Zürich: Chalice Verlag, 2005.

Kunst, die den Wesen ihre vielfachen Formen verleiht und sie eben dadurch ihrem einen, unendlichen Urgrund entfremdet.

Diese Betrachtung der Göttlichen Schöpferkraft entspringt offensichtlich einem ganz anderen Standpunkt als dem der scholastischen Theologie, ohne dieser wesentlich zu widersprechen, denn dass das Dasein sowohl ein Göttliches Geschenk als auch, im Vergleich zum reinen Sein, eine Beschränkung darstellt, geht auch aus der klassischen, von den Kirchenvätern gelehrten Ontologie hervor. Das Eigenartige der hier erwähnten, die Metaphysik eines Ibn ʿArabī mit der indischen Lehre von der *shakti* verbindenden Auffassung besteht darin, dass die beiden Anblicke des Daseins oder des Werdens, sein positiver sowohl als auch sein negativer Anblick, auf eine einzige Wurzel zurückgeführt sind, nämlich auf die Allnatur, die zugleich mütterlich barmherzig und grausam erscheint. Im Gegensatz zum persönlichen Wirken Gottes, das den eigentlichen Gegenstand der Theologie bildet, stellt sich hier Sein Schaffen oder Wirken in der Welt auf eine gleichsam unpersönliche Weise dar, und das entspricht dem besonderen Gesichtswinkel der Alchimie, die deshalb keineswegs agnostisch ist, wenn auch der Begriff der »Natur«, wie er von den Philosophen der »Aufklärung« verwendet wurde, ganz fern und durch Missverständnisse hindurch von der hermetischen *natura* abstammen dürfte. Dass diese mit der Verweltlichung oder Entheiligung der Naturwissenschaft zu einem vagen und unverpflichtenden Gottesersatz wurde, war mittelbar durch eine Verengung des theologischen Horizontes bedingt, welche die gleichzeitige Wahrnehmung einer »persönlichen« und einer »unpersönlichen« Kundgebung Gottes erschwerte.

Im Hinblick auf das äußere alchimistische Werk ist die Natur die treibende Kraft aller Wandlungen, die »potenzielle Energie« in den Dingen. In das innere hermetische Werk greift sie ein als jene mütterliche Urkraft, welche die Seele aus ihrem brachen, spröden, unfruchtbaren Dasein erlöst. So ist sie die Kraft des Verlangens und der Sehnsucht im Menschen und zugleich weit mehr als das, denn »Natur« ist sie als das unerschöpfliche Vermögen, das alle Anlagen, die im Wesen verborgen sind, zur Entfaltung bringt, für oder wider die Pläne des Ichs, je nachdem, ob sich dieses die Macht der Natur anzugleichen vermag oder zu ihrem Opfer wird. Sie ist immer weiblich, als »Frau Natur« (*Dame Nature*) wie auch in ihrem schrecklichen Anblick, als der große Drache, der sich durch alle Dinge hindurchwindet.

Nach einer Auffassung, die noch heute ihrem Namen anhaftet, hat die Natur immer etwas Zwangsläufiges, das sie wesentlich vom freien Schalten des menschlichen Willens unterscheidet. Diesen Anblick hat sie auch in der Alchimie, wenigstens in einer Hinsicht, denn von einer gewissen Stufe des Werks an verwandelt sich diese Zwangsläufigkeit in einen kosmischen Rhythmus, der nicht fesselt, sondern befreit, und den Dante als »die Liebe« bezeichnet, »welche die Sonne und die anderen Sterne bewegt.« Psychologisch betrachtet wird das, was am Anfang des geistigen Werks als ein gefährlicher, störender Trieb erscheint, bei Vollendung der Meisterschaft zu einer schöpferischen Kraft, einem Antrieb, der das Bewusstsein zu höheren Sphären emporträgt. Das ist ein Gesetz, das jeder wahren Askese zugrunde liegt und sie vom Puritanertum wesentlich unterscheidet, denn es geht im geistigen Werk nicht darum, die natürlichen Kräfte zu zerstören, sondern sie zu Reittieren des Geistes zu machen. Zerstört werden muss nur die eigensüchtige Verhaftung, die das echte und von Haus aus weder gut noch böse, sondern natürlich unschuldige Wesen dieser Kräfte entstellt. Man spricht gemeinhin von »Sublimation« und entlehnt damit einen alchimistischen Ausdruck für einen psychischen Vorgang, der jedoch gewöhnlich, auf profaner Ebene, ohne die Beihilfe einer heiligen Kunst oder der Gnade, gewisse Spannungen niemals zu übersteigen vermag. Von einer kosmischen Erweiterung der Seelenkräfte kann man nur im Hinblick auf eine echte geistige Kunst sprechen, denn es muss zuerst, durch das überlieferte Sinnbild und dessen sinngerechte Verwendung, etwas Kosmisches oder mittelbar Göttliches in den Menschen hineingreifen, ehe derselbe von der Willkür zur wirklichen Freiheit zu gelangen vermag. In diesem Licht muss man auch gewisse, den Rhythmus der Natur nachahmende Übungen betrachten, wie zum Beispiel die – wahrscheinlich der Alchimie bekannte – Regelung des Atems, die nicht eine selbsttätige »Technik« darstellt, sondern nur unter gewissen inneren und äußeren Voraussetzungen der geistigen Verwirklichung dienen kann. In denselben Zusammenhang gehören besondere, auf den ersten Blick fragwürdige und jedenfalls gefährliche Mittel zur Erweckung der inneren Kraft wie etwa die Schau der *Dame Nature* im schönen weiblichen Körper, eine Methode, die sowohl in der Tantrik als auch im hermetischen Rittertum vorkommt.[59]

59. Siehe Maurice Aniane: «Notes sur l'alchimie, ‹yoga› cosmologique de la Chrétienté médiévale» in *Yoga, science de l'homme intégral,* Editions Cahiers du

Die Natur als Frau und Baum geht verjüngt aus den beiden Distillatorien der Sonne und des Mondes hervor. Die Vögel sind der »Samen« des Goldes und des Silbers. Die Richtungen ihres Flugs zeigen die »Verflüchtigung« und die »Verfestigung« an. Nach dem Alchimistischen Manuskript *von 1550 der Universitätsbibliothek Basel*

Sud, Paris 1953; sowie Julius Evola: *Metafisica del sesso,* Editione Atanòr, Rom 1958.

Man kann sich nun fragen, ob die übliche Unterscheidung von »natürlicher« Entwicklung und »übernatürlicher« Gnadenwirkung in hermetischer Schau überhaupt einen Sinn habe, und muss es verneinen, insofern nämlich, als die Wirkung der Gnade nicht aus der Allnatur heraustreten kann und auch stets im Natürlichen nachklingt. Dennoch hat diese Unterscheidung ihre Berechtigung, wenn man irgendeine bestimmte Ebene der Natur betrachtet, deren verhältnismäßige Zwangsläufigkeit ja stets durch das unmittelbare, dem Blitz zu vergleichende Eingreifen der Gnade durchbrochen werden kann. Der Ausdruck »Natur« umfasst dann von Fall zu Fall ein kleineres oder größeres Gebiet der Wirklichkeit.

Eine anonyme alchimistische Schrift, die den Titel *Purissima revelatio*[60] trägt, nennt die Natur ein »Buch«, in welchem nur der von Gott Erleuchtete zu lesen vermag, zugleich aber auch

> einen sehr dichten Wald, in den viele eindrangen, um ihm die heiligen Geheimnisse zu entreißen. Doch sie wurden verschlungen, weil sie nicht die lichten Waffen besaßen, die allein den schrecklichen, das goldene Vlies hütenden Drachen besiegen können. Und jene, die nicht getötet wurden, haben umkehren müssen, von Schrecken erfasst und mit Schande und Scham bedeckt. Die Natur ist auch jenes unermessliche Meer, auf das die Argonauten hinausgefahren sind. Wehe den Seefahrern, die unsere Kunst nicht kennen! Denn sie mögen ihr ganzes Leben lang fahren, ohne je zum Hafen zu gelangen. Sie werden keine Zuflucht vor den furchtbaren Stürmen finden; von der Sonne verbrannt, von den eisigen Winden erstarrt, werden sie unfehlbar umkommen, wenn sie nicht den allerhöchsten und allmächtigen Herrn um Hilfe anflehen. [...] Denn es ist nicht manchen gestattet, an jenem Ufer von Kolchis zu landen. [...] Nur die weisen Argonauten, die streng die Gesetze der Natur beachten und ganz dem Willen des Allmächtigen ergeben sind, können das kostbare goldene Vlies erbeuten, das ihnen Medea, dieses Abbild der Natur, gegen die Befehle ihres finsteren Vaters und zur großen Wut des überraschten Drachen ausliefern wird.

60. Auf Französisch übersetzt durch ROBERT BUCHÈRE in *Le voile d'Isis,* Jahrgang 1921, Paris, Seite 183.

Medea ist das Abbild der dunklen Seite der Natur. Denn die Allnatur hat wie *maya* zweierlei Richtungen oder Bewegungen, eine, die von der geistigen Mitte weg zur Vielfalt strebt und die im Menschen mit der Leidenschaft verbunden ist, und eine, die von der Vielfalt zur geistigen Mitte zurückführt. Jene ist hier mit der Zauberin Medea und diese mit Sophia, der Weisheit, verglichen. Beide sind in ihrem Verhältnis zum tätigen Willen des Menschen weiblich, sind seine Geliebte oder seine Braut:

> Doch wehe demjenigen, der wie Jason durch die Mithilfe Medeas gesiegt hat, sich aber durch seine gefährliche Eroberung verführen lässt und sich der Natur, dieser großen Zauberin, hingibt, anstatt seiner Göttlichen Braut, der Weisheit, unwandelbar treu zu bleiben. Glücklich dagegen, wer, der Weisheit verlobt, ohne Gefahr jene furchtbare Zauberin Natur zu verführen vermag, um ihre Geheimnisse, die sie ihm nicht vorenthalten kann, zu erlangen und als Besitzer des goldenen Vlieses heimzukehren, seiner keuschen Verlobten treu.

Gleich den tantrischen Methoden weckt das alchimistische Werk eine furchtbare Naturkraft, die den Unvorbereiteten und Unberufenen verderben, den Weisen aber zur geistigen Herrschaft emportragen kann. Sie wohnt im Menschen, doch ihr Name deutet darauf hin, dass sie nicht etwas Vereinzeltes, ichhaft Umgrenztes, sondern Teil oder Anblick eines unpersönlichen und endlosen Rhythmus ist, und das ist wohl auch die einzige noch unverfälschte Bedeutung, die im Ausdruck »Natur« erhalten blieb.

N. 1

»Natur vermag, Natur zu überwinden«

IN DER WELT DER FORMEN BESTEHT DAS WERK DER NATUR IN einer ununterbrochenen Reihe von Auflösungen und Verdichtungen oder von Zerstörungen und Gestaltungen, sodass die Auflösung eines geformten Ganzen bereits die Vorbereitung zu einer neuen Vereinigung einer *forma* mit ihrer *materia* ist. Die Natur handelt wie Penelope, die nachts das Hochzeitskleid, das sie tagsüber gewoben hatte, wieder auflöste, um ihre unwürdigen Freier hinzuhalten.

Ebenso schafft der Alchimist: Nach dem Leitsatz *solve et coagula* löst er die unvollkommenen Verdichtungen der Seele auf, führt sie auf ihre *materia* zurück und kristallisiert sie von Neuem in einer edleren Form. Doch dieses Werk kann er nur im Einklang mit der Natur vollbringen, kraft einer natürlich-seelischen Schwingung, die im Laufe des Werks erwacht und das menschliche mit dem kosmischen Reich verbindet. Dann kommt die Natur von selbst der Kunst zu Hilfe, gemäß dem alchimistischen Sprichwort: *operis processio multum naturae placet* (»Das Fortschreiten des Werks gefällt der Natur sehr«).

Die beiden Phasen der Natur, die Auflösung und die Gestaltung, die oberflächlich gesehen einander ausschließen, in Wirklichkeit aber ineinandergreifen und sich gegenseitig ergänzen, lassen sich in einem gewissen Sinne auf die zwei Pole der Wesenheit und des Stoffs beziehen, die jedoch innerhalb der Natur nicht als reines Gegenüber von Tat und Duldigkeit zum Ausdruck kommen, sondern ihrer gemischten Weise angeglichen sind. Dem tätigen Pol entspricht innerhalb der Natur der alchimistische Schwefel und dem duldigen Pol das alchimistische Quecksilber. Der Schwefel ist verhältnismäßig tätig; er ist das, was die Form gibt. Das Quecksilber gleicht dem duldigen Stoff und ist damit unmittelbarer mit der Natur selber und ihrem weiblichen Grundzug verbunden. Da der Schwefel den wesentlichen Pol in natürlicher Brechung oder Einkleidung darstellt, kann man ihn als in duldiger

Seite 116: Aus dem Buch Uraltes chymisches Werk *von Rabbi Abraham Eleazar aus dem Jahr 1760; Britisches Museum*

Weise tätig bezeichnen, während das Quecksilber wegen des dynamischen Charakters der Natur als in tätiger Weise duldig zu nennen ist; das Verhalten der beiden Urkräfte zueinander ist demnach ähnlich wie das von Mann und Frau in der geschlechtlichen Vereinigung.

Das beste Bild für die Paarheit von Schwefel und Quecksilber ist das chinesische Zeichen des Yin-Yang mit dem schwarzen Pol im weißen Wirbel und dem weißen Pol im schwarzen Wirbel, als Hinweis darauf, dass im Tätigen das Duldige und im Duldigen das Tätige zugegen ist, so wie der Mann die Natur der Frau und diese die Natur des Mannes enthält:[61]

In der Seele ist der Schwefel das, was das Wesen oder den Geist kundgibt, während das Quecksilber in gewisser Weise der Seele selber in ihrer empfangenden und duldigen Rolle entspricht.

Nach Muḥyīddīn Ibn ʿArabī, der stets die höchsten Bedeutungen im Auge hat, entspricht der Schwefel dem »Göttlichen Befehl«, das heißt dem *fiat lux,* durch welches die Welt vom Chaos zum Kosmos gestaltet wird, während das Quecksilber dessen duldigen Gegenpart, die Allnatur, darstellt.[62] Wenn auch innerhalb des Bereichs, den die Alchimie behandelt, die beiden Ursachen als mehr oder weniger bedingte Kräfte auftreten, ist es doch gut, ihre letzten Gründe im Sinn zu haben, denn nur dadurch kann man zum Beispiel verstehen, in welcher Hinsicht der Schwefel dem geistigen Willen, das Quecksilber aber der »plastischen« Fähigkeit der Seele entspricht: Zunächst und seiner allgemein psychologischen Bedeutung nach geht der geistige Wille von einem Ideal aus und trachtet, die Seele danach zu gestalten; in seinem ursprünglichen Wesen aber, das sich nur im Rahmen einer überlieferten geis-

61. Was nicht nur einen psychologischen, sondern vor allem einen ontologischen Grund hat.

62. *Futūḥāt al-Makkiyya.*

tigen Kunst enthüllt, ist er eine aus der Mitte des Wesens kommende geistige Schwingung, eine geistige Tat, die das Denken durchbricht und die auf seelischer Ebene zweierlei bewirkt: eine Erweiterung und Vertiefung der »Empfindung des Seins« und eine Klärung und Festigung der wesentlichen Bewusstseinsinhalte. Dementsprechend ist auch die »plastische« Fähigkeit der Seele, die der ursprünglichen Tat des Geistes antwortet, nicht nur die duldige Vorstellungskraft, die Formen aufnimmt und ausreift, sondern ein seelisches Vermögen, das allmählich über die Umrisse des dem Körper verbundenen Ich-Bewusstseins hinauswächst.

Der Schwefel, die ursprünglich männliche Kraft, und das Quecksilber, die ursprünglich weibliche Kraft, streben beide nach der Ganzheit ihres einzigen und ewigen Urbildes, und das ist gleichzeitig der Grund ihres Gegensatzes und ihrer gegenseitigen Anziehung, gleich wie die männliche und die weibliche Natur beide die Ganzheit des menschlichen Zustandes ersehnen und deshalb sowohl voneinander wegstreben als auch sich miteinander zu vereinen trachten. Durch ihre körperliche Vereinigung versuchen beide, das Abbild ihres gemeinsamen ewigen Urbildes wiederherzustellen. Das ist die Hochzeit des Mannes und der Frau, des Schwefels und des Quecksilbers, des Geistes und der Seele.

Im mineralischen Bereich wird aus der vollkommenen Vereinigung der beiden zeugenden Ursachen das Gold geboren. Dieses ist das eigentliche Endziel der metallischen Zeugung; jedes andere Metall ist nur eine Früh- und Fehlgeburt, ein unvollendetes Gold, und das alchimistische Werk ist so betrachtet nichts als eine Geburtshilfe, ein Beistand, den die Kunst der Natur leistet, damit diese die Frucht, deren Ausreifung von gewissen zeitlichen Umständen behindert wurde, zur Vollendung bringe.[63] Man kann das in einem doppelten Sinne verstehen, einem mineralischen und einem mikrokosmischen. Muḥyīddīn Ibn ʿArabī bezeichnet das Gold als das Sinnbild des ursprünglichen und unverdorbenen Zustands (*fiṭra*) der Seele, als die Form, in welcher die menschliche

63. Die neuesten Entdeckungen über Atomspaltung scheinen zu bestätigen, dass die qualitativ niedrigsten Metalle am lockersten gefügt sind und daher am leichtesten zerfallen; Uran gleicht Blei.

Seele am Anfang erschaffen wurde; nach islamischer Auffassung nähert sich die Seele jedes Kindes unbewusst diesem adamischen Zustand, ehe sie durch die Irrtümer, die ihr die Erwachsenen eingeben, wieder davon entfernt wird.[64] Zum unverdorbenen Zustand gehört das innere Gleichgewicht der Kräfte, das sich beim Gold durch dessen Beständigkeit ausdrückt. Nach einer allgemein verbreiteten kosmologischen Anschauung, die schon Aristoteles erwähnt, ist die Natur durch vier Eigenschaften gekennzeichnet, die sich auf sinnlicher Ebene als Hitze und Kälte, Feuchtigkeit und Trockenheit kundgeben. Die Hitze und die Trockenheit sind dem Schwefel, die Kälte und die Feuchtigkeit aber dem Quecksilber zugeordnet. Die beiden ersten Eigenschaften haben demnach einen männlichen und vorwiegend tätigen, die beiden letzten dagegen einen weiblichen und mehr duldigen Charakter. Was das bedeutet, kann man besser erkennen, wenn man Hitze mit Ausdehnung, Kälte mit Zusammenziehung, Feuchtigkeit mit Lösung und Trockenheit mit Festigung gleichsetzt.

Die dem Schwefel eigene Hitze oder Ausdehnungskraft bewirkt das Wachstum irgendwelcher Form aus ihrer Wesensmitte heraus, und diese Wirkung der Natur ist eng mit dem Leben verbunden. Die Trockenheit des Schwefels festigt oder »fixiert« die Form auf der Ebene ihres Stoffs, sodass sie auf eine duldige und stoff-

Seite 121: Sinnbildliche Darstellung des alchimistischen Werks. Der Drache des Chaos oder der ungebändigten Natur ruht auf dem Baum der psychischen materia prima, *die im Erdreich der kosmischen* materia prima *wurzelt. Die sieben Sonnen entsprechen den sieben Metallen, Planeten und Phasen des Werks. Von der Sonne im Scheitel des Bildes gehen zwei Strahlen aus, welche die männliche und die weibliche Kraft darstellen. Zwischen ihnen schwebt der Doppeladler des mann-weiblichen Quecksilbers; er ist schwarz, weiß, gelb und rot und vereint so die vier Hauptfarben des Werks in sich. Der Drache ist in gewissem Sinne die anfängliche und der Adler die endgültige Form des Quecksilbers. Aus der* Alchimistischen Handschrift Ms. 428 *der Vadianischen Bibliothek St. Gallen*

64. Diese Lehre ist nicht mit der Meinung eines Jean-Jacques Rousseau zu verwechseln, nach welcher der Mensch an sich gut sei; die unbewusste Wiederholung des Urzustandes im Kind schließt die negativen Anlagen oder die erblichen Belastungen nicht aus.

Aquila volans et bufo gradiens super terra
est magisterium.

gebundene Weise die Unwandelbarkeit ihres Urbildes nachahmt; die Ausdehnungskraft des Schwefels ist, mit anderen Worten ausgedrückt, der dynamische – und daher verhältnismäßig duldige – Anblick der wesentlichen Tat, und die Festigung ist der umgekehrte oder untere Anblick der Beständigkeit des Wesens (die reine Tat ist unbewegt und das wahre Wesen tätig). Die Kälte oder die zusammenziehende Kraft des Quecksilbers kommt der festigenden Wirkung des Schwefels entgegen, indem sie die Formen gleichsam von außen her umfasst und festhält, wie eine kosmische Gebärmutter.[65] Der feuchte und auflösende Charakter des Quecksilbers aber gleicht der weiblichen Empfänglichkeit, die wie das Wasser alle Formen annehmen kann, ohne dadurch verändert zu werden.

Die vier natürlichen Eigenschaften oder Wirkungsweisen, die paarweise mit dem Schwefel und dem Quecksilber zusammenhängen, können gemäß dem Kreislauf der Gestaltungen und Auflösungen verschiedene Bindungen miteinander eingehen. Eine Zeugung findet nur statt, wenn die Eigenschaften des Schwefels und die des Quecksilbers sich gegenseitig durchdringen. Wenn sich die schweflige Trockenheit einseitig mit der quecksilbrigen Kälte verbindet, sodass sich Festigung und Zusammenziehung häufen, ohne dass die ausdehnende Hitze des Schwefels und die auflösende Feuchtigkeit des Quecksilbers gegen diese Bindung aufkommen, tritt eine Erstarrung des ganzen seelischen oder leiblichen Organismus ein; das ist auf vitaler Ebene die Erstarrung des Alters und auf ethischer Ebene der Geiz; allgemeiner und tiefer gesehen ist es die Beschränkung des Ich-Bewusstseins auf sich selber, der tödliche Zustand der Seele, die weder nach dem Geist noch

Seite 122: Aquila volans et bufo gradicus sup. terra est magisterium. *Der emporfliegende Adler stellt den befreiten »geistigen« Teil der alchimistischen* materia, *die Kröte deren dunklen, aber fruchtbaren »Bodensatz« dar. Der zunehmende Halbmond entspricht der geläuterten Seele, während die im Knoten gewundene Schlange das Bild der latenten Naturkraft ist. Aus der* Handschrift Egerton 845 *des Britischen Museums; 15.–16. Jahrhundert*

65. Über die zusammenziehende Kraft des Quecksilbers siehe RENÉ GUÉNON: *La grande triade,* Paris: Éditions de la Revue de la Table Ronde, 1946. Kapitel «Soufre, mercure et sel».

nach dem Sinnlichen hin ihre ursprüngliche Empfänglichkeit und Lebendigkeit bewahrt hat. Umgekehrt hat eine einseitige Bindung des Eigenschaftspaares Hitze–Feuchtigkeit oder Ausdehnung–Auflösung eine Verflüchtigung der Kräfte zur Folge; sie gleicht dem Zustand der verzehrenden Leidenschaft, dem Laster und der Zerstreuung des Geistes. Bezeichnenderweise treten die beiden beschriebenen Gleichgewichtsbrüche gewöhnlich gleichzeitig auf; der eine erzeugt den anderen: Die Erstarrung der seelischen Fähigkeiten treibt zur Zerstreuung, und das Feuer einer Leidenschaft, die sich rückhaltlos auslebt, bringt den inneren Tod; die Seele, die mit sich selber geizt und sich gegen den Geist hin abschließt, wird vom Wirbel auflösender Eindrücke mitgerissen. Das schöpferische Gleichgewicht ist hergestellt, wenn sich die ausdehnende Kraft des Schwefels und die zusammenziehende des Quecksilbers die Waage halten und zugleich die festigende Kraft des Männlichen mit der lösenden Fähigkeit des Weiblichen eine fruchtbare Verbindung eingeht. Das ist die wahre Vermählung der beiden Wesenspole, die unter anderem durch die beiden verflochtenen Dreiecke des salomonischen Siegels ✡ dargestellt wird, durch dasselbe Zeichen also, welches auch die Synthese der vier Elemente bedeutet. Die Anwendungen des beschriebenen Gesetzes sind schier unbegrenzt; wir nennen hier bloß einige psychologische und vitale Folgerungen; nebenbei nur sei erwähnt, dass auch die überlieferungstreue Medizin auf denselben Grundsätzen aufbaut, wobei die vier Elemente den vier Lebenssäften entsprechen.[66]

Die Seele in ihrer ganzen, im Laufe des alchimistischen Werkes entfalteten Weite wird beherrscht von den beiden Urkräften des Schwefels und des Quecksilbers, die im »chaotischen« Zustand der unerweckten Seele wie das Feuer im Flintstein und das Wasser im Eis schlummern. Wenn sie erwachen, geben sie zuerst ihren Gegensatz in einer äußersten Spannung kund; aus dieser Spannung heraus wachsen sie eine an der anderen, und in dem Maße, in dem sie frei werden, umfassen sie sich auch gegenseitig, da sie wie Mann und Frau einander zugeordnet sind. Auf diese beiden Phasen ihrer Entwicklung beziehen sich die beiden ersten Sätze der hermetischen Formel: »Natur ergötzt sich an Natur; Natur enthält Natur;

66. Der Luft entspricht der rote Bestandteil des Blutes, dem Feuer die gelbe Galle, dem Wasser der Schleim und der Erde die schwarze Galle. Alle vier Säfte sind im Blut enthalten.

und Natur vermag, Natur zu überwinden.« Der letzte Satz bedeutet, dass die beiden Kräfte, nachdem sie so gewachsen sind, dass eine die andere zu umfassen vermag, sich auf einer höheren Ebene vereinigen, sodass ihr Gegensatz, der vordem die Seele gebunden hatte, zu einer fruchtbaren Gegenseitigkeit wird, durch welche die Seele Vollmacht erlangt über die ganze Welt der psychischen Formen und Strömungen. So überwindet die Natur als befreiende Kraft die Natur als Tyrannei und Verstrickung.

Wenn man die unwandelbare Göttliche Tat, die das Weltall ordnet, sinnbildlich durch eine unbewegte, senkrechte Achse darstellt, so ist der »Lauf« der Natur im Vergleich dazu eine Spirale, die sich um jene Achse emporwindet, sodass sie mit jedem Umlauf eine Ebene oder Stufe des Daseins verwirklicht. Das ist das uralte Sinnbild der Schlange oder des Drachens, der sich um die Achse oder den Baum der Welt windet.[67]

Die Sinnbilder der Natur gehen fast alle aus der Spirale oder dem Kreis hervor. Der Rhythmus der sich folgenden »Entwicklungen« und »Einrollungen« der Natur, des alchimistischen *solve et coagula,* ist durch die doppelte Spirale  dargestellt, deren Schema auch den tierförmigen Abbildern der *shakti* zugrunde liegt. Verwandt damit ist das Bild der beiden im Gegensinn um einen Stab oder einen Baum sich windenden Schlangen oder Drachen, die den beiden gegensätzlichen Phasen der Natur oder den zwei Urkräften entsprechen.[68] Das ist das Urerbe von Bildern der Natur, aus dem sowohl die Alchimie als auch gewisse Überlieferungen des Ostens, insbesondere die Tantrik, schöpfen.

Nebenbei sei bemerkt, dass die Verwendung der Schlange oder des Drachens als Bild einer kosmischen Kraft auf der ganzen Erde verbreitet ist, ganz besonders aber jene überlieferten Künste kennzeichnet, die sich wie die Alchimie mit der feinstofflichen Welt befassen: Ein Reptil bewegt sich ohne Beine und durch einen ununterbrochenen Rhythmus seines Leibes fort, sodass es gleichsam die Verkörperung einer feinstofflichen Schwingung darstellt; auch ist sein Wesen gleichzeitig feurig und kalt, bewusst und elementar.

67. René Guénon: *Le symbolisme de la croix,* Paris 1931.
68. Ebenda.

Die Ähnlichkeit, die wir meinen, ist so echt, dass die meisten, wenn nicht gar alle überlieferten Kulturen die Schlangen als gelegentliche Träger seelischer oder feinstofflicher Mächte betrachtet haben; man denke nur an die Schlange als Wächter des Grabes im westlichen und im fernöstlichen Altertum.

Im sogenannten Laya-Yoga, das zu den tantrischen Methoden gehört und dessen Name die durch Lösung (*laya*) erzielte Einung

Die sieben »Chakren« oder Kraftmitten im feinstofflichen Leib des Menschen, mit den beiden Kraftströmen ida *und* pingala, *die sich um die Mittelachse winden. Tantrische Darstellung nach dem Werk von Arthur Avalon:* The Serpent Power. *Die blattförmige Musterung der Schädeldecke stellt das höchste Chakra, den »Lotos mit tausend Kelchblättern« dar*

(*yoga*) bedeutet, wird die Entfaltung der *shakti* innerhalb des menschlichen Mikrokosmos mit dem Erwachen einer Schlange (*kundalini*) verglichen, die bis dahin aufgerollt in dem *muladhara* genannten feinstofflichen Zentrum schlief; nach einer gewissen Entsprechung zwischen der feinstofflichen und der leiblichen Ordnung befindet sich dieses Zentrum am untersten Ende der Wirbelsäule. Durch gewisse Übungen geistiger Ansammlung wird *kundalini* geweckt, worauf sie um die geistige Achse des Menschen herum allmählich emporsteigt, indem sie immer weitere und höhere Zustände des Bewusstseins zur Entfaltung bringt, bis sie schließlich dessen ganze Fülle in den überförmlichen Geist zurückführt.[69] In diesem Schema, das man nicht buchstäblich, sondern als eine sinnbildliche, wenn auch folgerichtige Beschreibung innerlicher Vorgänge auffassen soll, wird man das Bild der Natur oder der *shakti,* die um die Achse der Welt kreist, wiedererkennen. Dass die sich entfaltende Kraft »von unten« herkommt, hängt damit zusammen, dass das Vermögen (*potentia*) gleich der *materia prima* in ihrer Duldigkeit die »Grundlage« und nicht den »First« des Kosmos bildet.

In der hermetischen Überlieferung wird die Allnatur in ihrem latenten Zustand ebenfalls durch ein aufgerolltes Reptil dargestellt: Es ist der Drache Uroboros, der sich zum Kreis biegend selbst in den Schwanz beißt.

Die wirkende Natur dagegen wird durch die beiden Schlangen oder Drachen abgebildet, die sich nach dem bekannten Vorbild des Hermesstabes oder *caduceus* in entgegengesetzten Richtungen um eine Achse – die Achse der Welt oder die des Menschen – winden. Diese Verdoppelung der Urschlange hat auch ihr Gegenstück im Laya-Yoga, denn *kundalini* teilt sich ebenfalls in zwei feinstoffliche Kräfte, *ida* und *pingala,* die sich gegensätzlich um den *merudanda,* die mikrokosmische »Verlängerung« der Weltachse emporwinden.

In dieser zweigeteilten Gestalt stellt sich die *shakti* am Anfang des geistigen Werks dar, und erst dadurch, dass die beiden Kräfte infolge einer auf der Atmung beruhenden Ansammlung abwechselnd betätigt werden, erwacht *kundalini* aus ihrem Schlaf und steigt empor. Sobald sie die oberste Schwelle des Ich-Bewusstseins erreicht hat, lösen sich die beiden gegensätzlichen Kräfte in ihr auf.

69. Siehe ARTHUR AVALON: *The Serpent Power,* Madras 1931.

Der Hermesstab oder caduceus *nach einer Zeichnung Hans Holbeins des Jüngeren*

Drachenpaar oder caduceus *von einer arabischen Talisman-Schale*

Für die Alchimie sind die beiden als Schlangen oder Drachen dargestellten Kräfte der Schwefel und das Quecksilber. Ihr makrokosmisches Vorbild sind die beiden zu- und abnehmenden Windungen der Sonnenbahn, die durch die Winter- und die Sommersonnenwende geschieden werden.[70] Der Zusammenhang zwischen der tantrischen und der hermetischen Symbolik liegt auf der Hand: Von den beiden Kräften *pingala* und *ida,* die sich um den *merudanda* herumwinden, wird die erste als warm und trocken beschrieben, durch die rote Farbe gekennzeichnet und gleich dem alchimistischen Schwefel mit der Sonne verglichen, während die zweite gleich dem Quecksilber als kalt und feucht gilt und in ihrer silbrigen Blässe dem Mond zugeordnet wird.

Nicolas Flamel schreibt in seinem Buch *Über die hieroglyphischen Figuren* vom gegenseitigen Verhältnis von Schwefel und Quecksilber:

70. Siehe Julius Schwabe: *Archetyp und Tierkreis,* Basel 1951.

> Es sind das die beiden Schlangen, die um den *caduceus,* den Stab des Merkurs herum befestigt sind und durch welche derselbe seine große Macht ausübt und sich verwandelt, wie er will. Wer eine davon tötet, sagt Haly,[71] tötet damit auch die andere, denn sowohl die eine wie die andere kann nur samt ihrer Schwester sterben [durch ihren Tod gehen beide in einen anderen Zustand über]. [...] Nachdem man diese beiden zusammen in das Gefäß des Grabes getan hat [das heißt in das innere, »hermetisch verschlossene« Gefäß], beginnen sie sich gegenseitig grausam zu beißen, wobei sie sich wegen ihres großen Giftes und ihrer rasenden Wut nicht mehr loslassen, von dem Augenblicke an, da sie einander gepackt haben – es sei denn, dass die Kälte sie hindere –, bis beide durch ihr geiferndes Gift und ihre tödlichen Verwundungen über und über in Blut getaucht sind [denn solange die Natur noch »ungebändigt« ist, gibt sich der Gegensatz der beiden Kräfte in zerstörender, »giftiger« Weise kund], sodass sie sich schließlich gegenseitig töten und im eigenen Gift ertränken, das sie nach ihrem Tod in lebendiges und beständiges Wasser verwandeln wird [indem sie sich auf einer höheren Ebene vereinigen], nachdem sie mit ihrem Zerfall und ihrer Verwesung ihre ersten natürlichen Formen verloren haben, um eine einzige, neue, edlere und bessere anzunehmen.[72]

Dieses Gleichnis erweitert die hermetische Sage vom Hermesstab: Hermes oder Merkur schlug ein Paar sich bekämpfender Schlangen mit seinem Stab, worauf sich die Schlangen gebändigt um den Stab wanden und ihm die theurgische Kraft verliehen, zu »binden« und zu »lösen«. Das bedeutet die Verwandlung des Chaos in den Kosmos, des Zwistes in die Ordnung, durch die Einwirkung einer geistigen Tat, die zugleich unterscheidet und vereint.

In der jüdischen Überlieferung findet man als Gegenstück zum Hermesstab und auch zum indischen Sinnbild des *brahma danda*[73] den Mosesstab, der sich selbst in eine Schlange verwandelt. In der

71. Wahrscheinlich der arabische Name 'Alī.

72. Das Unförmliche, Amorphe ist das Gegenteil des Überförmlichen. Dieses ermangelt nicht der Form, es besitzt sie wesentlich, ohne durch sie begrenzt zu sein. Darum kann das Überförmliche, der reine Geist, nur durch die vollkommene Form hindurch verwirklicht werden.

73. René Guénon: *Le symbolisme de la croix,* Paris 1931.

islamischen Mystik wird der Mosesstab, der sich »auf Gottes Befehl« in eine Schlange und dann, als ihn Moses »ergriff«, wieder in einen Stab verwandelte, mit der leidenschaftlichen Seele (*nafs*) verglichen, die durch den Einfluss des Göttlichen Geistes in eine wunderwirkende Kraft verwandelt werden kann. Weil er eine geistige Macht verkörpert, vermag der zur Schlange gewordene Stab von Moses die von den ägyptischen Zauberern erzeugten, aus magischer, also psychischer Kraft gemachten Schlangen zu verschlingen; denn der Geist siegt über das Seelische.[74] Diese Auslegung der im Koran erwähnten Geschichte vom Stab von Moses erinnert an die indische Unterscheidung zwischen *vidya maya,* der Allnatur in ihrem »erleuchtenden« Anblick, und *avidya maya,* der Allnatur als Macht der Täuschung. In dieser Unterscheidung aber liegt auch der tiefste Sinn des hermetischen Sprichworts: »Natur vermag, Natur zu überwinden.« Vom alchimistischen Standpunkt aus betrachtet gleicht die Verwandlung des Mosesstabes in eine Schlange und seine abermalige Verfestigung dem *solve* und dem *coagula* des großen Werks.

Die mittelalterliche Kunst des Abendlandes kannte eine Darstellung des Hermesstabes, an die das Gleichnis Flamels stark erinnert. Das Bild eines Paares einander umgreifender und ineinander verbissener Schlangen oder Drachen ist schon in der frühen irisch-angelsächsischen Kunst verbreitet. In der romanischen Bildhauerei kommt es so häufig vor und spielt eine so auffällige Rolle im Schmuck sakraler Bauten,[75] dass man geneigt ist, darin etwas wie eine »Unterschrift« gewisser christlich-hermetischer Schulen zu sehen. Dasselbe Motiv verbindet sich übrigens mit dem Sinnbild des Knotens, dessen kosmologische Bedeutung darin liegt, dass die beiden Enden des Knotens sich umso fester halten, je stärker man sie auseinanderzuziehen trachtet, was unter anderem auf die gegenseitige Lähmung der Kräfte im Zustand des »Chaos« hinweist.[76]

Manchmal ist eines der beiden Reptilien, die den Schwefel und das Quecksilber darstellen, geflügelt, das andere aber flügellos; oder es sind statt zweier Reptilien ein Löwe und ein Drache, die sich bekämpfen. Die Abwesenheit von Flügeln weist dabei stets auf die »feste« Natur des Schwefels hin, während das geflügelte Tier,

74. Siehe unsere Übersetzung der *Fuṣūṣ al-Ḥikam* in Muḥyīddīn Ibn ʿArabī: *Die Weisheit der Propheten.* Zürich: Chalice Verlag, 2005. Kapitel über Moses.

75. Tatsächlich kommt das Motiv fast an allen romanischen Kirchenbauten vor.

76. Daher die Rolle des Knotens in der Magie.

Drachenpaar vom romanischen Chor des Münsters zu Basel

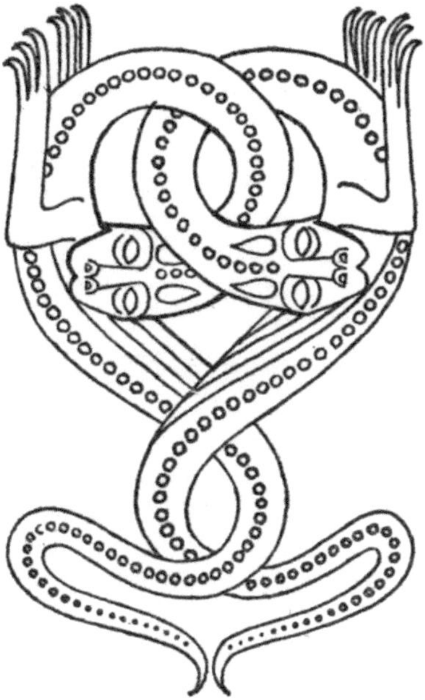

Romanische Form des caduceus *vom Hauptportal der Michaelskirche in Pavia*

sei es ein Drache, ein Greif oder ein Adler, das »flüchtige« Quecksilber bedeutet.[77] Der Löwe, der den Drachen besiegt, gleicht dem Schwefel, der das Quecksilber verfestigt, »fixiert«; ein geflügelter Löwe oder ein Löwengreif aber kann die Vereinigung der beiden Naturen darstellen und hat dann denselben Sinn wie das Bild des mann-weiblichen Androgyns.

Endlich kann der Drache allein alle Phasen des Werks darstellen, je nachdem, ob er mit Füßen, mit Flossen, mit Flügeln versehen oder ohne alle Glieder sei; er kann im Wasser, auf der Erde und in der Luft lebend gedacht sein und als Salamander sogar im Feuer wohnen. Das alchimistische Sinnbild des Drachens nähert sich so dem fernöstlichen des Weltendrachens, der zuerst als Fisch im Wasser lebt und dann als geflügeltes Wesen in den Himmel emporsteigt. Es erinnert auch an den aztekischen Mythos von Quetzalcoatl, der gefiederten Schlange, die sich nacheinander unter der Erde, auf der Erde und am Himmel bewegt.

77. Siehe Senior Zadith: *Turba philosophorum* in *Bibliothèque des philosophes chimiques.*

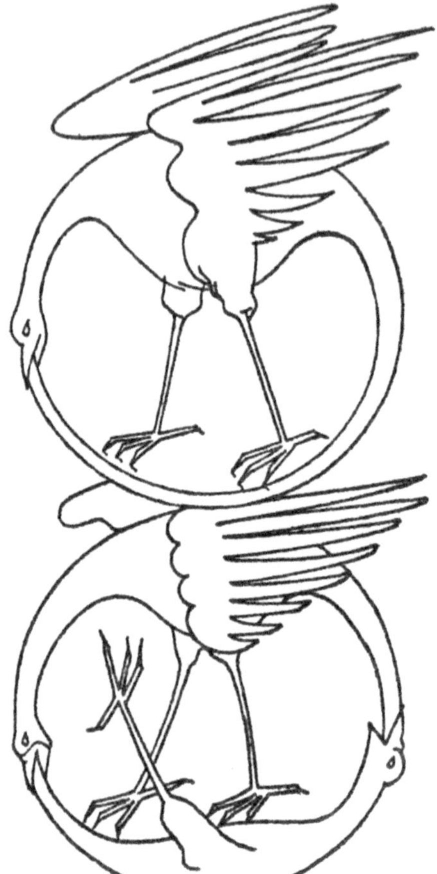

Nach einer alchimistischen Handschrift von 1550; Universitätsbibliothek Basel

Wir erwähnen all diese Entsprechungen mit den Tierbildern der Alchimie, um zu zeigen, wie sich in ihr auf besondere Weise und innerhalb gewisser Grenzen eine kosmologische Weisheit allgemeiner Tragweite spiegelt.

Schwefel, Quecksilber und Salz

DASS DIE BEIDEN CHEMISCHEN STOFFE, DIE GEWÖHNLICH als Schwefel und als Quecksilber bezeichnet werden, zu Sinnbildern der beiden zeugenden Urkräfte genommen werden, hängt mit ihrer Natur und mit der Rolle, die sie in der handwerklichen Metallurgie spielen, zusammen: Sie wirken auf die Metalle ein und sind doch beide flüchtige »Geister«. Das Quecksilber zumal kann fest, flüssig und luftförmig sein; es gehört sowohl zu den »Körpern«, den Metallen, wie auch zu den »Geistern«. Der »männliche« Charakter des Schwefels zeigt sich in seiner Feurigkeit und darin, dass er das flüchtige Quecksilber »festzuhalten« und zu »färben« vermag: Aus beider Verbindung entsteht Zinnober. Die »Färbung« entspricht der Formgebung.

Das gewöhnliche Quecksilber zeigt eine große »Gier«, sich die ihm verwandten Metalle anzugleichen. Mit ihm kann der Handwerker Gold und Silber flüssig machen. Das Quecksilberamalgam diente seit jeher dazu, metallene Gegenstände zu vergolden: Nach dem Auftragen des flüssigen Amalgams kann das Quecksilber mit Feuer vertrieben werden, und das Gold bleibt zurück. Durch Auswaschen mit Quecksilber kann auch Gold von anderen Mineralien gereinigt werden. An diesem handwerklichen Beispiel lässt sich schon der Sinn des alchimistischen *solve et coagula* (»löse und verfestige«) ablesen und die entscheidende Rolle des geistigen Feuers erkennen.

Nach demselben Gleichnis trägt das Quecksilber den »Keim der Sonne« in sich, wie das Urmeer der *materia prima,* welche die Hindus *prakriti* nennen, das goldene Ei der Welt, das *hiranyagarbha* des indischen Mythos, enthält. Auf der seelischen Stufe ist das Urmeer nichts anderes als die *anima mundi.* Das Quecksilber, das belebend und lösend auf das innere »Metall« einwirkt, ist gewissermaßen die Brandung dieses Urmeeres, das selbst als die »Mutter« aller Dinge unfassbar bleibt. Deshalb wird das Quecksilber auch das »Mutterblut« (*menstruum*) genannt, denn wenn es nicht »nach außen« fließt und verdirbt, nährt es den Keim im alchimistischen Mutterschoß, im »Athanor«.

Christus, in den doppelköpfigen Adler des Quecksilbers gekleidet, geht aus der Heiligen Jungfrau als der materia prima *hervor. Nach einer alchimistischen Handschrift des 16. Jahrhunderts; Vadianische Bibliothek St. Gallen*

Darüber, dass der Schwefel in gewissem Sinne dem Geist und das Quecksilber der Seele entspricht, mag der Umstand täuschen, dass die Alchimisten fast allgemein das Quecksilber als *spiritus,* das heißt als »Geist«, bezeichnen, wobei einige von ihnen, wie zum Beispiel Basilius Valentinus, den Schwefel der *anima,* der Seele, gleichsetzen. Aber das widerspricht nur scheinbar dem, was wir oben von den beiden Urkräften sagten; denn in der Sprache dieser Verfasser bezeichnet *anima* die unsterbliche Seele, also die wesentliche und unveränderliche »Form« des Menschen, während der Ausdruck *spiritus* nicht etwa den transzendenten Geist oder den *intellectus agens,* sondern den »Lebensgeist« meint, jene feinstoffliche Kraft also, welche die eigentliche, ichhafte Seele mit dem Körper und der körperlichen Welt als Ganzem verbindet. Sie entspricht dem Quecksilber, weil sie nur teilweise und unbeständig zur Sphäre des Ichs verdichtet ist und also eine noch bildbare *materia* darstellt. Dieselbe Bedeutung kann auch der arabische Ausdruck *rūḥ* haben; er wird in diesem Sinne von den Kosmologen verwendet, ungeachtet dessen, dass das gleiche Wort auch den metaphysischen Geist bezeichnet. Der Grund dieses Doppelsinns dürfte darin liegen, dass sowohl *spiritus* wie *rūḥ* (und ebenso das hebräische *ruah*) an die Bewegung der Luft oder des Atems erinnern (»Wind« heißt auf Arabisch *rīḥ*), was einerseits den schöpferischen Odem des Allgeistes und andererseits die Beweglichkeit des Lebensgeistes und seine Verbindung mit der feinstofflichen »Atmosphäre« dieser Welt verbildlichen kann. Der Lebensgeist ist im kosmischen »Raum« verbreitet und wird von den Wesen, die den feinstofflichen »Leib« ihrer Lebenskräfte ständig aus ihm aufbauen, wie die Luft durch die Atmung angezogen.

Die Hindus nennen diese Kraft *prana,* gewisse nordamerikanische Indianerstämme nennen sie *orenda.*[78] Sie kann durch eine geistige Kunst gebannt werden. Für die indischen *shaiva* [Verehrer Shivas] ist sie die *shakti.*

Versucht man aufgrund der alchimistischen Beschreibungen festzustellen, was genau mit dem Quecksilber gemeint sei, ob es dem körperlichen oder dem seelischen Bereich angehöre, ob es nur eine subjektive oder auch eine kosmische Tragweite habe, kann man leicht jeden roten Faden verlieren, wenn man nicht weiß, dass es im Wesen der Alchimie wie auch anderer, ähnlicher Methoden liegt, das Seelische immer von seinen körperlichen Anhaltspunkten und das Allheitliche von seinen konkreten Spuren aus anzugehen.

Auf der körperlichen Ebene ist das Quecksilber im Blut und im Samen. Auf einer etwas höheren Ebene, die zwischen Körper und Seele vermittelt, ist es im Herz und im Atem. Dieser ist wie der Träger der seelischen »Substanz«; sein Rhythmus ist das Abbild der »Verdichtung« dieser Substanz im Kraftfeld des Ich-Bewusstseins und ihrer abermaligen Auflösung im All. Und diese seelische Substanz ist ihrerseits der Träger einer geistigen Wirklichkeit.

Nach dem chinesischen Meister Ko Ch'ang-Keng,[79] der die Alchimie dem Dhyana-Buddhismus einverleibt hat, kann die Wir-

78. Siehe Paul Coze: *L'oiseau tonnerre,* Paris und Genf 1938. Nach Averroes, der sich auf Galen beruft, ist der Lebensgeist eine im Sternenraum vorhandene reine Substanz, die durch einen der Atmung ähnlichen Vorgang angeglichen und im Herz in Leben verwandelt wird.

79. Siehe Mircea Eliade: *Forgerons et alchimistes,* collection «Homo sapiens», Paris: Flammarion, 1956. Kapitel über die chinesische Alchimie.

kung des Quecksilbers auf dreierlei Weisen aufgefasst werden: Nach der ersten ist das Quecksilber das Herz, das durch die Meditation (*dhyana*) flüssig und durch die Funken des Geistes feurig gemacht wird, während das Blei, das es zu verwandeln gilt, dem Körper entspricht. Nach der zweiten Auffassung ist das Quecksilber die Seele und das Blei der Atem, und nach der dritten ist das Quecksilber das Blut und der Samen das Blei. In jedem Fall hat das Quecksilber die Rolle des lösenden und belebenden Elements. Letzten Endes ist es die Substanz, die in allen psychischen und gedanklichen Formen »fließt«. Die indischen Alchimisten nennen das Quecksilber den »Samen Shivas«; Shiva ist Gott als Urheber aller Verwandlung.[80]

Vielleicht werden sich die Leserinnen und Leser die Frage stellen, wie sich überhaupt prüfen lasse, was an der inneren Alchimie Wirklichkeit und was an ihr bloße Einbildung sei. Das Kriterium dafür liegt in der alchimistischen Verwirklichung selbst, die letzten Endes dem menschlichen Bewusstsein nicht irgendeinen neuen Inhalt hinzufügt, sondern dessen Substanz selber, die allen Erfahrungen vorausgeht, enthüllt. Man kann das mangels eines besseren Ausdrucks auch als ein »Innewerden des Seins« bezeichnen, und das Sein ist weder »objektiv« noch »subjektiv«, sondern umfasst beides oder steht über beidem. Die Wahrnehmung des Seins ist notwendigerweise auch eine Erkenntnis der Einheit, denn *unum et esse converguntur.*

Das Quecksilber ist zum Vornherein nur eine Kundgebung der *materia prima;* letzten Endes aber ist es diese selbst. In dem Buch des Fra Marcantonio [Crassellame Chinese] vom *Licht, das aus der Finsternis hervortritt,* heißt es:

> Ich weiß aber wohl, dass euer geheimes Quecksilber nichts anderes ist als ein lebendiger, allgegenwärtiger und eingeborener Geist, der in Gestalt eines luftigen Dunstes [eines feinstofflichen Einflusses] immerzu vom Himmel zur Erde [und zum irdischen Menschen] herabsteigt, um deren porigen Leib anzufüllen, und der nachträglich unter den unreinen Schwe-

Seite 137: Vermählung von Schwefel und Quecksilber im hermetischen Gefäß. Aus der Handschrift Egerton 845 *des Britischen Museums*

80. Siehe ebenda. Kapitel über die indische Alchimie.

The red man here to his white wyfe
Ys marryed withe the spryte of lyfe

Seite 138 oben: Der Kampf der Urkräfte. Die männliche hat zum Haupt die Sonne und reitet auf dem Löwen des Schwefels; die weibliche hat den Mond zum Haupt und reitet auf dem Greif des Quecksilbers. Die Schildzierden aber sind vertauscht: Auf dem Schild der Sonnenkraft ist der Mond abgebildet, und auf dem der Mondkraft die Sonne. Aus der Alchimistischen Handschrift Rh. 172 *der Grafischen Sammlung der Zentralbibliothek Zürich*

> feln [den körperlichen Stoffen] geboren wird, um wachsend aus einer flüchtigen zu einer festen [unveränderlichen] Natur zu werden, wobei er selbst die Form der Urfeuchtigkeit (*humiditas radicalis*) annimmt.[81]

Der Schwefel hat zwei scheinbar sich widersprechende Anblicke: Als die gestaltende Ursache bewirkt er zunächst die Erstarrung des zu verwandelnden »Stoffs« oder »Körpers« und damit auch dessen Sprödigkeit und Härte; er erscheint so als Hindernis der Läuterung, und erst wenn der »Stoff« ganz aus seiner Erstarrung gelöst ist, gibt sich der Schwefel als die schöpferische Ursache der neuen, »edlen« Form kund. Die Lösung geschieht vom Quecksilber her; dieses wirkt also zuerst gegen den Schwefel, indem es ihm den »Stoff« entreißt, um sich ihm dann als neuer, unbeschränkt empfänglicher Stoff darzubieten. Psychologisch gesehen ist das wie wenn die Anziehung der weiblichen Natur die männliche aus ihrer »Erstarrung« löst und zugleich, aus der Spannung der beiden Pole heraus, deren wahrhaft männliche, tätige Kraft hervorruft. Es gibt eine tantrische Methode, die diesen alchimistischen Vorgang dadurch bewirkt, dass sie die natürliche Anziehung zwischen Mann und Frau auf das Äußerste steigert und dann geistig umwertet,

Seite 138 unten: Darstellung des alchimistischen Werks. Zuerst wird der rohe »Stoff« wie ein Brotteig in der Mulde geknetet und dann im hermetischen Gefäß »gekocht«. Der Drache, der seinen eigenen Schwanz verzehrt, stellt die noch unerlöste, latente Naturkraft dar; der Adler ist der frei werdende »Geist« (spiritus)*; auf ihm sitzt der Rabe der Abtötung* (mortificatio). *Aus derselben Handschrift*

81. *Bibliothèque des philosophes chimiques.*

ähnlich wie das auch die Fedeli d'Amore, zu denen Dante gehörte, gekannt und geübt haben.[82]

In der *Chymischen Hochzeit des Christian Rosenkreutz* von Johann Valentin Andreae wird folgendes Gleichnis erzählt: Ein schönes Einhorn, weiß wie Schnee, das ein goldenes Halsband trägt, nähert sich einem Brunnen und kniet die Vorderbeine beugend nieder, als wolle es den Löwen ehren, der auf dem Brunnen steht. Dieser Löwe, der zuerst wegen seiner Unbeweglichkeit aus Stein oder Erz zu sein schien, ergreift sogleich ein blankes Schwert, das er unter seinen Pranken hielt, und bricht es entzwei; die beiden Stücke fallen in den Brunnen. Dann hört er nicht auf zu brüllen, bis eine weiße Taube mit einem Ölzweig auf ihn zufliegt; sie gibt ihm den Ölzweig; der Löwe verschlingt ihn und schweigt. Das Einhorn kehrt mit einigen freudigen Sprüngen an seinen Platz zurück.

Das schneeweiße Einhorn, ein Mondtier, ist das Quecksilber in seinem reinen Zustand. Der Löwe ist der Schwefel, der zuerst, als wesentliche Form des Leibes, wie eine Statue erstarrt scheint. Durch die Huldigung des Quecksilbers wird er geweckt und beginnt zu brüllen; seine Stimme ist seine schöpferische Kraft: Nach dem *Physiologus* erweckt der Löwe seine totgeborenen Jungen durch seine Stimme zum Leben. Er zerbricht das Schwert des Verstandes, und dessen Stücke fallen in den Brunnen, wo sie sich auflösen. Der Löwe schweigt erst wieder, nachdem ihm die Taube des Heiligen Geistes den Ölzweig der Göttlichen Erkenntnis zu essen gab.

In einem gewissen Sinne ist der »erstarrte« Schwefel der Verstand; dieser enthält das Gold des Geistes in unfruchtbarer Form. Es muss zuerst im Quecksilber aufgelöst werden, ehe es zum lebendigen »Ferment« wird, das andere Metalle verwandeln kann, das heißt, es muss aus seiner gedanklichen Begrenzung befreit und unmittelbar tätig werden.

Die auflösende, zersetzende Kraft des Quecksilbers hat einen furchtbaren Anblick; sie ist der »giftige Drache«, der alles verschlingt, das Wasser, das »erschauern« macht, das Todesahnung einflößt. Artephius schreibt:

> Das ganze Geheimnis [...] besteht darin, dass wir es verstehen, aus dem Körper der Magnesia das nicht brennende

82. Siehe Julius Evola: *Metafisica del sesso,* Editione Atanòr, Rom 1958.

> Quecksilber herauszuziehen [...] das heißt, man muss ein lebendiges, unverbrennbares Wasser daraus hervorziehen und es dann mit dem vollkommenen Körper der Sonne, die sich in diesem Wasser auflöst, zu einem weißen, sahnegleichen Stoff gerinnen lassen, bis alles weiß geworden ist. Zuerst aber wird die Sonne durch die Fäulnis (*putrefactio*) und die Auflösung (*resolutio*), die sie in diesem Wasser erleidet, ihren Glanz verlieren, erlöschen und schwarz werden.[83]

Andererseits aber ist das Quecksilber das »Lebenswasser« (*aqua vitae*) und die Quelle, in der Sonne und Mond, Geist und Seele, baden müssen, um verjüngt zu werden. All das wird auch von der *materia prima* gesagt, denn das Quecksilber ist deren unmittelbarste, seelische Kundgebung, sodass auf dieses alle Namen, die für jene gelten, übertragen werden. Synesios schreibt:

> Lasset doch das Gemischte und nehmet das Einfache, denn es ist die Quintessenz von jenem. Bedenket, dass wir zwei sehr vollkommene Körper [Gold und Silber, Geist und Seele, Herz und Gehirn] haben, die beide mit Quecksilber angefüllt sind, ziehet daraus unser Quecksilber hervor, denn aus ihm werdet ihr die Medizin machen, die man »Quintessenz« nennt, weil sie eine dauernde und immer siegreiche Macht besitzt. Sie ist ein lebendiges Licht, das jede Seele, die es einmal gesehen hat, erleuchtet. Sie ist der Knoten und das Band aller Elemente, die in ihr enthalten sind, gleich wie sie auch der Geist ist, der alle Dinge ernährt und belebt und durch welchen die Natur im Weltall wirkt. Sie ist die Kraft, der Anfang, die Mitte und das Ende des Werks. Und um dir alles in wenig Worten zu sagen, wisse, mein Sohn, dass die Quintessenz und das verborgene Ding unseres Steins nichts anderes ist als unsere klebrige [das heißt allem anhaftende], himmlische und ruhmreiche Seele, die wir durch unser *magisterium* aus ihrem Erzlager [dem Leib oder dem Menschen], das sie allein hervorbringt, herausziehen, und dass es nicht in unserer Macht steht, dieses Wasser durch irgendeine Kunst herzustellen, da allein die Natur es erzeugen kann. Dieses Wasser ist auch der sehr scharfe Essig, der aus dem Körper des Goldes

83. *Bibliothèque des philosophes chimiques.*

> einen reinen Geist macht. Ich rate dir, mein Sohn, all die anderen Dinge für nichts zu achten, denn sie sind eitel, außer diesem Wasser, das brennt, bleicht, löst und gefrieren macht. Es allein macht faulen und lässt keimen.[84]

Da das ganze alchimistische Werk das Quecksilber zum Mittel und Ausgangspunkt hat, werden manchmal Schwefel und Quecksilber als der »doppelte«, mann-weibliche Merkur bezeichnet. Wenn die Natur des Schwefels im Quecksilber zur Entfaltung gelangt, wird dieses mit dem Zeichen ☿ dargestellt: Der Halbkreis des Mondes wird durch die Hörner des »feurigen« Sternbildes Widder ersetzt. Das ist das »feurige Wasser« und das »nicht brennende Feuer«.

Wie wir schon sagten, entsteht aus der vollkommenen Vereinigung von Schwefel und Quecksilber das lebendige Gold. In einer anderen Hinsicht aber besteht jedes Metall aus drei Bestandteilen, nämlich aus Schwefel, Quecksilber und Salz. »Überall, wo Metall ist«, sagt Basilius Valentinus, »gibt es Schwefel, Quecksilber und Salz [...], Seele, Geist und Körper.« Diese drei Kräfte oder Ursachen machen also zusammen die Natur des Metalls oder des Menschen aus. Das Salz ist gewissermaßen das statische und folglich auch das neutrale Element der Dreiheit.

Auf den Menschen übertragen ist das Salz nicht einfach der Körper in seiner äußeren, sichtbaren Gestalt; es ist dessen seelische Form und hat als solche einen zweifachen Anblick, den der Begrenzung auf der einen, den des Sinnbildes auf der anderen Seite.

Der Schwefel bewirkt die Verbrennung, das Quecksilber die Verdunstung; das Salz ist in der Asche, die zurückbleibt und die dazu dient, den »flüchtigen« Geist festzuhalten.

Das geläuterte körperliche Bewusstsein spielt nicht nur in der Alchimie, sondern gleicherweise auch in den verschiedensten kontemplativen Methoden des Ostens und des Westens die Rolle eines *fixativum,* eines Stützpunkts und Halts für einen höheren Zustand des Geistes, der in seiner Weite und Ursprünglichkeit jeder gedanklichen Einkreisung entflieht. Dass der Körper, wenn er von allen Fiebern der Leidenschaft frei geworden ist, als Haltepunkt für einen solchen kontemplativen Zustand dienen kann, beruht sowohl auf seinem verhältnismäßig statischen Charakter, der sich im ständig fließenden Strom der seelischen Erscheinungen wie ein fes-

84. *Bibliothèque des philosophes chimiques.*

ter Pfeiler ausnimmt, als auch darauf, dass er im Gegensatz zu den nur subjektiven Inhalten des Bewusstseins den gleichsam objektiven Schnittpunkt zwischen dem menschlichen Mikrokosmos und dem Makrokosmos darstellt; er ist gewissermaßen das deutlich umgrenzte, äußere und einfachste Abbild des Weltalls; er ist das Unterste, das dem Höchsten entspricht, gemäß dem in der »smaragdenen Tafel« verkündeten Gesetz.

Von der »chymischen Hochzeit«

DIE VERMÄHLUNG VON SCHWEFEL UND QUECKSILBER, SONNE und Mond, König und Königin ist das zentrale Sinnbild der Alchimie, und von seiner Bedeutung aus kann man diese erst richtig von der Mystik auf der einen und von der Psychologie auf der anderen Seite unterscheiden.

Während die Mystik – allgemein und annähernd ausgedrückt – davon ausgeht, dass die Seele sich Gott entfremdet hat, indem sie sich der Welt zuwandte, und dass sie sich mit Ihm wieder vereinigen muss, indem sie Seine unmittelbare und alles überstrahlende Gegenwart in ihr selber erkennt, beruht die Alchimie auf der Einsicht, dass der Mensch durch den Verlust seines ursprünglichen »adamischen« Zustands in sich selber entzweit ist und sein vollständiges Wesen erst wiedererlangt, wenn die beiden Kräfte, deren Zwist ihn entmachtet hat, miteinander versöhnt werden. Die innere und gleichsam organisch gewordene Entzweiung der menschlichen Natur ist übrigens eine Folge ihres Abfalls von Gott, so wie Adam und Eva erst durch den Sündenfall sich ihres Gegensatzes bewusst und in den Kreislauf von Zeugung und Tod hinausgestoßen wurden. Umgekehrt ist die Wiedergewinnung der ganzheitlichen Natur des Menschen, welche die Alchimie im Bild des mann-weiblichen Androgyns ausdrückt, eine Voraussetzung – von einem anderen Standpunkt aus auch eine Frucht – der Vereinigung mit Gott.

Stellt man den Abstand und die Beziehung zwischen Mensch und Gott als eine senkrechte Linie dar, so ist im Vergleich dazu der Abstand zwischen Mann und Frau oder zwischen den beiden entsprechenden Kräften der Seele eine waagrechte Linie, was das Bild eines umgekehrten T ergibt: Da, wo sich die beiden gegensätzlichen Kräfte des menschlichen Wesens ausgleichen, in der Mitte des waagrechten Balkens, berührt diesen die senkrechte, von Gott ausgehende oder zu Gott emporstrebende Achse, die man als den überförmlichen Geist deuten kann, denn dieser ist es, welcher die Seele mit Gott verbindet.

Seite 144: Der große hermetische Androgyn. Aus dem Codex Germanicus Monacensis 598 *von 1417; Münchner Staatsbibliothek*

Der hermetische Androgyn, König und Königin zugleich, steht zwischen dem »Baum der Sonne« und dem »Baum des Mondes« auf dem Drachen der Natur. Er hat Flügel und trägt in seiner Rechten eine gerollte Schlange und in seiner Linken einen Kelch mit drei Schlangen. Seine männliche Hälfte ist rot, die weibliche weiß gekleidet. Nach der Handschrift von Michael Cochem *(um 1530) in der Vadianischen Bibliothek St. Gallen*

Obwohl nach diesem Bild die beiden Kräfte oder Pole der menschlichen Natur, nämlich der Schwefel und das Quecksilber des inneren alchimistischen Werks, auf gleicher Höhe liegen, besteht doch zwischen ihnen ein Rangunterschied, wie der von rechter und linker Hand, sodass man den männlichen Pol als dem weiblichen übergeordnet bezeichnen kann; und in der Tat spielt der Schwefel als der männliche Pol gegenüber dem Quecksilber als dem weiblichen Pol eine ähnliche Rolle wie der Geist in seiner Einwirkung auf die ganze Seele.

Da zur männlichen Seite der Seele alles tätige Erkennen und zu ihrer weiblichen Seite alles duldige Sein gehört, kann man auch das vom Denken beherrschte und daher deutlich abgegrenzte Bewusstsein in gewissem Sinne dem männlichen Pol zuschreiben, während alle unwillkürlichen, mit dem Leben als Ganzem verbundenen Kräfte und Fähigkeiten als ein Ausdruck des weiblichen Pols erscheinen. Damit nähert man sich der in der modernen Psychologie gebrauchten Unterscheidung von Bewusstem und Unbewusstem. Die Versuchung liegt deshalb nahe, die »chymische Hochzeit« (der Ausdruck stammt von Valentin Andreae) einfach als eine »Integration« unbewusster Seelenkräfte in das Ich-Bewusstsein auszulegen, im Sinne der sogenannten »Tiefenpsychologie«.

Um zu beurteilen, wieweit diese Auslegung stimmt und inwiefern sie einer Berichtigung bedarf, muss man jenes dreiseitige Verhältnis in Betracht ziehen, das wir oben durch das Zeichen des umgekehrten T darstellten: Die wirkliche Vereinigung der beiden Seelenkräfte kann nur in dem Punkt stattfinden, wo der überförmliche Geist, der »Strahl Gottes«, in ihre gemeinsame Ebene einfällt. Das bedeutet aber, dass das, was der Mensch als sein eigenes »Ich« erlebt, niemals die Achse einer wirklichen »Integration« werden kann, denn dieses Ich, welches die neuzeitliche Psychologie als den eigentlichen Kern der »Persönlichkeit« betrachtet, ist allen geistigen Überlieferungen zufolge gerade die Scheidewand, die das Bewusstsein vom einfallenden Licht des reinen Geistes trennt oder dieses vor jenem verhüllt. Die »chymische Hochzeit« ist demnach auch keine »Individuation«, wenn man darunter einen inneren Vorgang versteht, durch welchen das Ich einem Schub kollektiver Triebe seine eigene, besondere und damit sowohl zeitlich als auch qualitativ begrenzte Form aufprägt. Es ist wohl möglich, dass das Einströmen bisher unbewusster Kräfte das Ich-Bewusstsein erweitert, denn das liegt in der Reichweite einer gewöhnlichen Sublima-

Die Hochzeit von König und Königin, Sonne und Mond, unter dem Einfluss des geistigen Merkurs. Aus dem Rosengarten der Philosophen *von Arnaldus von Villanova, Handschrift in der Vadianischen Bibliothek St. Gallen*

tion im psychologischen Sinne des Wortes; doch hat diese ihre ganz bestimmten Grenzen, die eben im »Fassungsvermögen« des gewöhnlichen Ich-Bewusstseins liegen.

Wirkliche Macht über das wogende Meer des Unbewussten erlangt das menschliche Bewusstsein nur dadurch, dass in ihm eine schöpferische Kraft wirksam wird, die einer höheren Sphäre als der des ichhaften Bewusstseins entspringt. Diese höhere Sphäre ist ebenfalls unbewusst, aber nur vorläufig, vom gewöhnlichen Bewusstsein aus gesehen, denn an sich ist sie reines, ungeteiltes Licht. Der psychologischen Beobachtung ist dieses Licht sowohl in seinem Wesen als auch in allen seinen Ausstrahlungen unzugänglich, denn wie jede empirische Wissenschaft bleibt auch die Psychologie dem folgernden Denken verpflichtet, und dieses kann ebenso wenig über sich hinaus, in seine eigene Lichtquelle dringen, wie man die Sonne mit einem Spiegel anleuchten kann. Es ist deshalb ganz aussichtslos, den eigentlichen Kern der Alchimie oder das Geheimnis der »chymischen Hochzeit« psychologisch beschreiben zu wollen; je mehr man die Sinnbilder auszuschalten und durch irgendwelche wissenschaftlichen Begriffe zu ersetzen trachtet, umso eher verflüchtigt sich jene geistige Gegenwart, auf die es letzten Endes ankommt und die allein durch die Sinnbilder, durch deren gedanklich nicht ausschöpfbaren Charakter vermittelt werden kann.

Das ichhafte Bewusstsein liegt also gewissermaßen zwischen zwei unbewussten Bereichen, einem unteren, der in seiner latenten, noch ungeformten Natur nie ganz bewusst werden kann, und einem oberen, der nur »von unten aus« gesehen unbewusst erscheint. In dem Maße nun, als das übergedankliche Licht auf den seelischen Bereich einwirkt, wird auch die »natürliche« Kraft des »unteren« Unbewussten gebändigt und angeglichen.

Der alchimistische Vorgang hat folglich einen doppelten und zweideutigen Anblick, da die Entfaltung der seelischen Urkräfte, des männlichen Schwefels und des weiblichen Quecksilbers, so wie sie durch geistige Ansammlung bewirkt wird, in ebendem Maße, wie sie die unwillkürlichen und in diesem Sinne naturhaften Bereiche einbezieht, den nicht gedanklichen Geist zu spiegeln vermag. Das hat darin seinen Grund, dass die Natur in ihrem ungedanklichen und daher gewissermaßen unbewussten oder besser gesagt unwillkürlichen Anblick das umgekehrte Abbild des schöpferischen Geistes ist, gemäß dem Wort der »smaragdenen Tafel«, dass das Untere dem Oberen und dieses jenem entspreche. So sind die ursprünglich männliche und die ursprünglich weibliche Kraft in der unbewussten, triebhaften Natur des Menschen verankert; ihre volle Entfaltung erfahren beide Kräfte auf seelischer Ebene, ihre Erfüllung aber nur im Geist, denn hier erst erlangt die weibliche Empfänglichkeit ihre weiteste Weite und reinste Reinheit und ist unmittelbar der siegreichen männlichen Tat verbunden.

Umgekehrt kann man sagen, dass die unwillkürliche, im Unbewussten wurzelnde Natur in ebendem Maße, als der übergedankliche Geist auf sie einwirkt, ihre lebendige Einheit erlangt. Der Strahl des Geistes wirkt auf das ursprünglich Natürliche wie ein Zauberwort, und das gilt nicht nur für die innere seelische Natur, die weniger durch den Leib als durch das gedankliche, auf das Ich bezogene Bewusstsein von der äußeren seelischen »Atmosphäre« abgegrenzt wird: Die unmittelbare Gegenwart des Geistes in einem Menschen wirkt auf die ganze feinstoffliche Umwelt und durch diese hindurch mehr oder minder auch auf die grobstoffliche Umwelt ein, was unter anderem gewisse wunderbare Ereignisse im Umkreis von Heiligen zu erklären vermag.

Greifen wir nochmals auf unser anfängliches Schema zurück und ergänzen wir es zu einem Kreuz. Der obere Teil des senkrechten Balkens weist dann auf den Ursprung des geistigen Lichts hin, sein unterer Teil reicht in das Dunkel der unbewussten Natur hinab, und die beiden Kreuzarme »messen« die Entfaltung der beiden polaren Seelenkräfte, welche die Alchimie »Schwefel« und »Quecksilber« nennt. Man kann nun sagen, dass durch die Versöhnung oder Vermählung dieser beiden, am Anfang einander feindlichen Kräfte auch der Gegensatz zwischen Oben und Unten verschwindet, in dem Maße nämlich, als das Dunkel vom Licht aufgesogen wird. Stellt man sich die beiden Kräfte als zwei Schlangen vor, die sich am Stamm des Kreuzes hinaufwinden, bis sie sich auf der Höhe der Kreuzarme gegenüberstehen und schließlich in deren Mitte begegnen und erfassen, um sich dann in eine einzige, am Kreuz aufgerichtete Schlange zu verwandeln, so hat man ein Bild davon, wie sich die »dunkle« Natur in die »lichte« Natur verwandelt.

Die Hochzeit der beiden männlich-weiblichen Seelenkräfte mündet schließlich in die Hochzeit von Geist und Seele ein, und da der Geist »in den Menschen Gott ist« – wie es im *Corpus hermeticum* heißt –, ist diese letzte Vermählung der mystischen Hochzeit verwandt. So gehen die Zustände ineinander über: Die Verwirklichung der seelischen Fülle führt zur Hingabe der Seele an den Geist, und dementsprechend sind auch die Bedeutungen der alchimistischen Sinnbilder vielseitig; Sonne und Mond können die beiden seelischen Kräfte darstellen, die man »Schwefel« und »Quecksilber« nennt; zugleich sind sie Bilder des Geistes und der Seele.

Mit dem Sinnbild der Hochzeit ist das des Todes eng verbunden: Nach gewissen Darstellungen der »chymischen Hochzeit« werden der König und die Königin bei ihrer Vermählung getötet und miteinander vergraben, um darin verjüngt aufzuerstehen. Dass die Verbindung von Hochzeit und Tod im Wesen der Dinge liegt, geht schon daraus hervor, dass nach alter Erfahrung eine Hochzeit im Traum einen Tod und eine geträumte Beerdigung eine Hochzeit verheißt. Diese Entsprechung erklärt sich daraus, dass jeder Art von Einung eine Auslöschung des früheren, unterschiedlichen Zustands vorausgeht. Bei der Vermählung von Mann und Frau gibt jeder der beiden Gatten einen Teil seiner Eigenständigkeit auf, während umgekehrt dem Tod, der zunächst eine Trennung ist, die Vereinigung des Leibes mit der Erde und der Seele mit ihrem ursprünglichen Wesen folgt.

Bei der »chymischen Hochzeit« nimmt das Quecksilber den Schwefel und dieser jenes in sich auf; beide Kräfte »sterben« als Widersacher und als Werbende. Dann vereint sich der wechselnde und spiegelgleiche Mond der Seele der unwandelbaren Sonne des Geistes, sodass er gleichzeitig erlischt und erleuchtet wird.

Verkündigung mit dem englischen Gruß. Von einem unbekannten Meister nach 1475; Museum für Kunst und Kulturgeschichte der Stadt Dortmund

Die Alchimie des Gebets

INSOFERN ALS DIE ALCHIMIE EINE WISSENSCHAFT VON DER Natur enthält – und damit ist sowohl die körperliche, grobstoffliche als auch die seelische, feinstoffliche Kundgebungsweise der Natur gemeint –, lassen sich ihre Gesetze und ihre Begriffe weitgehend auch auf andere Gebiete der überlieferten Naturkunde übertragen, so zum Beispiel auf die humorale Medizin, welche den menschlichen Organismus als ein unteilbares Ganzes auffasste, und auf die ihr entsprechende Seelenkunde und deren Heilkunst. Wichtiger ist uns im vorliegenden Zusammenhang die Übertragung alchimistischer Betrachtungsweisen auf die Mystik, denn sie bietet eine Parallele zu dem, was wir vorgehend über die »chymische Hochzeit« gesagt haben. Wir wollen hier dieselbe nur kurz, als Hinweis und Ergänzung und ohne auf all ihre Verzweigungen einzugehen, erwähnen.

Im Rahmen der Mystik ist die Alchimie vor allem eine Alchimie des Gebets. Dabei ist unter »Gebet« weniger ein ausführliches, an keine bestimmte Form gebundenes Bitten um etwas als vielmehr das innere und manchmal auch äußere Aussprechen eines an Gott gerichteten und an Gott erinnernden Satzes oder Wortes, vor allem also das sogenannte Stoßgebet zu verstehen. Die Vorzüglichkeit dieser Art von Gebet ist darin begründet, dass das als ein Mittel der Ansammlung [Konzentration] wiederholte Wort nicht von diesem oder jenem Menschen erdacht worden ist, sondern entweder ganz aus der Offenbarung herstammt oder aber einen Göttlichen Namen einhüllt, sofern es nicht aus diesem allein besteht. Das vom Betenden gesprochene Wort ist so, dank seiner Göttlichen Herkunft, ein Sinnbild des ewigen Wortes und letzten Endes, seinem Gehalt und seiner segnenden Kraft nach, mit diesem eins:

> Der Grund dieses Mysteriums [nämlich der Anrufung eines Göttlichen Namens] liegt einerseits in der Wahrheit, dass »Gott und Sein Name eins sind« [Ramakrishna], und andererseits darin, dass Gott selbst Seinen Namen in Sich selber, in Seiner Ewigkeit und jenseits aller Schöpfung ausspricht, weshalb Sein einziges und unerschaffenes Wort das Urbild

des Stoßgebets und sogar, in einer weniger unmittelbaren Weise, das Urbild jeglichen Gebets ist.[85]

Grundsätzlich verhält sich also der Göttliche Name oder der heilige Wortlaut des Stoßgebets ähnlich zur duldigen Seele wie das Göttliche Wort, das *fiat lux,* zur duldigen Natur oder zur *materia prima* der Welt, und das führt uns zurück zu der von Muḥyīddīn Ibn ʿArabī erwähnten Entsprechung von Göttlichem Befehl (*amr*) und Natur (*ṭabīʾa*) zu Schwefel und Quecksilber, das heißt zu den beiden Urkräften, die in der Seele je verhältnismäßig tätig und duldig sind. Der Schwefel ist hier zunächst und methodisch gesehen der Wille, der sich mit dem Inhalt des betend gesprochenen Wortes vereint hat und gestaltend auf das Quecksilber der empfänglichen Seele einwirkt. Letzten Endes aber ist er das durchdringende geistige Licht, das im heiligen Wort enthalten ist wie das Feuer im Flintstein und dessen Hervortreten die eigentliche Verwandlung der Seele herbeiführt.

Diese Verwandlung durchläuft dieselben Phasen, die das alchimistische Werk bestimmen, denn die Seele erstarrt zuerst in ihrer Abwendung von der äußeren Welt, löst sich dann durch die innere Wärme und wird endlich aus einem wechselnden, flüchtigen Strom von Bildern zu einem unbewegten, von Licht erfüllten Kristall. Das ist wohl der einfachste Ausdruck, auf den sich dieser innere Vorgang bringen lässt; wollten wir ihn genauer beschreiben, so müssten wir fast alles, was wir in diesem Buch vom alchimistischen Werk sagen, in Bezug auf die innere Wirkung des Gebetes und im Rahmen der damit verbundenen geistigen Schau wiederholen.[86]

Es genüge hier der Hinweis darauf, dass die Alchimie des Gebets in den Schriften islamischer Mystiker besonders ausführlich behandelt worden ist.[87] Sie steht dort im Zusammenhang mit der Methodik des *dhikr,* welcher arabische Ausdruck gleicherweise als »Erinnerung«, »Andacht«, »Erwähnung« oder auch als »Stoßgebet« zu übersetzen ist. »Erinnerung« ist hier im Sinne der platonischen Anamnesis gemeint:

85. Nach Frithjof Schuon: *Les stations de la sagesse,* Collection La Barque du Soleil, Paris: Corrêa, 1958. Kapitel: «Les modes de l'oraison».

86. Siehe ebenda. Kapitel «Les stations de la sagesse».

87. Siehe Titus Burckhardt: *Sufismus – Einführung in eine Sprache der Mystik,* Xanten: Chalice Verlag, 2018. Seite 115 ff.

> Der zureichende Grund der Anrufung des [Göttlichen] Namens ist die »Erinnerung Gottes«, und diese ist letzten Endes nichts anderes als das Bewusstsein des Unbedingten. Der Name erweckt dieses Bewusstsein; schließlich erhält er es in der Seele und befestigt es im Herzen, sodass es das ganze Wesen durchdringt und gleichzeitig verwandelt und aufsaugt.[88]

Das Grundgesetz dieser Art von innerer Alchimie ist in der christlichen Formel des Ave Maria, dem »englischen Gruß«, vorgezeichnet, denn Maria entspricht sowohl der *materia prima* als auch der Seele in ihrem rein empfangenden Zustand, während das Wort des Engels selbst wie eine Verlängerung oder Besonderung des Göttlichen *fiat lux* ist. Die Leibesfrucht der Jungfrau aber gleicht dem wunderbaren Elixier, dem »Stein der Weisen«, der das Ziel des inneren Werks darstellt.

Nach mittelalterlicher Ausdeutung grüßt der Engel die Jungfrau *mutans Evae nomen:* »Ave« ist ja die Umkehrung von »Eva«; das weist auf die *transmutatio,* die Verwandlung der chaotischen Seele zum reinen Spiegel des Göttlichen Worts hin. Dem Einwand, dass der Engel nicht Lateinisch gesprochen hat und dass »Eva« auf Hebräisch »Chawwa« lautet, muss hier mit dem Hinweis begegnet werden, dass es auf dem Gebiet des Heiligen keine Zufälle gibt und dass Dinge, die zufällig zu sein scheinen, in Wirklichkeit »Vorsehung« sind; das erklärt ja den Eifer, mit welchem im Mittelalter die geringsten Einzelheiten der Schrift, ja selbst die bloßen Namen nach ihrer Sinnbildlichkeit erforscht und verschiedentlich ausgelegt wurden, mit einer Eingebung, die den Vorwurf der Künstlichkeit nicht aufkommen lässt.

88. Nach Frithjof Schuon: *Les stations de la sagesse.*

Zweites Blatt aus dem Mutus liber *von 1677; Französiche National-bibliothek*

Der Athanor

MIT DEM WORT »ATHANOR«, WELCHES AUS DEM ARABISCHEN *at-tannūr* (»der Backofen«) abgeleitet ist, bezeichnen die Alchimisten den Ofen, in welchem ihr Elixier zubereitet wird. In alchimistischen Handschriften ist er meistens in Gestalt eines kleinen, mit einer Kuppel gedeckten Turms abgebildet; er enthält das gläserne, in der Regel wie ein Ei geformte Gefäß, das in einem Sand- oder Aschebad liegt, welches das Feuer von unten her heizt. All das hat sowohl einen handwerklichen als auch einen übertragenen Sinn, denn obwohl es sicher Öfen dieser Form gegeben hat, die zu allerlei metallurgischen und chemischen Arbeiten gebraucht wurden, ist der eigentliche, dem »großen Werk« dienende Athanor nichts anderes als der menschliche Leib und im Einklang damit ein vereinfachtes Abbild des Kosmos.

Dass der alchimistische Ofen an den menschlichen Körper erinnert, ist schon von anderen neuzeitlichen Deutern der Alchimie bemerkt worden;[89] irreleitend aber ist es, wenn man den Vergleich anatomisch zu begründen sucht; denn der Leib, wie er vom methodischen Gesichtspunkt der Alchimie aus gesehen wird, ist nicht der tatsächliche, sichtbare und greifbare Leib, sondern ein Gewebe von seelischen Kräften, die sich auf den Körper stützen oder die vom körperlichen Bewusstsein aus zugänglich sind. Wenn man von der Liebe sagt, dass sie im Herzen wohne, so ist damit eine ähnliche Beziehung von Seele und Leib ausgedrückt, wie sie in einer viel feiner abgestuften Weise dem alchimistischen Sinnbild des Athanors zugrunde liegt. Dabei weist die dreifache Hülle von irdenem Ofen, Aschebad und gläsernem Gefäß sichtlich auf ebenso viele »Schichten« oder »Hüllen« des inneren, leiblich-seelischen Bewusstseins hin.

Das Wichtigste am Ofen ist das Feuer. Die Alchimisten weisen oft daraufhin, dass die Hitze, welche die im Gefäß enthaltene *materia* verwandelt, eine dreifache sein soll, nämlich die offene Hitze des Feuers, die gleichmäßige des Sand- oder Aschebades, in dessen

89. Siehe Hossein K. Iranschähr: *Enthüllung der Geheimnisse der wahren Alchemie,* Zürich 1944.

Athanor, nach dem Mutus liber

Mulde das Gefäß wie das Ei im Nest liegt, und die im eingeschlossenen Stoff geweckte und selbsttätig weiterwirkende Wärme, die man heute vergleichsweise die »Hitze der chemischen Reaktion« nennen würde.

Das Feuer entspricht offensichtlich der Zeugungskraft, die angefacht und gebändigt wird, um der inneren Ansammlung zu dienen, und daher kann man auch verstehen, weshalb die Alchimisten stets vor einem heftigen oder unsteten Feuer warnen; eine zu heftig entfachte Flamme könnte die »Blumen des Goldes« verbrennen. Die mittelbare Wärme des Aschebades dagegen, die »mild, umhüllend und durchdringend« sein soll, bedeutet die seelische Ansammlung, die durch das »offene« Feuer erzeugt und unterhalten wird. Asche ist verbrannter lebendiger Stoff, der nicht mehr Feuer fangen kann, das heißt, der für Leidenschaften nicht mehr empfänglich ist. Manchmal wird gesagt, die Asche müsse von Eichenholz sein; die Eiche ist ein Sinnbild des Menschen und insbesondere des menschlichen Leibes. Die Wärme endlich, die im eingeschlossenen Stoff selbst wirkt und von der die Alchimisten lehren, dass sie grundsätzlich in allen Körpern und Stoffen enthalten sei und nur geweckt werden müsse, ist eine Kundgebung der innersten Lebenskraft.

Athanor aus dem Buch von Basilius Valentinus: Von dem großen Stein der uhralten Weisen, *Leipzig M.DC.J ii*

Die Meister sprechen auch von drei Feuern, einem künstlichen, einem natürlichen und einem wider die Natur. Es entspricht das dem Unterschied zwischen der methodischen Ansammlung, der von ihr ausgelösten und natürlich weiterwirkenden »Schwingung« der Seele und der unvermittelt auftretenden Einwirkung des Geistes, die man auch dem »unverbrennbaren Schwefel« zuschreiben kann und die eine Art von Gnade ist.

Das Feuer wird vom Luftzug, der durch Windlöcher im Ofen streicht, oder mit einem Blasebalg angefacht, und das weist darauf hin, dass bei der alchimistischen Ansammlung die Regelung der Atmung eine gewisse Rolle gespielt haben muss, ähnlich wie im Yoga.

Dass das hermetische Gefäß oder »Ei« aus Glas oder Kristall gemacht und also durchsichtig ist, bedeutet seine seelische Natur; es ist nichts anderes als das von der Außenwelt abgewandte, nach innen gekehrte Bewusstsein, welches gleichsam eine abgeschlossene Sphäre bildet. Während des »Kochens« muss es »hermetisch versiegelt« bleiben; die in ihm zur Entfaltung gelangenden Kräfte dürfen nicht nach außen entweichen, wenn das Werk geraten soll.

Links: Athanor; nach dem Buch der Heiligen Dreifaltigkeit. *Rechts: Alembik mit Kolben; nach dem* Codex Germanicus 598 *der Bayerischen Staatsbibliothek München*

Je nach dem Vorgang, zu dem es dient, kann das hermetische Gefäß verschiedene Formen haben: Es kann in der Mitte eingeschnürt sein wie ein Flaschenkürbis; es mag einen oder mehrere Schnäbel haben, die in Kolben enden; es kann aus einem Sinterbecken oder auch, für die »trockene« Weise, aus einem offenen Tiegel bestehen. Jede dieser Formen entspricht sowohl einer handwerklichen Verwendung als auch einem gewissen Anblick des geistigen Werks. Die allgemeinste Gestalt des Gefäßes aber ist die eiförmige. Die Lage des Gefäßes im menschlichen Körper entspricht dem Sonnengeflecht (*plexus solaris*).

Das hermetische Ei ist das mikrokosmische Abbild des »Weltteis« (*hiranyagarbha*) der indischen Mythologie, das den feinstofflichen »Keim« der sichtbaren Welt darstellt. Gleich wie das Weltei enthält auch das hermetische Ei in gesammelter Form alle Elemente und Eigenschaften, aus welchen sich die körperliche Welt entfalten wird. Deshalb wurde der Ablauf des alchimistischen Werks mit der Schöpfung der Welt verglichen.

Das hermetische Gefäß, die drei Urkräfte Schwefel, Quecksilber und Salz und den zugleich »flüchtigen« und »festen«, sowohl geistigen als körperlichen Drachen der Natur enthaltend. Aus Basilius Valentinus: Von dem großen Stein der uhralten Weisen

Ein eigenartiges Gegenstück zum alchimistischen Ofen ist die heilige Pfeife der nordamerikanischen Indianer, die ebenfalls den menschlichen Körper darstellt; gleich dem Athanor ist sie weniger ein Bild des Leibes als eine Art Schema jener Lebenskräfte und -vorgänge, die den Leib mit der seelischen Welt und gleichzeitig mit dem ganzen Kosmos verbinden. Für den Indianer stammt das Feuer, das im »Ofen« der heiligen Pfeife brennt, von der Sonne ab; der »Stoff« aber, den es verzehrt und in Rauch verwandelt, kommt von überall her, von allen Dingen und Wesen: Vor dem Füllen der Pfeife pflegt der indianische Priester den Tabak auf die einzelnen

Elemente eines geometrischen Weltbildes, eine Art Windrose, zu verteilen und ihn dann unter Anrufung all der verschiedenen kosmischen Mächte, die sie darstellen, in die Pfeife einzusammeln, damit durch das Opfer des Rauchens die ganze Welt und damit auch die ganze Seele des Menschen verwandelt werde.[90] Das Emporsteigen des Rauchs bedeutet das Aufgehen des Ichs im unbegrenzten All und entspricht damit der alchimistischen Sublimation. Wenn der betende Indianer seine Pfeife zuerst dem Himmel und dann der Erde darreicht, so erinnert das an das alchimistische »Vergeistigen des Körpers und Verkörpern des Geistes«. Das Feuer in der heiligen Pfeife wird durch den Atem belebt; das Pfeifenrohr bedeutet das Rückgrat des Menschen oder genauer gesagt den feinstofflichen Kanal, durch den der Lebensgeist zieht.

Im Gegensatz zum hermetischen Gefäße, in welchem der Stoff einen geschlossenen Kreislauf durchwandelt, ist das Becken der heiligen Pfeife geöffnet; der Rauch entflieht. Doch gibt es auch in der Alchimie einen Vorgang, der diesem gleicht: Nach der sogenannten »trockenen« Methode wird der Stoff unmittelbar dem Feuer ausgesetzt, und diese Weise entspricht dem kürzesten, aber auch gefährlichsten Weg zur Meisterschaft.

Die heilige Pfeife der Indianer ist wie das Vorbild und das Pfand der höchsten Würde des Menschen, seiner Fähigkeit, Himmel und Erde miteinander zu versöhnen, und derselbe Sinn, wenn auch weniger offenbar, ist in der Gestalt des Athanor enthalten.

Um die gegenseitige Beziehung von Geist und Körper zu verdeutlichen, mögen folgende, scheinbar von unserem Gegenstand abschweifende Überlegungen dienlich sein. Zunächst erinnern wir daran, dass es bei gewissen Geisteskrankheiten unmöglich ist, einseitig eine seelische oder eine leibliche Ursache festzustellen. In der Tat bedingen sich hier die Störungen des Gleichgewichts wechselweise; die Krankheit der Seele führt dazu, dass sich im Körper gewisse Gifte bilden, die ihrerseits das Denken betäuben oder teilweise lähmen, ohne dass man wüsste, wo der Anfang dieses Vorgangs zu suchen sei, im Körper oder in der Psyche. Gewisse Krank-

90. Siehe Joseph Epes Brown [Hrsg.]: *The Sacred Pipe,* University of Oklahoma Press 1953; deutsch: *Die heilige Pfeife,* Olten 1956.

heiten kommen zweifellos aus einem geheimeren Grund, sie sind gewissermaßen durch den menschlichen Typus bedingt.

Ähnlich, aber doch wieder anders verhält es sich mit seelischen Zuständen, die durch Rauschgifte herbeigeführt wurden, denn der geistige oder seelische Inhalt eines solchen Zustands ist zufällig in dem Sinne, dass das Rauschgift nur einen inneren Vorgang auslöst, nicht aber lenkt. Wenn in gewissen kultischen Gemeinschaften berauschende Getränke verwendet wurden, um außerordentliche geistige Zustände zu begünstigen, so war es doch nicht das berauschende Getränk als solches, das diesen Zustand erzeugte; es konnte ihn nur vorbereiten; der »qualitative« Anstoß musste aus einem anderen Bereich herkommen.

Die geschlechtliche Reife des Mannes ist nicht der eigentliche Grund dazu, dass er die Schönheit der Frau erkenne; doch kann das Ausbleiben dieser Reife, durch einen körperlichen Mangel bedingt, sehr wohl dazu führen, dass jene Schönheit, die an sich vom geschlechtlichen Anreiz unabhängig ist, nie durch das Tor des Bewusstseins eintrete.

Endlich ist noch zu sagen, dass selbst die Tätigkeit des Gehirns, ohne welche gewisse geistige Einsichten nicht ausgelöst werden, vom Körper abhängt. Andererseits ist es auch möglich, dass außerordentliche geistige Zustände, denen der Verstand nicht gewachsen ist, die Tätigkeit des Gehirns vorübergehend oder dauernd lahmlegen. In diesem Fall, der innerhalb von Welten mit geistiger Überlieferung wohlbekannt ist, zerbricht der Inhalt gleichsam sein Gefäß, und das beweist im negativen Sinne, welche Bedeutung der leiblichen Grundlage einer geistigen Kunst zukommt.

Das natürliche Zusammenspiel von Geist und Körper verleitet den oberflächlichen Beobachter zum Materialismus. Wer aber die richtigen Größenverhältnisse der Dinge sieht, der gelangt dadurch im Gegenteil zur Einsicht, dass sich die verschiedenen Ebenen von Wirklichkeit wie Urbild und Abbild entsprechen. Der ganze Kosmos ist sinnbildlich aufgebaut. Das Auge sieht nicht, weil es die Strahlen des Lichts in gewisser Weise zu sammeln vermag; es sieht, weil es auf körperlicher Ebene das geistige Auge abbildet, und deshalb ist es auch den Lichtern des Himmels an Gestalt ähnlich. Das Ohr vernimmt, weil es dem kosmischen Raum gleicht, in welchem das ewige Wort ertönt; das akustische Gesetz, nach dem es gestaltet ist, ist nur ein Ausdruck desselben Urbildes. Ebenso wirken die inneren Fähigkeiten nur kraft ihres sinnbildlichen Einklangs mit höheren Wirklichkeiten; das Gedächtnis vermöchte die Eindrücke der Dinge nicht aufzuspeichern, wenn es nicht auf seelischer Ebene dem ewigen Fortbestand der Urmöglichkeiten im Göttlichen Geist gliche; die Vorstellungskraft wäre sinnlos, wenn sie nicht auf ihre Weise an der plastischen Fähigkeit der *materia prima* teilhätte, und das Wort trüge keine Bedeutung, wenn der Geist nicht Gottes Wort wäre.

Es liegt deshalb im Wesen einer heiligen Kunst, die natürlicherweise vom Sinnbild ausgeht, den Körper in ihr Werk einzubeziehen und ihn sogar zur methodischen Grundlage zu machen. Die asketische Verachtung des Leibes gilt dem Leib als Nährboden der Leidenschaften, nicht aber dem Leib als Sinnbild.

Die Erzählung von Nicolas Flamel und seiner Frau Perrenelle

ALS BEISPIEL FÜR DAS BISHER GESAGTE UND ZUR VORBEREItung dessen, was uns noch zu sagen übrigbleibt, sei hier die berühmte Erzählung von Nicolas Flamel und seiner Frau Perrenelle auf Deutsch wiedergegeben und kurz erläutert. Sie bildet den ersten Teil von Flamels eigenem Buch *Über die hieroglyphischen Figuren des Nicolas Flamel, die er im Friedhof zu den Unschuldigen Kindlein in Paris malen ließ.*[91]

Über Flamels Leben besitzt man Urkunden und Berichte. Er wurde 1330 in Pontoise geboren und war als öffentlicher Schreiber oder Notar in Paris tätig. Seine Schreibstube befand sich zuerst beim Beinhaus zu den Unschuldigen Kindlein und später in der Nähe der Kirche Saint-Jacques-la-Boucherie, wo er selbst 1417 beigesetzt wurde. Sein Grabmahl wird im Cluny-Museum aufbewahrt.

Die Erzählung Flamels handelt vornehmlich vom *primum agens* des Werks, über den Synesios sagt:

> Vom Wesen des ersten Agens haben die Philosophen stets nur Gleichnisse oder Bilder mitgeteilt, damit die Wissenschaft nie von den Toren verstanden werde; denn wenn das geschähe, ginge alles unter. Sie soll nur den geduldigen Seelen und verfeinerten Geistern zugänglich sein, die sich aus dem Pfuhl der Welt herausgezogen haben und vom schlammigen Schmutz des Geizes gereinigt sind.

Nicolas Flamels eigentliche Erzählung beginnt mit den Worten:

> Als ich nach dem Hinschied meiner Eltern mein Brot durch unsere Kunst des Schreibens verdiente, indem ich Verzeichnisse machte, Rechnungen ausstellte und die Ausgaben der Vormünder und der Zöglinge aufzählte, fiel mir ein Buch in die Hände, zum Preis von zwei Florinen, das vergoldet, sehr

91. *Bibliothèque des philosophes chimiques.*

> alt und sehr groß war. Es war weder von Papier noch von Pergament wie die anderen Bücher, sondern, wie mir schien, aus den geplätteten Rinden junger Bäumchen gemacht. Sein Einband war aus gut geplättetem Kupfer und ganz mit fremdartigen Buchstaben und Figuren graviert; ich glaube, es waren griechische Buchstaben oder solche einer ähnlichen alten Sprache. Jedenfalls konnte ich sie nicht lesen, auch bin ich gewiss, dass es sich weder um lateinische noch um gallische Zeichen oder Buchstaben handelte, denn ich verstehe mich ein wenig darauf. Inwendig waren die Blätter aus Rinde sehr kunstvoll mit einem eisernen Stichel graviert und trugen schöne und sehr klare lateinische Buchstaben, die farbig bemalt waren. Das Buch enthielt dreimal sieben Blätter, denn sie waren so [gruppenweise] eingeklebt, und das siebente Blatt war jeweils ohne Schrift. Anstelle der Schrift war auf dem ersten siebten Blatt ein Stab gemalt, um den sich zwei Schlangen wanden. Auf dem zweiten siebten Blatt war ein Kreuz abgebildet, an das eine Schlange genagelt war. Auf dem letzten siebten war eine Wüste dargestellt, in deren Mitte mehrere schöne Brunnen flossen, aus welchen Schlangen herauskamen, die hierhin und dorthin liefen.

Die dreimal sieben Blätter des Buches erinnern an die drei Hauptphasen des Werks, die Schwärzung, die Bleichung und die Rötung, und an die sieben Planeten oder Metalle. Der Stab, um den sich zwei Schlangen winden, ist der Hermesstab mit den beiden von der geistigen Achse beherrschten Kräften Schwefel und Quecksilber.

Die gekreuzigte Schlange ist das Bild der Verfestigung (Fixierung) des flüchtigen Quecksilbers, der ersten »Verkörperung des Geistigen«. Es ist die Unterwerfung der beständig fließenden, in Wünschen und Vorstellungen zerrinnenden Lebenskraft und zugleich die Verwandlung des der Zeit ausgelieferten Denkens in ein ruhendes, zeitloses Bewusstsein. Das Kreuz, an das die Schlange genagelt ist, bedeutet den Leib, nicht als Fleisch und Sinnlichkeit, sondern als Abbild des kosmischen Gesetzes, der unbewegten Weltenachse.

Die Brunnen, die inmitten einer Wüste oder Wildnis entspringen und aus denen Schlangen hervorkommen, bedeuten einen Zustand der wiedergewonnenen geistigen Ursprünglichkeit. Alle drei

Bilder wandeln das Sinnbild der Schlange ab, die stets dieselbe kosmisch-seelische Macht, die »Natur« oder die *shakti*, darstellt.

> Auf dem ersten Blatt des Buches stand in großen vergoldeten Kapitalbuchstaben geschrieben: »Abraham der Jude, Fürst, Priester, Levit, Astrologe und Philosoph. Dem Volk der Juden, das durch Gottes Zorn in Gallien zerstreut wurde, Gruß D.I.« Danach war die Seite ganz von gewaltigen Flüchen (mit dem oft wiederkehrenden Wort *maranatha*) angefüllt wider jeden, der dieses Buch lese, er sei denn Opferpriester oder Schriftgelehrter.
>
> Derjenige, der mir dieses Buch verkauft hatte, wusste nicht, was es wert war, sowenig wie ich es wusste, als ich es erstand. Ich glaube, es war den armen Juden abgenommen worden, oder man hatte es irgendwo in einer ihrer ehemaligen Wohnungen gefunden.

Flamel spielt hier vielleicht auf eine der Vertreibungen von Juden an, wie sie damals mehrmals stattfanden. Dass das alchimistische Buch jüdischer Herkunft war, ist insofern bedeutungsvoll, als die Juden das natürliche Bindeglied zwischen der christlichen und der islamischen Welt bildeten; die Wiedergeburt der Alchimie im Europa des späten Mittelalters aber geht bekanntlich auf den Einfluss der islamischen Kultur zurück.

> Auf dem zweiten Blatt tröstete der Schreiber sein Volk und riet ihm, die Laster und vor allem die Abgötterei zu fliehen und in sanfter Geduld zu warten, bis der Messias komme, der alle Könige der Erde besiegen und mit seinem Volk ewig in Herrlichkeit herrschen werde. Ohne Zweifel war das von einem sehr gelehrten Mann geschrieben worden.
>
> Auf dem dritten und all den folgenden beschriebenen Blättern lehrte er, in gewöhnlichen Worten, die Verwandlung der Metalle, um seinem gefangenen Volk bei der Zahlung der Steuern an die römischen Kaiser zu helfen und noch um anderes zu tun, was ich hier nicht sagen werde. Daneben hatte er die Gefäße abgebildet und auch die Farben und alles Übrige angegeben, mit Ausnahme des ersten Agens, von dem er nicht sprach; dafür malte er ihn, wie er selber anzeigte, mit großer Kunst auf der ganzen Fläche des vierten und fünften

> Blattes ab. Doch obwohl er sehr deutlich gezeichnet und gemalt war, hätte ihn doch niemand verstanden, der nicht in ihrer Überlieferung bewandert war und die Bücher der Philosophen nicht gründlich studiert hatte. Das vierte und das fünfte Blatt waren also ohne Schrift und ganz von schönen, mit großer Kunst gemalten Miniaturen angefüllt.
>
> Auf dem vierten Blatt war als Erstes ein Jüngling dargestellt, der an seinen Fersen Flügel hatte und in der Hand einen Stab, einen von zwei Schlangen umwundenen *caduceus* trug, womit er den Helm auf seinem Haupt berührte. Er glich meines Erachtens dem Gott Merkur der Heiden. Gegen ihn lief und flog mit offenen Flügeln ein mächtiger Greis, auf dessen Kopf eine Sanduhr befestigt war und der in seinen Händen eine Sichel trug, wie der Tod, womit er voll Grimm und Wut die Füße des Merkur abzuschneiden trachtete.

Dass Merkur oder das Quecksilber durch Saturn-Chronos oder die Zeit seiner Flüchtigkeit beraubt wird, wie es Flamel in der Folge selber sagt, kann zwei verschiedene und in gewissem Sinne entgegengesetzte Bedeutungen haben, je nachdem, ob die Zeit nur erlitten oder gebraucht werde, ob die Verfestigung des Quecksilbers einem allmählichen Absterben seiner wirkenden Kraft oder deren Bannung entspreche. Die Sanduhr auf dem Haupt des Saturns aber scheint darauf hinzuweisen, dass die Zeit tätig beherrscht werden soll, durch einen Rhythmus, der sie in ein immerwährendes Jetzt zu verwandeln vermag.

> Auf der anderen Seite des vierten Blattes war eine schöne Blume abgebildet, die auf dem Gipfel eines sehr hohen Berges wuchs, den der Nordwind heftig rüttelte. Sie hatte einen blauen Stiel, weiße und rote Blüten und wie feines Gold leuchtende Blätter. Um sie herum horsteten die nördlichen Drachen und Greifen.

Die Farben der Blume bezeichnen die drei Hauptphasen des Werkes und seine beiden Früchte, Silber und Gold. Blau steht hier für Schwarz, der Natur einer Pflanze gemäß und mit demselben Sinn von Dunkelheit und Nacht. Die Blume wächst auf dem einsamen Berg des Wesens, der dem Weltenberg gleicht, um den die Himmel kreisen, durch den die Achse des Pols geht und um den herum die Drachen der kosmischen Mächte ihre Schleifen entrollen.

> Auf dem fünften Blatt sah man einen blühenden Rosenstrauch inmitten eines schönen Gartens, an eine hohle Eiche angelehnt. Zu ihren Füßen sprudelte eine Quelle sehr weißen Wassers, das weiter weg in Abgründe stürzte; vorher aber lief es zwischen den Händen zahlloser Völker dahin, die in der Erde gruben, um die Quelle zu finden, sie aber nicht fanden, weil sie blind waren, mit Ausnahme eines Einzigen, der das Gewicht des Wassers wog.

Die Quelle des Quecksilbers sprudelt aus dem Erdreich der *materia prima* hervor, an den Wurzeln des blühenden Baums der Seele, der vom hohlen Eichenstamm des Leibes geschützt wird. Das Wasser des Lebens fließt überall, und doch findet es niemand außer dem Weisen, der es wägt: Man erwartet eher, dass er es koste; aber das Wägen des Wassers hat hier dieselbe Bedeutung wie die Bannung des flüchtigen Quecksilbers durch das Maß der Zeit.

Die Alchimisten lehren auch, die einzelnen Elemente oder die verschiedenen natürlichen Eigenschaften nach einem bestimmten Verhältnis ihrer »Gewichte« miteinander zu verbinden; Dschābir Ibn Hayyān nennt das »die Kunst der Waage«. Doch Elemente oder gar Eigenschaften wie warm, kalt, feucht und trocken abzuwägen, erscheint widersinnig. Was mit dem alchimistischen »Wägen« gemeint ist, versteht man erst, wenn man das äußere, mengenhafte Schweremaß in das innere, qualitative Maß der Zeit, den Rhythmus, übersetzt. Das alchimistische Wägen, das sich scheinbar auf körperliche Mengen bezieht, ist also nichts anderes als die Beherrschung der Rhythmen, durch welche die seelischen Kräfte beeinflusst werden können. Der Rhythmus spielt in allen geistigen Künsten eine wichtige Rolle. Im Arabischen bezeichnet man den Rhythmus eines Verses als dessen »Gewicht« (*wazn*).

> Auf der anderen Seite des fünften Blattes war ein König mit einem großen Messer, der durch Soldaten in seiner Gegenwart eine große Menge kleiner Kinder töten ließ, deren Mütter zu Füßen der unbarmherzigen Waffenknechte weinten, während das fließende Blut von anderen Soldaten gesammelt und in ein großes Gefäß getan wurde, in dem die Sonne und

der Mond des Himmels zu baden kamen. Weil diese Darstellung an die Erzählung von den unschuldigen Kindlein, die Herodes töten ließ, erinnerte, und weil ich aus diesem Buch das Meiste der Kunst erlernt habe, war das einer der Gründe, weshalb ich im Friedhof zu den Unschuldigen Kindlein die hieroglyphischen Sinnbilder dieser geheimen Wissenschaft malen ließ. Das war es, was auf den ersten fünf Blättern stand.

Wie Flamel im Folgenden selber schreibt, bedeutet das Blut der geopferten unschuldigen Kinder »den mineralischen Geist, der in den Metallen und vor allem im Gold, Silber und Quecksilber enthalten ist«; das ist aber nichts anderes als das »philosophische Quecksilber« als erste Kundgebung der *materia prima.* Das Blut ist der Grundstoff des Lebens. Die unschuldigen Kinder sind wie lauter Regungen oder Ausatmungen des Lebensgeistes, die, noch ehe sie sich als ichbewusste Willen auswirken können, vom König geopfert werden, um mit ihrem Blut das Gefäß des Herzens anzufüllen, damit Sonne und Mond, Geist und Seele darin baden, sich in ihm auflösen, sich vereinigen und nach dem Verlust ihrer alten Gestalt verjüngt daraus hervorgehen.

Ich berichte nicht, was auf all den anderen Blättern in schönem und sehr klarem Latein geschrieben stand, denn Gott würde mich deswegen strafen, weil ich damit etwas Schlimmeres täte als jener, von dem man erzählt, dass er wünschte, alle Menschen der Erde möchten einen einzigen Kopf haben und er könnte ihn mit einem einzigen Hieb abschlagen.

Da ich nun dieses schöne Buch bei mir hatte, tat ich Tag und Nacht nichts anderes als darin studieren, wobei ich all die Vorgänge, die es beschrieb, sehr wohl verstand, aber nicht wusste, mit was für einem Stoff beginnen, was mich sehr traurig stimmte, mich einsam machte und fortwährend seufzen ließ. Meine Frau Perrenelle, die ich wie mich selber liebte und die ich erst vor Kurzem geheiratet hatte, war darüber sehr verwundert und befrug mich inständig, ob sie mich von einem Kummer befreien könne. Ich konnte vor ihr nie etwas verbergen, sodass ich ihr alles sagte und ihr das schöne Buch zeigte, in das sie sich ebenso sehr verliebte wie ich selbst, indem sie höchstes Gefallen daran fand, die schönen Deckel,

Gravierungen, Bilder und Bildnisse zu betrachten, von welchen sie ebenso wenig verstand wie ich. Dennoch war es für mich ein großer Trost, mit ihr darüber zu sprechen und zu werweißen, was man tun müsse, um die Erklärung der Zeichen zu finden.

Zu guter Letzt ließ ich alle Figuren des vierten und fünften Blattes so getreu als möglich in meiner Wohnung abmalen und zeigte sie mehreren Gelehrten, die sie nicht besser verstanden als ich selbst. Ich erklärte ihnen sogar, dass diese Figuren einem Buch entnommen waren, das die Herstellung des Steines der Weisen lehrte. Doch die meisten machten sich über mich und den gesegneten Stein lustig, mit Ausnahme eines Herrn Anselm, der ein Lizenziat der Medizin war und jene Kunst eifrig studierte. Er hatte große Lust, mein Buch zu sehen, und tat alles, was er nur konnte, um es zu Gesicht zu bekommen; doch ich versicherte ihm stets, dass ich es nicht besäße, beschrieb ihm aber ausführlich, was es enthielt. Er sagte mir, das erste Bildnis stelle die Zeit dar, die alles verschlinge, und der Zahl der Blätter des Buches gemäß brauche es sechs Jahre, um den Stein zu vollenden: Nach dieser Frist, behauptete er, müsse man die Sanduhr umkehren und nicht weiterkochen. Und als ich ihm sagte, dieses Bild solle nur den ersten Agens darstellen (wie es im Buch selber geschrieben stand), gab er mir zur Antwort, jenes sechsjährige Kochen sei wie ein zweiter Agens; der erste, dessen Bild da stehe, sei zweifellos nichts anderes als das weiße und schwere Wasser, nämlich das Quecksilber, das man nicht festhalten und dessen Füße man nicht abschneiden, das heißt, dem man die Flüchtigkeit nicht nehmen könne außer durch jenes lange Kochen im sehr reinen Blut kleiner Kinder. In diesem Blut würde sich das Quecksilber, indem es sich mit dem Gold und dem Silber verbinde, zuerst samt diesen in ein Kraut verwandeln, gleich jenem, das abgebildet war; danach würde es sich durch Fäulnis in Schlangen verwandeln, die dann, nachdem sie völlig getrocknet und im Feuer gekocht worden seien, zu goldenem Pulver zerfielen, das der Stein der Weisen sei.

Das war schuld daran, dass ich während der langen Zeit von einundzwanzig Jahren tausend Pfuschereien anstellte, ohne jedoch Blut zu gebrauchen, was bös und gemein wäre. Denn ich hatte in meinem Buch gefunden, dass das, was die

Philosophen »Blut« nannten, nichts anderes sei als der mineralische Geist, der in den Metallen enthalten ist, hauptsächlich in der Sonne, im Mond und im Merkur, die ich fortwährend zu verbinden trachtete. Die erwähnten Deutungen aber waren zum größten Teil mehr spitzfindig als wahr. Da ich nun bei meinem Schaffen nie die Zeichen wahrnahm, die dem Buch nach zu bestimmter Zeit erscheinen sollten, musste ich immer wieder von Neuem beginnen. Endlich, als ich alle Hoffnung verloren hatte, jene Figuren jemals zu verstehen, machte ich Gott und dem heiligen Jakob von Galizien ein Gelöbnis und beschloss, die Deutung von irgendeinem jüdischen Priester in einer der Synagogen Spaniens zu erfragen.

Der heilige Jakob der Ältere, dessen Heiligtum in Compostela steht, galt als der Schutzherr der Alchimisten gleich wie aller kosmologischen Wissenschaften und Künste. Es ist wohl nicht zufällig, dass der Pilgerstab (*bourdon*) des heiligen Jakob, ein von zwei Bändern kreuzweis umwundener, mit einem runden Knauf bekrönter Stab, wie man ihn in der Hand der romanischen Statue des Heiligen in Compostela sehen kann, eine merkwürdige Ähnlichkeit mit dem Hermesstab hat.

Ich machte mich also mit dem Einverständnis meiner Frau Perrenelle auf den Weg, die Abschrift jener Figuren auf mir

Seite 173: Der hermetische Androgyn, die Vereinigung der beiden, mann-weiblichen Urkräfte darstellend. Der Adler entspricht dem vollkommenen, selbst mann-weiblichen Quecksilber, Fledermaus und Hase bedeuten hier das Unfassbare und das Körperliche. Die zu Boden gefallenen Vögel veranschaulichen den »Niederschlag« des Flüchtigen. Aus der Handschrift Rh 172 *der Zentralbibliothek Zürich*

Seite 174 und 175: Die Blume, die aus der Asche hervorsprießt, und die weiße Jungfrau des mondhaften Elixiers. Darstellung zweier Phasen des alchimistischen Werks aus der anonymen spätgotischen Handschrift Ms. Sloane 256 P *des Britischen Museums. Das hermetische Gefäß hat hier nahezu die Form eines Herzens; es steht auf der Erde. Die Blume der Weisen sprosst aus drei Wurzeln hervor, welche den drei Ursprüngen Schwefel, Quecksilber und Salz entsprechen*

fig. 9

Cinis Cinerum

Ille nebule nigre descenderunt ad corpus suum
unde exierunt Et facta est coniunctio inter
terra et aqua Et cinis factus est Arnoldus
Verum quia natura non habet motum nisi per caloris ac-
tionem Ideo si calorem bene mensuraveris aqua
et ignis tibi sufficiunt Nam corpus abluunt mu

Dealbate latonā et reponite libros Arnold'
ne corda vr̄a corrūpāt'. qz res nr̄a leuis est
et leui indiget subsidio. Cum dealbauit me. ille
faciet me rubeū. q̄ albū et rubeū ex vna radice p̄
cedunt. Quod fit in albo. fit in rubeo. Arnoldus
Scitis fili ph̄ice operaris et dealbas. et timinu
in ipso ope transcendis Beatus eris Hoc si su
bito videris. admiratio timor et terror tibi eueniet
Quare itera. et ne tedeat te. Speculū
Opus iterare. quamuis totū op' sit longinquū. qz
p longam decoctionē fit Speculum

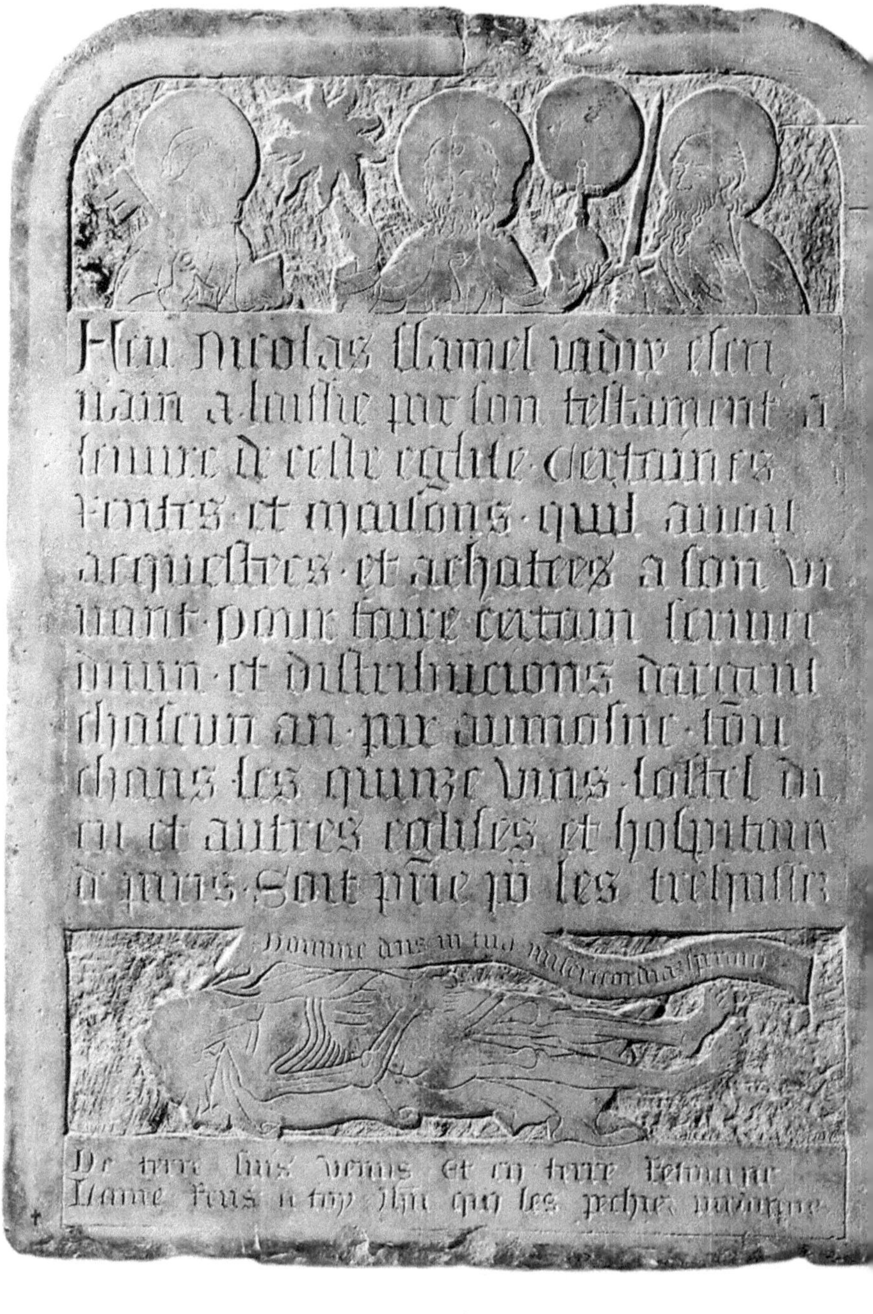

tragend, im Pilgerkleid und mit dem Pilgerstab, so wie man mich sehen kann an der Außenseite jener Kapelle im Friedhof, wo ich die hieroglyphischen Figuren malen ließ und wo ich auch, an der einen und der anderen Seitenwand, eine Prozession darstellen ließ, in welcher der Reihe nach alle Farben des Steins zu sehen sind, so, wie sie erscheinen und vergehen, samt dieser französischen Inschrift: *Moult plaist à Dieu procession, s'elle est faite en dévotion* [»Gott gefällt sehr eine Prozession, wenn sie mit Andacht vollzogen wird«], was fast wörtlich den Anfang des Buches des Königs Herkules,[92] das von den Farben des Steins handelt und den Titel *Iris* trägt, wiederholt: *Operis processio multum naturae placet* und so weiter. Ich habe diese Worte absichtlich dort angebracht für die Wissenden, welche die Anspielung verstünden. In diesem Anzug also machte ich mich auf den Weg und gelangte endlich nach Montjoye und von dort nach Sankt Jakob von Compostela, wo ich mit großer Andacht mein Gelübde einlöste. Nachdem ich das getan, kehrte ich um und traf unterwegs in Leon einen Kaufmann von Boulogne, der mich einem Arzt jüdischer Herkunft aber christlichen Glaubens namens Meister Canches vorstellte, welcher dort wohnte und für sein Wissen bekannt war. Als ich ihm die Figuren meines Auszugs aus dem Buch zeigte, wurde er von Erstaunen und Freude überwältigt und frug mich sogleich, ob ich vom Verbleib des Buches, dem sie entnommen waren, etwas wisse. Ich antwortete ihm auf Latein, so wie er mich gefragt hatte, dass ich

Seite 176: Der Grabstein des Alchimisten Nicolas Flamel (ca. 1330–1417) aus der Kirche Saint-Jacques-la-Boucherie; heute im Cluny-Museum in Paris. Im oberen Fries Christus mit der Weltkugel zwischen Sonne und Mond und den Aposteln Petrus und Paulus. Im unteren Fries der Leichnam Flamels. Die Inschrift lautet: «Feu Nicolas Flamel jadis éscrivain a laissié par son testament a leuvre de ceste église certaines rentes et maisons quil avoit acquestées et achetées a son vivant pour faire certain service divin et distribucions dargent chascun an par aumosne touchans les quinze vins lostel dieu et autres églises et hospitaux de Paris soit prie por les trespasses.»

92. Es handelt sich um Herakleios I, Kaiser von Byzanz (610–641).

hoffe, wahre Nachricht vom Buch zu erhalten, wenn mir jemand diese Rätsel löse. Da begann er auf der Stelle, von großem Eifer und Freude mitgerissen, mir den Anfang zu erklären. Kurz und gut, er war glücklich zu vernehmen, wo sich das Buch befinde, und ich, ihn darüber sprechen zu hören. Er musste schon viel davon vernommen haben, doch, wie er mir sagte, habe man es für ganz verloren gehalten. Wir beschlossen also, uns zusammen auf die Reise zu machen. Von Leon reisten wir nach Oviedo und von dort nach Sanson, wo wir uns einschifften, um nach Frankreich zu gelangen. Unsere Fahrt verlief ziemlich glücklich, und noch ehe wir in dieses Königreich gelangten, hatte er mir die meisten meiner Figuren der Wahrheit nach erklärt, wobei er sogar noch in den Punkten große Geheimnisse entdeckte (was mir sehr wunderbar erschien). Doch als wir in Orléans ankamen, wurde der gelehrte Mann schwer krank und litt sehr vom heftigen Erbrechen, das nicht aufhörte, seitdem es ihn zur See befallen hatte. Er fürchtete so sehr, ich könne ihn verlassen, wie man es sich nicht vorstellen kann. Obwohl ich immer an seiner Seite war, rief er mich doch ohne Unterlass. Schließlich starb er, am Ende des siebten Tages seiner Krankheit, worüber ich sehr betrübt war. Ich ließ ihn, so gut ich konnte, in der Kirche des Heiligen Kreuzes in Orléans begraben, wo er heute noch ruht. Gott bewahre seine Seele, denn er starb als guter Christ. Wenn mich der Tod nicht daran hindert, so will ich jener Kirche einige Renten geben, damit alle Tage ein paar Messen für seine Seele abgehalten werden.

Wer sehen will, wie ich zu Hause anlangte und wie Perrenelle sich darüber freute, der betrachte uns beide in dieser Stadt Paris auf der Pforte der Kapelle von Saint-Jacques-de-la-Boucherie, auf der Seite und in der Nähe meines Hauses: Wir sind dort abgemalt, wie wir unsere Dankgebete darbringen, ich zu Füßen des heiligen Jakob von Galizien und Perrenelle zu denen des heiligen Johannes, den sie so oft angerufen hatte. Also hatte ich durch Gottes Gnade und die Fürsprache der glückseligen und heiligen Jungfrau und der Heiligen Jakob und Johannes das, was ich begehrt hatte, erfahren, nämlich die ersten Ursprünge (*principes*), nicht aber deren anfängliche Zubereitung, die schwerer ist als irgendetwas in der Welt. Doch erlangte ich sie endlich nach vielen Irrungen, die etwa drei Jahre dauerten, während welchen ich fortwährend forschte und arbeitete, so wie man mich an der Außenmauer jener Kapelle (an deren Pfeilern ich die Prozessionen malen ließ) sehen kann, zu Füßen der Heiligen Jakob und Johannes, ständig zu Gott betend, mit dem Rosenkranz in der Hand, aufmerksam in einem Buch lesend, die Worte der Philosophen erwägend und danach die verschiedenen Handlungen (*operations*), die ich aus ihren Worten erriet, vollziehend.

Schließlich fand ich das von mir Ersehnte, was ich sogleich am starken Geruch erkannte. Und da ich das hatte, vollzog ich das Werk (*magistere*). Nachdem ich die Zubereitung der ersten Kräfte (*agens*) gefunden hatte, brauchte ich nur meinem Buch wortwörtlich zu folgen und konnte so gar nicht fehlgehen, wenn ich es auch gewollt hätte. Das erste Mal also, da ich die Streuung (*projection*) machte, wandte ich sie auf Quecksilber an und verwandelte davon etwa anderthalb Pfund in reines Silber, das besser war als das der Bergwerke, was ich selber mehrmals prüfen konnte und auch prüfen ließ. Das geschah aber am 17. Januar, einem Montag, um die Mittagszeit in meinem Haus in Gegenwart von Perrenelle allein, im Jahr 1382. Später vollzog ich, indem ich Wort für Wort meinem Buch folgte, das Werk mit dem roten Stein auf einer ähnlichen Menge von Quecksilber, abermals ausschließlich in Gegenwart von Perrenelle, im selben Haus am fünfundzwanzigsten Tage des April desselben Jahres um fünf Uhr abends, wobei ich das Quecksilber wahrhaftig in fast ebenso viel reines Gold verwandelte, das offensichtlich besser war als das gewöhnliche Gold, nämlich weicher und geschmeidiger. Das kann ich in Wahrheit sagen. So habe ich das Werk dreimal vollendet mit Hilfe von Perrenelle, die es ebenso gut verstand wie ich selbst, da sie mir bei den Verrichtungen geholfen hatte; und hätte sie es ganz allein vollenden wollen, so wäre sie gewiss zum Ziel gelangt. Ich besaß mehr als genug, nachdem ich es einmal vollzogen hatte, doch fand ich sehr großen Gefallen daran, die wunderbaren Werke der Natur in den Gefäßen zu sehen und zu betrachten.

Mann und Frau, die natürlicherweise die beiden Pole des alchimistischen Werks, den Schwefel und das Quecksilber, verkörpern, können durch ihre gegenseitige Liebe, wenn diese geistig gesteigert und nach innen gewendet wird, die kosmisch-seelische Macht entfalten, welche zuerst die Lösung und dann die Gerinnung, das *solve* und das *coagula,* bewirkt.

Die Stufen des Werks

ES GIBT VERSCHIEDENE EINTEILUNGEN DES ALCHIMISTIschen Werks, von denen jede eine schematische Vereinfachung des wahren Vorgangs darstellt; dennoch sind sie alle richtig, weil sie dessen innere Logik zum Ausdruck bringen. Wohl die älteste Einteilung ist die, welche die einzelnen Stufen oder Phasen des Werks mit Farben bezeichnet und die möglicherweise auf einen bestimmten metallurgischen Vorgang wie das Reinigen und Färben eines Metalls zurückgeht. Danach folgt auf die Schwärzung (*melanosis, nigredo*) des Stoffs oder des »Steins«, die Bleichung (*leukosis, albedo*) und auf diese dessen Rotfärbung (*iosis, rubedo*).

Schwarz ist Abwesenheit von Farbe und Licht; Weiß ist Reinheit, ist ungeteiltes, nicht in Farben gebrochenes Licht; Rot ist der Inbegriff der Farbe, ihr Höhepunkt und ihre größte Glut. Diese Ordnung kommt noch deutlicher zum Vorschein, wenn zwischen Weiße und Röte eine Reihe von Übergängen wie Zitronengelb, Ockergelb und Hellrot angegeben werden oder gar von einem ganzen »Pfauenrad« allmählich sich entfaltender Farben gesprochen wird. Das königliche Purpurrot besiegelt dabei stets ihre Reihe.

Merkwürdig ist, dass die drei Hauptfarben Schwarz, Weiß und Rot (die man in der hermetisch beeinflussten Heraldik wiederfindet) in der indischen Kosmologie die drei Grundstrebungen (*guna*) des Urstoffs (*prakriti*) bezeichnen, nämlich Schwarz die dem lichten Ursprung abgewandte, sinnbildlich nach unten gerichtete Bewegung (*tamas*), Weiß das Emporstreben zum Ursprung und zum Licht (*sattva*) und Rot der Hang zur Ausbreitung in der Ebene der Kundgebung selbst (*rajas*). Überträgt man diese Bedeutungen auf das alchimistische Werk, so überrascht einen, dass nicht das Weiß, sondern das Rot dessen Endergebnis kennzeichnet, während sich nach der indischen Lehre der Kosmos so aufbaut, dass zuerst *tamas,* die abwärts strebende Kraft, den Anker in die Finsternis hinabwirft, dann *rajas* in die Breite sich dehnend die Vielheit entfaltet und schließlich *sattva* wie eine emporstrebende, lichte Flamme alles zum Ursprung zurückführt. Doch gerade der Vergleich der drei alchimistischen Färbungen mit dieser indischen Kosmologie zeigt deutlich den Standpunkt der Alchimie und die

Spannweite ihrer Sinnbildlichkeit: Nach der »Vergeistigung des Körpers«, die in gewissem Sinne der Bleichung entspricht und die der anfänglichen Schwärzung oder Fäulnis folgt, kommt als Abschluss die »Verkörperung des Geistes« mit ihrer purpurroten, königlichen Farbe. Derselbe Rhythmus kann auch auf andere Weisen der geistigen Verwirklichung übertragen werden; bezeichnend aber ist, dass seine Betonung auf der Kundgebung des Geistes und nicht auf der Entwerdung oder Auslöschung des begrenzten Daseins liegt.

Durch die Fäulnis, Vergärung und Zermürbung, die alle im Finstern vor sich gehen, wird dem Stoff die bisherige Form genommen; durch die Bleichung bis zum silbrigen Weiß wird er gereinigt und geläutert, und durch die Rötung wird er neu gefärbt, wobei hier Farbe für Form steht. Die läuternde Kraft ist das Quecksilber, die färbende der Schwefel.

Der Dreiteilung nach den Farben widerspricht nicht die Zweiteilung in »kleines« und »großes« Werk: Diese spiegelt die schon beschriebene Paarheit von *materia* und *forma,* von Seele und Geist, Mond und Sonne wider.

Sowohl die Dreiteilung als auch die Zweiteilung finden sich wieder in der siebenfachen Abstufung des Werks nach den »Herrschaften« der Planeten und nach den Eigenschaften der sieben Metalle.

Es gibt zwei hauptsächliche Fassungen dieser siebenfachen Abstufung: Im einen Fall sind das »kleine« und das »große« Werk miteinander verflochten, wie sie es tatsächlich sein können, sodass Silber und Gold, Mond und Sonne als Paar den Abschluss der ganzen Reihe bilden, während die übrigen Planeten oder Metalle sich nach ihrem Adel, ihrer kleineren oder größeren Verwandtschaft mit dem Gold oder der Sonne emporstufen. Diese Ordnung entspricht der Stufenleiter der Planetenhäuser, so wie wir sie im Kapitel »Planeten und Metalle« erörtert haben; ihr Vorbild ist demnach der Aufstieg der Sonne aus ihrem Tiefstand im Haus des Saturns, der ursprünglichen Wintersonnenwende, bis zu ihrer Herrschaft im Haus des Löwen, das einst die Sommersonnenwende bezeichnete. Im anderen Fall geht das »kleine« Werk mit dem Mond als Abschluss dem »großen« Werk mit der Sonne als Bekrönung voraus. Diese letztere Fassung, die von Philaletes, Bernardus Trevisanus, Basilius Valentinus und anderen Alchimisten erwähnt wird und die wir wegen ihrer besonders aufschlussreichen Form hier näher betrachten wollen, sieht folgendermaßen aus:

☿	♄	♃	☽	♀	♂	☉
Merkur	Saturn	Jupiter	Mond	Venus	Mars	Sonne
Queck-silber	Blei	Zinn	Silber	Kupfer	Eisen	Gold

☿ Das Zeichen des Merkur, welches allen anderen vorangestellt ist, bedeutet hier nicht eine der Stufen des Werks, sondern stellt den Schlüssel zum Ganzen dar, sodass das eigentliche Werk nur sechs Phasen hat; davon sind die ersten drei durch lauter mondhafte und die letzten drei durch lauter sonnenhafte Zeichen ausgedrückt. Allein das Zeichen für Merkur oder Quecksilber ist mann-weiblich, aus Sonne und Mond zugleich gebildet.

Dass das Quecksilber für den Alchimisten den *primum agens,* das eigentliche Mittel zum Werk, das alles auflösende Wasser und die Nahrung der geistigen Leibesfrucht darstellt, haben wir bereits gesagt. Es ist gleichsam die nächste Gestalt der *materia prima,* als der feine, psychische Stoff, der Lebensodem, der den einzelnen seelisch-leiblichen Organismus mit dem kosmischen Lebensmeer verbindet. In ihm ist der Keim des geistigen Goldes wie das Gold im gewöhnlichen Quecksilber verborgen.

Auf die »operative« Ordnung der eigentlichen Mystik übertragen stünde an dieser Stelle der geistige Einfluss, nämlich die Gnade oder jene besondere Wirkungsweise des Heiligen Geistes, die gewissermaßen von außen her in die scheinbar geschlossene Welt des Ich-Bewusstseins eindringt und sie aus ihrer metallischen »Gerinnung« löst. Von da zur Alchimie zurückkehrend könnte man das Quecksilber den »kosmischen Segen« nennen, der, wie Fra Marcantonio sagt, »immerzu als feiner Dunst vom Himmel herabsteigend die Poren der Erde füllt«;[93] die »Poren« sind es, welche die festen Körper davor bewahren, zu erstarren und zu ersticken; durch sie »atmet« die Erde, so, wie der Mensch dadurch lebt, dass er für die himmlischen Einflüsse, die in der Natur sind, offen bleibt.

Mit der Bedeutung des Merkurzeichens als Schlüssel zum ganzen Werk stimmt auch die Rolle des Gottes Merkurs oder Hermes in den orphischen Mysterien überein: Der Götterbote geleitete die

93. Siehe Kapitel »Schwefel, Quecksilber und Salz«, Seite 133.

Seele nach ihrem leiblichen oder mystischen Tod durch alle Reiche der Schattenwelt zu ihrem bleibenden Aufenthaltsort.

♄ Die erste Stufe des »kleinen Werks«, vom Saturn beherrscht, entspricht der »Schwärzung«, der »Fäulnis« (*putrefactio*) und der »Abtötung« (*mortificatio*). Sie wurde gewöhnlich durch einen Raben, einen Totenschädel und manchmal auch durch ein Grab dargestellt. Basilius Valentinus sagt von dieser Phase des Werks:

> Alles Fleisch, das von der Erde geboren ist, wird vernichtet und wieder der Erde zurückgegeben werden, so wie es zuvor Erde gewesen war. Alsdann wird das irdische Salz eine neue Geburt hervorbringen durch den Odem des himmlischen Lebens. Da nämlich, wo nicht am Anfang die Erde war, da kann auch keine Wiedergeburt in unserem Werk stattfinden. Denn die Erde ist der Balsam der Natur und das Salz jener, die die Erkenntnis aller Dinge suchten.[94]

Am Anfang jeder geistigen Verwirklichung steht der Tod als ein Der-Welt-Absterben: Das Bewusstsein muss aus den Sinnen herausgezogen und nach innen gekehrt werden, und da das innere Licht noch nicht aufgegangen ist, wird diese Abkehr von der äußeren Welt als eine Umnachtung, eine *nox profunda* erlebt. Die christliche Mystik wendet auf diesen Zustand das Gleichnis vom Weizenkorn an, das in der Erde allein bleiben und sterben muss, wenn es Frucht bringen soll. In manchen Einweihungsformen wird dieser seelische Tod durch ein sinnbildliches Begräbnis angedeutet, und einzelne christliche Orden üben einen ähnlichen heiligen Brauch bei der Einkleidung der Mönche aus.

In vorchristlichen Mysterien wurde der Tod des Mysten oft mit dem Opfertod eines Gottes in Beziehung gebracht: Wie der Gott, der getötet und zergliedert worden war, gab der Myste seine Glieder und Fähigkeiten an die Natur zurück; die Kräfte der unteren Welt zerteilten unter sich die Elemente der empirischen Seele, die nicht zum unsterblichen Wesen gehören, und diese »Zerstückelung« wurde in gewissen Fällen bildhaft als solche erlebt. Den Opfertod des Gottes muss der Myste an sich erfahren, um letzt-

94. Basilius Valentinus: *Von dem großen Stein der uhralten Weisen,* Straßburg 1645.

endlich zu erkennen, dass der Gott, der scheinbar in der Welt zerteilt wurde, um ihrer Vielfalt sein Leben mitzuteilen, in Wahrheit gar nicht in ihr aufging, sondern ungeteilt und zeitlos in sich fortbesteht. So erkennt der Mensch sein eigenes unveränderliches Wesen erst, nachdem er all das, was an ihm verweslich ist, aufgegeben hat, und dazu gehört nicht nur das Fleisch, sondern auch die mit der sinnlichen Erfahrung verquickte »Seele«.

Am Anfang des Werks gewinnt der Alchimist als kostbarsten Stoff die Asche, die nach der Verbrennung (*calcinatio*) des unedlen Metalls übrigbleibt. Durch diese Asche, die von aller duldigen Feuchtigkeit frei geworden ist, wird er den flüchtigen »Geist« festhalten können.

Der mythologischen Bedeutung des Saturns entspricht diese erste Stufe des Werks insofern, als Saturn-Chronos, der seine eigenen Kinder verzehrt, die Gottheit ist, die das Gewordene durch Zeit und Tod in seinen ungeformten Ursprung zurückkehren lässt.

♃ Die zweite Stufe des »kleinen Werks« ist von Jupiter beherrscht, dessen Zeichen die Mondsichel in Verbindung mit dem waagrechten Balken des Kreuzes zeigt, während bei Saturn dieselbe Mondsichel dem abwärts gerichteten Balken des Kreuzes untertan ist: ♄. Unter der Herrschaft Jupiters hat sich also die Seele aus dem Erdreich, in das sie zurückgekehrt war, und aus der Nacht des anfänglichen Chaos erhoben, um nun ihre Kraft zu entfalten. Im Hinblick auf die indische Lehre von den Grundstrebungen des Stoffs, den *guna,* könnte man sagen, dass die seelische Kraft das Quecksilber von *tamas* befreit und mit *rajas* verbunden wurde; *rajas* aber hat den Sinn der Ausweitung und Entfaltung, was im vorliegenden Fall bedeutet, dass sich die feinstoffliche Kraft aus ihrer »Gerinnung« im leiblichen Bewusstsein gelöst hat und gleichsam von Erde zu Wasser und zu Luft geworden ist. Das entspricht der Sublimation. Morienus sagt:

> Wer es versteht, die Seele zu reinigen und zu bleichen und sie nach oben steigen zu lassen, den Körper aber wohl bewahrt und von aller Finsternis, Schwärze und üblem Geruch befreit hat [...], der wird alsdann die Seele in ihren Leib zurückbringen können, und zur Stunde ihrer Wiedervereinigung werden sich große Wunder kundgeben.

☽ Mit der dritten Stufe, die der Mond beherrscht, ist die weiße Farbe vollendet. Die Mondsichel hat sich über das Kreuz der Elemente oder Grundstrebungen erhoben und dessen Gegensätze aufgelöst. Alle im anfänglichen Chaos enthaltenen Vermögen der Seele haben sich entfaltet und sind zu einem Zustand unzerteilter Reinheit zusammengeflossen. Es ist die äußerste Grenze der »Lösung« (*solutio*), welcher eine neue »Gerinnung« (*coagulatio*) folgen wird. Vom christlichen Standpunkt aus entspricht dieser Zustand der Seele sinnbildlich der Heiligen Jungfrau in ihrer Bereitschaft, das Göttliche Wort zu empfangen, und in dieser Hinsicht ist es bedeutsam, dass die Jungfrau oft auf der Mondsichel thronend dargestellt wurde.

Bernardus Trevisanus schreibt in seinem Buch *Das vergessene Wort*[95] über diese Vollendung des »kleinen Werks«:

> Ich sage dir, indem ich Gott zum Zeugen nehme, dass dieses Quecksilber, als es sublimiert war, mit so reinem Weiß bekleidet erschien wie der Schnee der hohen Berge, mit sehr feinem und kristallenem Glanz, von dem beim Öffnen des Gefäßes ein Duft ausging, so süß, wie man nichts Ähnliches in dieser Welt findet. Ich aber, der zu dir spricht, weiß wohl, dass diese wunderbare Helligkeit meinen eigenen Augen erschien, dass ich mit eigenen Händen diese feine Kristallnatur berührt und mit meinem Geruchssinn diese wundervolle Süße erfahren habe, worüber ich weinte vor Freude und vor Staunen ob diesem Wunder. Deswegen sei der ewige, hohe und ruhmreiche Gott gelobt, Der so viele wundervolle Gaben in den Geheimnissen der Natur verbarg und Der sie einigen Menschen zu sehen erlaubt hat. Ich weiß, wenn du die Ursachen dieser Beschaffenheit (*disposition*) erkennst, wirst du dich fragen: Was ist das für eine Natur, die, aus einem verweslichen Ding gegeben, dennoch ein ganz himmlisches Ding in sich enthält? Niemand kann all die Wunder erzählen. Vielleicht wird aber eine Zeit kommen, da ich dir mehrere besondere Dinge von dieser Natur erzählen werde, die mir der Herr noch nicht erlaubt hat, schriftlich mitzuteilen. Wie dem auch sei, wenn du dieses Quecksilber sublimiert hast,

95. BERNARDUS TREVISANUS: «La parole délaissée» in *Le voile d'Isis,* Jahrgang 1931, Paris.

nimm es ganz frisch und jung samt seinem Blut, damit es nicht alt werde, und übergib es seinen Eltern, der Sonne und dem Mond, auf dass aus diesen drei Dingen, Sonne, Mond und Quecksilber, unsere Mischung entstehe.

An den Planetenzeichen ist abzulesen, dass die drei Stufen des »kleinen Werks« einer aufwärts schreitenden Bewegung entsprechen, denn zuerst war der Mond unter dem Kreuz, dann mit dessen waagrechtem Balken verbunden, und schließlich herrschte er allein: ♄ ♃ ☽. Demgegenüber beschreiben die folgenden drei Stufen des »großen Werks« eine absteigende Bewegung: ♀ ♁ ☉, denn die Sonne erscheint hier zuerst über dem Kreuz, dann sinkt sie unter dessen Stamm hinab, und am Ende steht sie, alles zur Mitte zurückführend, für sich allein.

Die ersten drei Stufen entsprechen der »Vergeistigung des Körpers«, die drei letzten der »Verkörperung des Geistes« oder der »Verfestigung des Flüchtigen«. So wie das »kleine Werk« die Wiederherstellung der ursprünglichen Reinheit und Empfänglichkeit der Seele zum Ziel hat, so ist das Ziel des »großen Werks« die Erleuchtung der Seele durch die Offenbarung des Geistes in ihr. Man kann diese Folge der sechs Stufen auf jede Art von geistiger Verwirklichung übertragen, doch bleibt sie stets ein Schema, denn die beiden Bewegungen, das Emporsteigen der Seele und das Herabsteigen des Geistes, lassen sich nicht durchaus voneinander trennen, ist doch die Entfaltung der Blume schon das Werk der Sonne, obgleich diese nur wirkt, wenn die Blume bereit ist, ihre Strahlen in sich aufzunehmen.

♀ Die vierte Stufe – die erste des »großen Werks« – ist von Venus beherrscht. In ihrem Zeichen erscheint die Sonne des Goldes und des Geistes, der unverbrennbare Schwefel, über dem Baum des Kreuzes. Die Sonne verschluckt den Mond, und ihre formgebende Kraft prägt von Neuem das Kreuz der Elemente aus. »Am Anfang«, heißt es in der *Turba philosophorum*,[96] »steigt das Weibchen auf das Männchen und am Ende das Männchen auf das Weibchen«: Zuerst siegt die »flüchtige« Kraft des weiblichen Quecksilbers über den festen Körper, dessen Form den Schwefel in passiver Weise kundgibt; dann aber siegt die festigende Kraft des

96. *Bibliothèque des philosophes chimiques.*

Schwefels über das flüchtige Quecksilber und bewirkt eine neue, diesmal tätige Kristallisierung der seelisch-körperlichen Form.

Diese »Neuschöpfung« ist aber noch nicht vollkommen, denn die geistige Sonne erscheint hier erst auf dem Gipfel des Kreuzes, und dementsprechend sagen auch die Alchimisten vom Kupfer, dem Metall der Venus, dass an ihm die färbende Kraft des Schwefels, die Essenz des Goldes, sichtbar werde, aber noch unbeständig und durch den Gegensatz der Elemente vergröbert sei.

♁ Die fünfte Stufe – die zweite des »großen Werks« – wird von Mars beherrscht. In dessen Zeichen (wir haben auf Seite 75 erklärt, warum wir es auf diese Weise schreiben) nimmt die Sonne eine ähnliche Stellung ein wie der Mond im Zeichen Saturns. Die Bedeutung der beiden Zeichen, Saturn und Mars, ist aber gerade umgekehrt, wenn auch beide eine Art Tod und Auslöschung darstellen; allein, bei der »Herrschaft« des Mars handelt es sich nicht um einen chaotischen Zustand, sondern im Gegenteil um ein tätiges Herabsteigen des Geistes bis in die untersten Schichten des menschlichen Bewusstseins, sodass der Körper selbst ganz vom »unverbrennbaren Schwefel« durchdrungen wird. So wie im Eisen, dem Metall des Mars, die festigende Kraft des Schwefels ganz gegenwärtig ist, ihren Glanz aber noch nicht kundgeben kann, erscheint auf dieser Stufe des Werks der Geist in den Körper eingetaucht und wie ausgelöscht in ihm. Es ist das die äußerste »Gerinnung« (*coagulatio*) und die Schwelle vor der letzten Vollendung, der Verwandlung des Körpers in formgewordenen Geist.

Der höchste Sinn, der im Zeichen des Mars liegt und welcher weit über die Alchimie hinausreicht, ist die »Fleischwerdung des Göttlichen Wortes«, die in einem gewissen Sinne eine Erniedrigung des Göttlichen mit sich bringt, indem es als Licht in der Finsternis der Welt erscheint. Davon kann jedoch die alchimistische Verwirklichung nur ein fernes Abbild sein.

Artephius schreibt:

> Die Naturen verändern sich gegenseitig, denn der Körper verleibt sich den Geist ein, und dieser verwandelt den Körper in einen gefärbten [qualitativen] und weißen [reinen] Geist [...]. Koche ihn [nämlich den Körper] in unserem weißen Wasser, das heißt in Quecksilber, bis dass er sich in Schwärze aufgelöst hat; durch langes Kochen wird er dann die Schwärze ver-

lieren, und am Ende wird der aufgelöste Körper mit der weißen Seele emporsteigen, eines wird sich mit dem anderen vermischen, und sie werden sich in solcher Weise umarmen, dass sie nie mehr voneinander getrennt werden können. Dann aber wird sich der Geist in wahrem Einklang mit dem Körper vereinigen, sodass sie zusammen ein unveränderliches Ding werden. Das ist die Auflösung des Körpers und die Verfestigung des Geistes, die beide ein und dasselbe Werk darstellen.[97]

☉ Die Vollendung des »großen Werks« wird durch das Zeichen der Sonne ausgedrückt. Dieses unterscheidet sich vom Sonnenkreis als Bestandteil anderer Planetenzeichen dadurch, dass sein Mittelpunkt angegeben ist. Also wird das, was auf allen anderen Stufen nur grundsätzlich und dem Vermögen nach vorhanden war, hier offenbar: In der vollendeten Form, die als solche endlich bleibt, ist der unendliche Gehalt unsichtbar-sichtbar zugegen.

Dasselbe Zeichen erinnert auch an den Kern in der Frucht und den Keim im Mutterleib, im Einklang mit der genetischen Sinnbildlichkeit des alchimistischen Werks.

Diese Phase des Werks ist zugleich die Vollendung der roten Farbe, von der Nicolas Flamel in seiner Erklärung der »hieroglyphischen Figuren« schreibt:

> Auf dunkelviolettem Feld hält ein purpurroter Mann den Fuß eines lackroten Löwen, der Flügel hat und den Mann zu entführen scheint: Das dunkelviolette Feld bedeutet, dass der Stein durch völliges Durchkochen die schönen, ganz orangefarbenen und roten Gewänder empfangen hat [...] und dass seine vollständige Verdauung [dargestellt durch die orangene Farbe] ihn seine alte orangefarbene Gewandung ablegen ließ. Die lackrote Farbe des fliegenden Löwen, die dem reinen und klaren Scharlach der Kerne des wirklich roten Granatapfels gleicht, zeigt, dass sie nun in ganzer Echtheit und Gleichmäßigkeit vollendet ist. Sie ist wie ein Löwe, der alle reine metallische Natur verschlingt und sie in seine eigene Substanz verwandelt, nämlich in wahres und reines Gold, das feiner ist als das der besten Minen.

97. *Bibliothèque des philosophes chimiques.*

> Deshalb trägt sie nun den Menschen aus diesem Tal des Jammers heraus, das heißt aus dem Ungemach der Armut und der Krankheit, indem sie ihn mit ihren Flügeln über die faulenden Wasser Ägyptens [welche die gewöhnlichen Gedanken der Sterblichen sind] emporhebt, sodass er das irdische Leben mit seinen Reichtümern verachtet und Tag und Nacht über Gott und Seine Heiligen nachdenkt, nach dem Empyreum verlangt und nach den süßen Quellen der ewigen Hoffnung dürstet.
>
> Gelobt sei Gott ewiglich, Der uns die Gnade verlieh, diese schöne und ganz vollkommene Purpurfarbe zu schauen, diese schöne Farbe der Mohnblume des Feldes und des Felsens, diese tyrische,[98] funkelnde und flammende Farbe, die keiner Veränderung und keines Wandels fähig ist, über die selbst der Himmel mit seinem Tierkreis keine Macht noch Gewalt mehr haben kann, und deren strahlender und blendender Glanz dem Menschen gewissermaßen etwas Überhimmlisches mitzuteilen scheint, indem sie ihn, wenn er sie schaut und erkennt, zugleich staunen, zittern und erschauern macht.[99]

In einer Schrift von Basilius Valentinus findet man eine Darstellung des mann-weiblichen Androgyns, der die Vollendung des alchimistischen Werks versinnbildlicht, mit den Zeichen der sieben Planeten in solcher Anordnung, dass die drei sonnenhaften Zeichen der männlichen Seite des Androgyns und die drei mondhaften Seiten seiner weiblichen Seite entsprechen, während das androgyne Zeichen des Merkurs den »Schlussstein« zwischen beiden Reihen bildet. Das ergibt folgendes Schema, in welchem man die Stufen des »kleinen« und des »großen Werks« wiedererkennen wird:

	☿	
☽		☉
♃		♂
♄		♀

98. Purpur wurde in Tyrus hergestellt.
99. *Bibliothèque des philosophes chimiques.*

In einer gewissen Hinsicht (und abgesehen von den astrologischen Bedeutungen derselben Zeichen) kann man die Zeichen zur Rechten »tätig« und die zur Linken »duldig« nennen, da ja das »kleine Werk« die seelische Bereitschaft, das »große Werk« aber die geistige Offenbarung vollendet. Um aber zu sehen, wie sich die einzelnen Zeichen paarweise entsprechen, muss man berücksichtigen, dass ihre Abstufung umgekehrt ist, gemäß dem Emporsteigen des Mondes und dem Herabsteigen der Sonne im Lauf des Werks. Betrachtet man beide Bewegungen parallel, so sind die Zeichen folgendermaßen anzuordnen:

☿

☽ ☉

♃ ♀

♄ ♂

Darstellung des zweigeschlechtlichen Merkurs (REBIS = res bis) aus: Basilius Valentinus: «Aurelia Occulta Philosophorum» in Theatrum chemicum, *Argentorati [Straßburg], 1613, Vol. IV. Der hermetische*

So sieht man deutlich, wie jedem tätigen Anblick ein duldiger entspricht: Saturn bezeichnet eine duldige »Erniedrigung«, Mars ein tätiges Herabsteigen; das erste Zeichen drückt die Auslöschung der ichhaften Seele, das zweite den Sieg des Geistes aus. Auf der nächsten Stufe entspricht Jupiter einer Entfaltung der seelischen Empfänglichkeit, Venus aber einem Aufgehen der inneren Sonne. Mond und Sonne selbst verkörpern die beiden Pole in ihrer Reinheit, und Merkur trägt beider Wesen in sich.[100]

Androgyn steht auf dem Drachen der Natur, welcher auf der geflügelten Kugel der materia prima *ruht. Zirkel und Winkelmaß in den Händen des Androgyns entsprechen dem Himmel und der Erde, der männlichen und der weiblichen Urkraft. Auf der männlichen Seite Saturn, Jupiter und Mond, auf der weiblichen Venus, Mars und Sonne; im Scheitel der vollkommene Merkur. Rechts und links sind hier dem Bild entsprechend verkehrt*

100. Um zu sehen, wie sich die sechs Stufen als ebenso viele Einstellungen eitler Zustände in jeder Art von geistiger Verwirklichung wiederfinden lassen, vergleiche das bereits erwähnte Buch von FRITHJOF SCHUON: *Les stations de la sagesse,* insbesondere das gleichnamige Kapitel.

Die »smaragdene Tafel«

SINN UND AUFBAU DES ALCHIMISTISCHEN WERKS SIND IN den Worten der »smaragdenen Tafel« (*Tabula smaragdina*) zusammengefasst. Diese Schrift stellt sich selbst als eine Offenbarung des Hermes Trismegistos dar, und als solche wurde sie auch von den mittelalterlichen Alchimisten aufgefasst. Ihre früheste Erwähnung hat man in einer Schrift von Dschābir Ibn Hayyān aus dem achten Jahrhundert gefunden, und ihre lateinische Fassung war schon Albertus Magnus bekannt. Ihrem Stil nach aber ist die »smaragdene Tafel« vorislamischen Ursprungs, und da sie ganz mit dem Geist der hermetischen Überlieferung übereinstimmt, wofür nicht zuletzt die einmütige Überzeugung der Alchimisten selber bürgt, gibt es keinen triftigen Grund, ihren Zusammenhang mit dem Ursprung der Hermetik zu bezweifeln, wobei wir die Frage offen lassen, ob man sich unter dem Namen des Hermes Trismegistos einen Menschen oder eher ein priesterlich-prophetisches Amt, das sich auf Hermes-Thot bezog, zu denken hat.

Wir geben hier den Inhalt der »smaragdenen Tafel« auf Deutsch wieder, nach ihrer lateinischen Fassung, indem wir zur Deutung einzelner Stellen ihren arabischen Wortlaut berücksichtigen:[101]

1. In Wahrheit, gewiss und ohne Zweifel: Das Untere ist gleich dem Oberen und das Obere gleich dem Unteren, zu wirken die Wunder eines Dings.

2. So wie alle Dinge aus Einem und durch die Betrachtung eines Einzigen hervorgegangen sind, so werden auch alle Dinge aus diesem Einen durch Abwandlung geboren.

Seiten 194 und 195: Lateinische und deutsche Fassung der Tabula smaragdina, *eingraviert auf einen Felsen, aus einer Ausgabe des* Amphitheatrum sapientiae eternae *des Alchimisten Heinrich Khunrath, Hannover 1609; Houghton Library, Harvard University*

101. Siehe JULIUS FERDINAND RUSKA: *Tabula smaragdina,* Heidelberg 1926.

VERBA SECRE-
TORVM HERMETIS
COMPLETVM EST QVOD DIXI DE OPERATIONE SOLIS.
MERCURIUS TRISMEGISTUS
TVA ME MENTE COMPLECTERE, ET EGO

VERBA SECRETORVM HERMETIS.
Auff Deutsch:
HERMES TRISMEGISTVS
RISMEGISTUS in PIMANDRO.

3. Sein Vater ist die Sonne, und seine Mutter ist der Mond. Der Wind trug es in seinem Bauch, und seine Amme ist die Erde.

4. Es ist der Vater aller Wunderwerke der ganzen Welt.

5. Seine Kraft ist vollkommen, wenn es in Erde verwandelt wird.

6. Scheide die Erde vom Feuer und das Feine vom Groben, sanft und mit großer Vorsicht.

7. Es steigt von der Erde zum Himmel empor und kehrt von dort zur Erde zurück, auf dass es die Kraft des Oberen und des Unteren empfange. So wirst du das Licht der ganzen Welt besitzen, und alle Finsternis wird von dir weichen.

8. Das ist die Kraft aller Kräfte, denn sie siegt über alles Feine und durchdringt alles Feste.

9. Also wird die kleine Welt nach dem Vorbild der großen Welt erschaffen.

10. Daher und auf diese Weise werden wunderbare Anwendungen bewirkt.

11. Und darum werde ich Hermes Trismegistos genannt, denn ich besitze die drei Teile der Weisheit der ganzen Welt.

12. Vollendet ist, was ich vom Werk der Sonne gesagt habe.

1. »In Wahrheit, gewiss und ohne Zweifel: Das Untere ist gleich dem Oberen und das Obere gleich dem Unteren, zu wirken die Wunder eines Dings.« Der Anfang heißt in der lateinischen Fassung genau: *Verum, sine mendacio, certum et verissimum,* aber der von Dschābir angeführte Wortlaut: »In Wahrheit, gewiss und ohne Zweifel« (*haqqan, iaqīnan, lā shakka fīh*), ist klarer, denn das »in Wahrheit« bezieht sich auf das Wesen des Offenbarten und das

»gewiss und ohne Zweifel« auf seine subjektive Erfahrung. Der folgende, erste Satz hat im Arabischen einen etwas anderen Wortlaut, der scheinbar eine andere Bedeutung ergibt: »Das Höchste [kommt] vom Niedrigsten und das Niedrigste vom Höchsten.« Das weist auf die gegenseitige Abhängigkeit des Tätigen und des Duldigen hin in dem Sinne, dass sich die wesentliche Form nicht ohne den duldigen Stoff kundgeben kann, so wie umgekehrt das duldige Vermögen nur durch die Einwirkung des tätigen Gegenpols zur Entfaltung gelangt. Ebenso hängt im »großen Werk« die Einwirkung der geistigen Kraft von der Zubereitung des menschlichen »Behälters« und diese von jener ab. All das aber ist nur ein anderer Anblick der spiegelbildlichen Entsprechung von »oben« und »unten«, wie sie die lateinische Fassung des Textes ausdrückt. »Zu wirken die Wunder eines Dings«, nämlich des inneren Werks: »Oben« und »unten« sind also auf dieses eine Ding bezogen und ergänzen sich im Hinblick darauf.

2. »So wie alle Dinge aus Einem und durch die Betrachtung eines Einzigen hervorgegangen sind, so werden auch alle Dinge aus diesem Einen durch Abwandlung geboren.« Das bedeutet, dass das hermetische Werk aus einer einzigen Substanz hervorgeht, in Nachahmung und als umgekehrtes, »stoffliches« Abbild der Entstehung der Welt aus dem einen Göttlichen Sein vermittels des einen Geistes.

Anstelle von *meditatione unius,* »durch die Betrachtung eines Einzigen«, enthalten gewisse Abschriften den Wortlaut *mediatione unius,* »durch die Vermittlung eines Einzigen«, was aber den Sinn nicht wesentlich verändert, denn zugrunde liegt der Gedanke, dass das ungeschiedene, unfassbare Licht des unbedingten Einen durch das Prisma des Geistes vielfältig gebrochen wird. Plotin lehrte, dass der eine Geist (*nous*) das höchste Eine ständig schaue, ohne Es je ganz umfassen oder ergründen zu können, und dass er dadurch, dass er diese Schau fortwährend auswirke, so wie eine Sammellinse das empfangene Licht in einem Strahlenbündel auswirft, das vielfältige All kundgebe. Der arabische Ausdruck *tadbīr,* der in gewissen Fassungen der »smaragdenen Tafel« an dieser Stelle vorkommt, hat den doppelten Sinn von »Betrachtung« und »Darlegung« oder »Folgerung«. Wir setzen »durch Abwandlung« für *adaptatione;* Basilius Valentinus sagt *conjunctione:* »durch Verbindung«.

3. »Sein Vater ist die Sonne, und seine Mutter ist der Mond.« Die Sonne als Vater des »Steins« ist der Geist (*nous*), der Mond die

Seele (*psyche*). »Der Wind trug es in seinem Bauch«: Der Wind, der den geistigen Keim in seinem Bauch trägt, ist der Lebensodem und allgemeiner gesehen der »feine Stoff« des Zwischenreichs, das sich zwischen Himmel und Erde, das heißt zwischen der überförmlichen, rein geistigen und der körperlichen Welt erstreckt. Der Lebensodem ist auch das Quecksilber, welches den Keim des Goldes in flüssigem Zustand enthält. »Und seine Amme ist die Erde«, nämlich der Körper als innere Wirklichkeit.

4. »Es ist der Vater aller Wunderwerke der ganzen Welt.« »Wunderwerk« ist die ungefähre Übersetzung von *thelesma,* woraus »Talisman« abgeleitet ist. Ein Talisman (arabisch: *tilism*) ist genau genommen ein Sinnbild, dem etwas von der Kraft seines Urbilds eingeflößt wurde, dadurch, dass es in einer bestimmten kosmischen Lage (Konstellation) und mit einer entsprechenden geistigen Ansammlung hergestellt wurde. Eine solche theurgische Handlung beruht auf der qualitativen Entsprechung zwischen sichtbarer Form und unsichtbarer Wirklichkeit und auf der Möglichkeit, diese Entsprechung durch die vorstellungsmäßige Verdichtung eines geistigen Zustands auf der feinstofflichen Ebene wirksam zu machen. Daher die Ähnlichkeit zwischen dem Talisman als Träger eines unsichtbaren Einflusses und dem alchimistischen Elixier als »Ferment« der metallischen Verwandlung.

5. »Seine Kraft ist vollkommen, wenn es in Erde verwandelt wird«, das heißt, wenn der Geist »verkörpert«, das Flüchtige fest wird.

6. »Scheide die Erde vom Feuer und das Feine vom Graben, sanft und mit großer Vorsicht.« Die Scheidung der Erde vom Feuer und des Feinen vom Groben bedeutet das »Herausziehen« der Seele aus dem Leib.

7. »Es steigt von der Erde zum Himmel empor und kehrt von dort zur Erde zurück, auf dass es die Kraft des Oberen und des Unteren empfange.« Der Loslösung des Bewusstseins von allen förmlichen Gerinnungen folgt die Kristallisierung des Geistes, sodass das Tätige und das Duldige sich vollkommen vereinen. Damit wird das Licht des Geistes beständig. »So wirst du das Licht der ganzen Welt besitzen«, nämlich durch deine Vereinung mit dem einen Geist, der die Quelle allen Lichts ist. »Und alle Finsternis wird von dir weichen«: Das heißt, die Unwissenheit, die Täuschung, die Unsicherheit, der Zweifel, die Torheit werden vom Bewusstsein abfallen.

8. »Das ist die Kraft aller Kräfte, denn sie siegt über alles Feine und durchdringt alles Feste.« Das Feine oder Flüchtige (arabisch: *latīf*) kann nur dadurch besiegt werden, dass man es an das Feste oder Körperliche bindet, so wie man auch einen seelischen Zustand nur durch ein konkretes Bild festhalten kann; die alchimistische »Fixierung« ist jedoch inniger und hängt mit dem zusammen, was weiter oben über die Rolle des körperlichen Bewusstseins als Stützpunkt geistiger Zustände gesagt wurde. Durch die Verbindung mit dem Geistigen wird das anfänglich körperliche Bewusstsein selbst zu einer feinen, durchdringenden Kraft, die nach außen zu wirken vermag.

Dschābir schreibt darüber:

> Wenn der Körper in seinem Zustand von Festigkeit und Härte sich so verändert hat, dass er fein und leicht geworden ist, so wird er etwas wie ein geistiges Ding, das in die Körper eindringt, trotzdem er seine eigene Natur bewahrt, die ihn gegen Feuer widerstandsfähig macht. In diesem Augenblick vermischt er sich mit dem Geist, weil er fein und locker geworden ist, und macht seinerseits den Geist beständig. Die Verfestigung des Geistes in diesem Körper folgt dem ersten Vorgang, und beide verwandeln sich, indem eines des anderen Natur annimmt. Der Körper wird zu einem Geist, indem er vom Geist die Feinheit, Leichtigkeit, Dehnbarkeit, Färbung, die durchdringende Wirkung und alle übrigen Eigenschaften annimmt. Der Geist seinerseits wird zu einem Körper, indem er dessen Widerstandsfähigkeit gegen Feuer, dessen Unbeweglichkeit und Dauer erlangt. Aus beiden Elementen entsteht eine leichte Substanz, die weder die Festigkeit der Körper noch die Feinheit der Geister besitzt, sondern genau eine mittlere Stellung zwischen den beiden äußersten Gegensätzen einnimmt.[102]

9. »Also wird die kleine Welt nach dem Vorbild der großen Welt erschaffen.« Dieser Satz lautet in der lateinischen Fassung: »Also wird die Welt erschaffen.« Der arabische Wortlaut, dem wir gefolgt sind, ist offensichtlich vollständiger. Die »kleine Welt«, das vollkommene Abbild der »großen«, ist der Mensch, der seine ursprüng-

102. Siehe Paul Kraus: *Jābir Ibn Hayyān,* Kairo 1942/43.

liche Natur, seine »Ebenbildlichkeit« zu Gott verwirklicht hat. Damit ist das wahre Ziel der Alchimie ganz deutlich angegeben.

10. »Daher und auf diese Weise werden wunderbare Anwendungen gemacht.« Im arabischen Text steht hier: »Diesen Weg beschreiten die Weisen.«

11. »Und darum werde ich Hermes Trismegistos genannt, denn ich besitze die drei Teile der Weisheit der ganzen Welt.« *Trismegistos* bedeutet »dreimal groß« oder »dreifach mächtig«. Die »drei Teile der Weisheit« entsprechen den drei Hauptstufen des Weltalls, nämlich dem rein geistigen, dem seelischen und dem körperlichen Dasein, deren Sinnbilder der Himmel, das Zwischenreich der Luft und die Erde sind.

12. »Vollendet ist, was ich vom Werk der Sonne gesagt habe.« »Vom Werk der Sonne«, *de operatione solis,* kann auch »vom Werk des Goldes« oder »von der Herstellung des Goldes« bedeuten.

Der ganze Inhalt der »smaragdenen Tafel« ist wie eine Erklärung des »salomonischen Siegels«, dessen zwei Dreiecke je nachdem die wesentliche Form und den Stoff, den Geist und die Seele, den Schwefel und das Quecksilber, das Flüchtige und das Feste oder die geistige Kraft und das körperhafte Dasein darstellen:

Schlussbetrachtung

DURCH UNSERE AUSFÜHRUNGEN HOFFEN WIR, DEN GEISTIGEN Horizont, dem sich die Alchimie als »königliche Kunst« einfügt, aus der fast unvermeidlichen Verkürzung, die jede nur geschichtliche Betrachtungsweise mit sich bringt, herausgelöst zu haben. Ebenso wie sich im Raum die Gegenstände im Maß ihrer Entfernung verkürzen, stellt sich alles, was zeitlich zurückliegt, in verengter und vereinfachter Gestalt dar, und das umso mehr, je größer der geistige Abstand von einem Zeitalter zum anderen ist. Zwischen unserer Zeit und jener, welcher die Alchimie angehört, ist der geistige Abstand fast unermesslich groß, sodass es nicht erstaunlich ist, wenn der heutige Forscher, der nicht eine gewisse Kenntnis der noch heute in einzelnen Kulturkreisen fortbestehenden geistigen Künste besitzt, die Alchimie wie in einem verkleinernden Zerrspiegel sieht. Ihm mangelt in der Regel nicht nur das lehrliche [der Lehre gemäße] Wissen, das ihn dazu befähigen könnte, die Bildersprache der Alchimisten zu verstehen, es fehlt ihm meistens auch jeglicher praktische Vergleich mit dem, was auf jenem Gebiet möglich und wahrscheinlich ist.

Die Natur – und damit meinen wir sowohl die körperliche als auch die psychische Natur des Menschen und der Dinge – lässt sich von sehr verschiedenen Seiten her angehen, wobei jede der »Dimensionen«, die einem gegebenen Standpunkt entspricht, logisch und praktisch schier unerschöpflich ist. So lässt sich zum Beispiel die empirische Chemie endlos erweitern, ohne dass ihre Entdeckungen je aus der bestimmten ontologischen Dimension, die durch ihre Voraussetzungen festgelegt ist, heraustreten würden, während eine überlieferte Wissenschaft wie die Alchimie dieselben natürlichen Erscheinungen mit nicht geringerer Folgerichtigkeit aus einem völlig anderen und ebenfalls unermesslichen Blickpunkt heraus betrachten und behandeln mag. Ein Beispiel dafür ist die überlieferungstreue Medizin der Chinesen, Inder oder Tibeter, deren Methoden der modernen Auffassung der Natur völlig fremd, aber deshalb nicht minder wirksam sind.

Die moderne Wissenschaft hat ein unerbittliches Auge für die kindlichen Irrtümer, die der überlieferungstreuen Kosmologie »am

Rande« und ohne ernste Folgen unterlaufen; was sie dagegen nicht sieht, sind ihre eigenen, in den Augen einer geistigen Kunst wie der Alchimie ganz schwerwiegenden, in ihren Folgen unabsehbaren Verstöße gegen das Gleichgewicht des Menschen und der Natur, ganz abgesehen vom unberechtigten Anspruch auf Totalität und von der weitgehenden und jedenfalls praktischen, ja meist absoluten Leugnung des Übersinnlichen oder Unstofflichen, welche die moderne Wissenschaft kennzeichnen.

Das Verhältnis des Menschen zur natürlichen Umwelt verändert sich gegebenenfalls nicht nur theoretisch, sondern auch erlebnismäßig, und nicht nur subjektiv, sondern auch gegenseitig; denn die körperliche Welt ist nicht von der psychischen abgeschnitten, wenn auch die besondere Perspektive des Ichs die psychische Sphäre des einzelnen Wesens als etwas für sich Abgeschlossenes erscheinen lässt. In Zeiten und Kulturkreisen, wo das Ich-Bewusstsein lockerer und das Verhältnis zur natürlichen Umwelt nicht vom Vorurteil einer bloß rationalistischen Einstellung beherrscht ist, kann es leichter geschehen, dass seelische Kräfte unmittelbar und ohne mechanisches Mittel auf die äußere Natur einwirken. Das gilt vor allem innerhalb von Überlieferungen archaischer Form, für welche natürliche Ereignisse wie Blitz, Regen, Wind und Wachstum wesentliche Sinnbilder darstellen; hier kommt es vor, dass bestimmte heilige Handlungen einen äußerlich kosmischen Widerhall auslösen; bei schamanischen Völkern wie den nordamerikanischen Indianern kann man das heute noch beobachten.

Man muss die Alchimie in diesen, ihr ursprünglich angemessenen Rahmen stellen, um gewissen Aussagen über die Wirkung des Elixiers, die nicht alle im übertragenen Sinne gemeint sind, gerecht zu werden. Die Verwandlung unedler Metalle in Gold ist sicher nicht das eigentliche Ziel der Alchimie und kann auch, wenn sie für sich selber erstrebt wird, niemals erreicht werden. Allein, es gibt gewisse Zeugnisse über den sichtbaren Vollzug des *magisterium,* die man nicht einfach von der Hand weisen kann. Die metallurgische Sinnbildlichkeit ist so organisch mit dem inneren Werk der Alchimie verbunden, dass in seltenen Fällen das, was innerlich verwirklicht wurde, auch auf der äußeren Ebene zum Ereignis werden mochte, nicht als das Ergebnis irgendwelcher chemischer Operationen, sondern als ein spontanes Nach-außen-Wirken eines außerordentlichen geistigen Zustands. Das Eintreten der geistigen

Verwandlung ist schon ein Wunder, und kein geringeres als die plötzliche Entstehung von Gold aus unedlem Metall.

Der in die Mysterien des Zen eingeweihte japanische Bogenschütze vermag, nur auf sein Inneres angesammelt, im Augenblick der Einung mit dem zeitlosen Wesen das Ziel blinden Auges zu treffen.[103] So war die körperliche Verwandlung der Metalle wie ein Zeichen, das zugleich die Heiligkeit des Goldes und die des Menschen kundgab – des Menschen, der das innere Werk vollendet hatte.

103. Siehe EUGEN HERRIGEL [Bungaku Hakushi]: *Zen in der Kunst des Bogenschießens,* München-Planegg 1951.

Zeittafel der im Text zitierten hermetischen und mystischen Verfasser

vorchristliche Zeit	Hermes Trismegistos
203–269	Plotin
4. Jh	Synesius (oder Synesios)
640–641	Herakleios I (Heraclius), byzantinischer Kaiser
Ende 7. Jh	Khalid
Ende 7. Jh	Morienus
8. Jh	Dschābir Ibn Hayyān
826–925	Abū Bakr ar-Rāzī
9. Jh	Senior Zadith (Turba Philosophorum)
Mittelalter	Artephius
um 1110	Su Tung-P'o
1165–1240	Muḥyīddīn Ibn 'Arabī
1193–1280	Albert der Große
1265–1321	Dante Alighieri
geboren 1366	'Abd al-Karīm al-Dschīlī
13. Jh	Po Yu-shuan
13. Jh	Abū l-Qāsim al-'Irāqī
13. Jh	Geber
1294–1381	Jan van Ruysbroek
1330–1417	Nicolas Flamel
1406–1490	Bernardus Trevisanus
Ende 15. Jh	Basilius Valentinus
Anfang 16. Jh	Denis Zachaire
1564–1616	William Shakespeare
1575–1624	Jakob Böhme
1586–1654	Johann Valentin Andreae
Datum unbekannt	Fra Marcantonio
1638–1710	Johann Georg Gichtel
Ende 17. Jh	Irenäus Philaletes

Einige grundlegende Werke über Alchimie

Quellenausgaben

BERTHELOT, MARCELLIN: *La chimie au moyen age,* I–III. Paris 1893.

BERTHELOT, MARCELLIN: *Collection des alchimistes grecs,* I–III. Paris 1887/88.

Bibliothèque des philosophes chimiques. Paris 1741.

DARMSTAEDTER, ERNST: *Die Alchimie des Geber.* Berlin 1922.

FESTUGIÈRE, ANDRÉ-JEAN: *Corpus hermeticum,* Traduction. Paris 1945.

KRAUS, PAUL: *Jābir Ibn Hayyān.* I–II. Kairo 1942/43.

MANGET, JEAN-JACQUES: *Bibliotheca chemica curiosa,* I–II. Genf 1702.

RUSKA, JULIUS FERDINAND: *Arabische Alchemisten,* I–II. Heidelberg 1924.

RUSKA, JULIUS FERDINAND: *Tabula smaragdina.* Heidelberg 1926.

RUSKA, JULIUS FERDINAND: *Turba philosophorum.* 1931.

Theatrum chemicum, I–VI. Straßburg 1659.

D'YGE, CLAUDE: *Nouvelle assemblée des philosophes chymiques.* Paris 1957.

Allgemeine Darstellungen

ANIANE, MAURICE: «Notes sur l'alchimie, ‹yoga› cosmologique de la Chrétienté médiévale» in *Yoga, science de l'homme intégral,* Editions Cahiers du Sud, Paris 1953.

ELIADE, MIRCEA: *Forgerons et alchimistes,* collection «Homo sapiens», Paris: Flammarion, 1956.

EVOLA, JULIUS: *La tradizione ermetica.* Bari 1931 und 1948.

HOLMYARD, ERIC JOHN: *Alchemy.* London: Pelican Books, 1956.

VON LIPPMANN, EDMUND: *Entstehung und Ausbreitung der Alchemie.* Berlin I 1919, II 1931.

Bildnachweis

Die Quellen der verwendeten Abbildungen sind in den jeweiligen Bildlegenden angegeben. Ansonsten stammen die Zeichnungen aus der Hand des Verfassers.

Über die in der Originalausgabe abgedruckten Abbildungen hinausgehend hat der Chalice Verlag die vorliegende Neuausgabe um die Bilder auf den Seiten 21, 22, 54, 67, 86, 91, 116, 144, 152, 156, 194 und 195 ergänzt.

Register

N

O

P

T

Was sind die Grundlagen, Lehren und Begrifflichkeiten der islamischen Mystik? Titus Burckhardt hat den Sufismus nicht nur intellektuell durchdrungen, sondern den »Pfad der Rückkehr« als Mitglied eines marokkanischen Derwischordens jahrzehntelang auch selbst beschritten. Daher ist diese meisterhafte Darstellung der spirituellen Essenz des Korans alles andere als eine trockene Abhandlung und langweilt nicht mit oberflächlich Formalem oder akademischer Theorie. Der genauso brillante wie bescheidene Schweizer Mystiker führt die Leser ohne Umschweife in die Grundzüge der sufischen Weltsicht ein und erklärt anschaulich und überzeugend – vor allem aus der Sicht des genialen Sufis Muḥyīddīn Ibn 'Arabī – die Geist und Herz anregenden philosophisch-spirituellen Ideen von der Einheit des Seins, von der Schöpfung als Selbstoffenbarung Gottes und vom »allheitlichen« Menschen als Dessen potenziellem Ebenbild. Dabei zeigt er auch die inneren Berührungspunkte von Islam, Christentum und Judentum sowie Hinduismus und Buddhismus auf. Dass dieser Autor – anders als viele wissenschaftliche Theoretiker – tatsächlich verstanden hat, worüber er schreibt, bescheinigt die bekannte Islamgelehrte Annemarie Schimmel mit ihrem Lob: »Burckhardt vereint eine tiefe spirituelle Einsicht mit der Liebe zum ewig Wahren. Seine Schriften zeigen, dass diese Wahrheit heute ebenso frisch ist wie vor Jahrtausenden und so lange bestehen wird, wie der Mensch sich nach dem Göttlichen Licht sehnt.«

ISBN 978-3-942914-27-7
172 Seiten

Wie können wir auf der Suche nach Selbsterkenntnis das Einssein verwirklichen und uns der Einheit des Seins bewusst werden, wie sie insbesondere vom andalusischen Sufi Muḥyīddīn Ibn ʿArabī gelehrt wurde? Der türkische Mystiker Bülent Rauf (1911–1987), vielen Lesern bislang bekannt als die eindrückliche Figur »Hamid« aus dem autobiografischen Roman *Die letzte Schranke – Ich ging den Weg des Derwischs* von Reshad Feild, widmete Jahrzehnte seines Lebens der theoretischen Auslegung und praktischen Vermittlung dieses Wissens. Die von ihm 1975 gegründete Beshara-Schule für intensive esoterische Erziehung in Schottland haben seither Hunderte von Menschen aus aller Welt besucht, um durch gemeinsames Studium und ganzheitliche Zusammenarbeit auf diesem formlosen, nicht religionsgebundenen Erkenntnisweg voranzukommen. Seine hier erstmals auf Deutsch vorliegenden Schriften versammeln erhellende Studientexte zu Grundfragen des Sufismus ebenso wie Interviews und Artikel rund um die Themen gelebte Spiritualität und Selbstvervollkommnung. Weitere autobiografische, historische und kulinarische Texte entführen uns in Bülent Raufs Jugendjahre in Istanbul und Ägypten kurz vor dem Untergang des Osmanischen Reiches, in die Blütezeit des Sufismus in Indien sowie in die türkische Küche, deren Geheimnisse dieser weise Gelehrte, der auch ein begnadeter Koch war, kenntnisreich und unterhaltsam zu schildern versteht.

ISBN 978-3-942914-23-9
216 Seiten

WEITERE TITEL IM CHALICE VERLAG

»Komm, komm, wer immer du bist…« Das Lebenswerk von Dschalāl ad-Dīn Rūmı (1207–1273), des wohl bekanntesten Vertreters des Sufismus und, neben Hafis, bedeutendsten Dichters persischer Sprache, ist eine Verstand und Herz ergreifende Einladung, die vielfarbige Schönheit und spirituelle Tiefe der islamischen Mystik kennenzulernen. Ob in seinem berühmten Lehrgedicht *Masnawī,* in seinen philosophisch-theosophischen Prosaschriften oder in der auf ihn zurückgehenden Drehtanz-Zeremonie der Mevlevi-Derwische – Rūmīs unerschöpfliche Kreativität ist ein permanentes Umkreisen des Geheimnisses von Gott, dem Geliebten und der Liebe. Wie nachhaltig sein Wirken konfessionelle Schranken und kulturelle Epochen überwand, demonstrieren die Tausenden von Trauernden aus allen Religionsgemeinschaften, die bei der Beisetzung im türkischen Konya an seinem Sarg vorüberzogen, wie auch die Tatsache, dass er noch heute als einer der meistgelesenen Poeten in den Vereinigten Staaten gilt. In dieser exzellenten Biografie zeichnet die renommierte Sufismus-Kennerin ein überzeugendes Bild von Leben und Werk des großen Mystikers und seiner historischen, politischen, kulturellen und theologischen Hintergründe. Sie lässt uns eintauchen in seine Liebes- und Glaubenseinsichten, die sie mit einer exquisiten Auswahl seiner wundervollen Texte illustriert. Entzückt lauschen wir Rūmīs Sehnsuchtsmelodien nach der Einheit und lassen uns in den Bann seiner Gottesfreude ziehen.

ISBN 978-3-942914-19-2
228 Seiten

»Ich sah dich nicht auf meinem Weg. Gibt es da noch einen anderen Pfad?« // »Ein jeder hat seinen Weg, den niemand sonst als nur er beschreitet.« // »Und wo befinden sich diese verschiedenen Wege?« // »Sie entstehen durch das Reisen selbst.«

Zwei Texte Ibn 'Arabīṣ, die – in Anspielung auf die berühmte »nächtliche Reise« oder Himmelfahrt des Propheten Mohammed – die Umstände und Erfahrungen des völligen Aufgehens in Gott beschreiben. Ibn 'Arabīs Bearbeitung dieses Themas widerspiegelt seinen besonderen Zugang zum Koran und den Hadithen wie auch die ganze Spannweite seiner metaphysisch-theologischen Lehren und seines Interesses an praktischer Spiritualität.

Im engeren Sinn eine Erläuterung von *khalwa,* einer Sufi-Übung zur Erlangung der Gegenwart Gottes durch absolute Aufgabe der Welt, beschreibt die *Reise zum Herrn der Macht* den geistigen Aufstieg durch alle Stufen der Existenz bis hin zur Göttlichen Gegenwart. Ibn 'Arabī ruft den, der den mystischen Weg der Sufis gehen will, dazu auf, sein Herz zu reinigen und eins zu werden mit seiner inneren Essenz. Mit großer Klarheit und der Überzeugungskraft autobiografischer Passagen schildert Ibn 'Arabī die Erfahrung seiner eigenen Himmelfahrt auch im Text *Meine Reise verlief nur in mir selbst,* einer hier erstmals auf Deutsch vorliegenden, kommentierten Übersetzung des Kapitels 367 aus seinen umfangreichen *Futuhat al-Makkiyah.*

ISBN 978-3-905272-73-4
164 Seiten

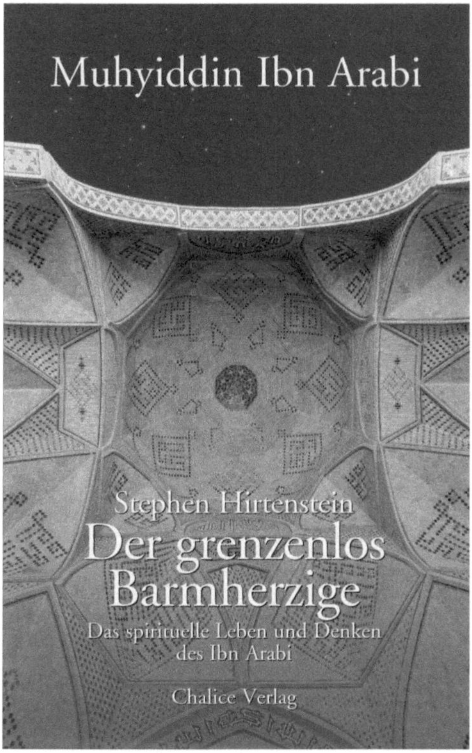

Warum wird Mohammed »Siegel der Propheten« genannt? Was ist die spirituelle Bedeutung von Jesus? Worin besteht die Verbindung der Heiligen und Gesandten aller Völker im Licht der absoluten Einheit aller Existenz? Dies sind nur einige der Fragen, die Muḥyīddīn Ibn ʿArabī mit seiner visionären Einsicht und unvergleichlichen Darstellungskraft beantwortete. Bekannt als *ash-shaykh al-akbar,* der »Größte Meister«, gilt der anadalusische Sufi für viele als bedeutendster Mystiker und Denker in der Geschichte des Islams. Die Wirkung seines enormen Lebenswerks auf Philosophie, Theologie und die Entwicklung der islamischen Spiritualität hallt noch heute unüberhörbar nach. Der in Murcia geborene und in Damaskus begrabene Ibn ʿArabī vereint wie niemand vor oder nach ihm die Weisheiten des Westens und des Ostens in einem ganzheitlichen Bild des Menschen als Krönung einer auf Liebe und Barmherzigkeit beruhenden Schöpfung. Sein tiefes Verständnis der gemeinsamen Wurzeln der abrahamitischen Religionen und der vielfältigen Berührungspunkte ihrer Propheten Moses, Jesus und Mohammed birgt ein unschätzbares Potenzial für den interkulturellen Dialog und die zwischenreligiöse Verständigung. Das vorliegende Buch füllt eine Lücke in der deutschsprachigen Literatur über diesen epochalen Mystiker. Mit ausführlichen Zitaten, luzider Darlegung seiner Grundgedanken und reichem Fotomaterial ist Stephen Hirtenstein ein biografisches Meisterwerk gelungen.

ISBN 978-3-905272-79-6
420 Seiten

Im spirituellen Schrifttum des Islams stellt die *Abhandlung über die Liebe* einen Höhepunkt dar; sie ist im Ganzen wie im Detail ein vollendetes Meisterwerk. Alles, was vor Ibn 'Arabī zu diesem, insbesondere für das esoterische Verständnis des Korans so zentralen Thema gesagt wurde, fasst der »Größte Meister« hier zusammen, geht aber noch weit darüber hinaus. Kein spiritueller Lehrer hat seither derart wirklichkeitsgetreue, ursprüngliche, tiefgründige und vollständige Sichtweisen auf das Wesen und die Essenz der Liebe dargestellt.

In dem hier zum ersten Mal auf Deutsch vorliegenden Kapitel 178 seiner umfangreichen *Mekkanischen Eröffnungen* beleuchtet der »Lehrer der Sufis« alle Formen der Liebe, die natürliche oder physische, die spirituelle und die Göttliche. Die falsche, im Westen – heutzutage wie auch in der Vergangenheit – verbreitete Meinung, der Islam sei lediglich eine Religion der Strenge und formaler Vorschriften, in der Göttliche Transzendenz alles derart aufsauge, dass ein menschliches Wesen nicht einmal mehr an der Liebe teilhaben könne, wird hier mit großer Einblickskraft in die tiefsten Zusammenhänge und in poetischer Sprache richtiggestellt.

ISBN 978-3-905272-74-1
280 Seiten

WEITERE TITEL IM CHALICE VERLAG

Die Weisheit der Propheten (Fuṣūṣ al-Ḥikam) ist eines der populärsten Werke von Muḥyīddīn Ibn 'Arabī und handelt von der einen grenzenlosen Weisheit, die gleichzeitig einzigartig in sich selbst ist und vielgestaltig in ihrer Verkörperung durch die Linie der Propheten: von »der Göttlichen Weisheit im Wort Adams« über »die Weisheit selbstverlorener Liebe im Wort Abrahams«, »die erhabene Weisheit im Wort von Moses« und »die Weisheit der Weissagung im Wort von Jesus« bis hin zur »Weisheit der Einzigartigkeit im Wort von Mohammed«. Dieses außergewöhnliche Werk ist ebenso eine Darlegung der innersten Bedeutung der Existenz des Menschen und seiner Fähigkeit zur Vervollkommnung wie auch eine esoterische Auslegung des Korans und wirft ein erhellendes Licht auf die gemeinsame innere Essenz aller drei abrahamitischen Religionen. Es vermittelt eine Botschaft, der gerade in Zeiten aufkeimender religiöser Intoleranz und fundamentalistischer Verblendung ein unschätzbares Potenzial für die interkulturelle Verständigung innewohnt.

»Auf diese Weise verlangte die Göttliche Ordnung nach der Klärung des Spiegels der Welt; und Adam wurde zur Klarheit dieses Spiegels und zum Geiste dieser Form selbst [...] und wurde ›Mensch‹ und ›Stellvertreter Gottes‹ genannt.«

ISBN 978-3-905272-71-0
178 Seiten

Ein Schatz tiefer Einsichten aus spiritueller Perspektive in das große Mysterium des Atems. Inspirierende Vorträge, praktische Übungsanleitungen und eine Auswahl poetischer Texte aus unterschiedlichsten Traditionen laden uns ein, den Atem als Wunder auf vielen Ebenen zu erforschen.

Was ist dieser Atem? Welche Bedeutung liegt in diesem Leben spendenden Geheimnis? Wie wichtig ist das bewusste Atmen für echte spirituelle Transformation? Was sagt uns die Tatsache, dass unser Leben all seine Möglichkeiten zwischen einem Einatmen und einem Ausatmen entfaltet? Wie hängt das alles mit dem Rhythmus des Universums und der Zeit zusammen? Welche Rolle spielt der Atem im »Werden des Seins« aus dem immerwährenden »Schoß des Augenblicks«? Wie können wir Nahrung einatmen und sie ins alchimistische Exilier destillieren, das wir für die nachhaltige Verwandlung unseres Lebens brauchen? Wie können wir ausatmen, um die Atmosphäre in einem Raum oder in einer Situation zu verändern, in Verantwortung für unsere Mitmenschen und für die »kommende Welt«? Was könnte es bedeuten, dass Jesus »auf dem Wasser wandelte« und dass »Atem und Geist eins sind«? Welches ist die esoterische Beziehung zwischen Maria, Jesus, dem Geist Gottes, *Ruh Allāh,* und Christus?

Vor dem Hintergrund seines lebenslangen Studiums der inneren Essenz der Sufi-Lehren liefert uns der Autor Gedankenanstöße und praktische Tipps zur Atemarbeit in unserem Alltag.

ISBN 978-3-942914-09-3
172 Seiten

Der erste Teil der autobiografischen Trilogie von Reshad Feild: ein echter Klassiker der modernen spirituellen Literatur und eines der großen Selbstzeugnisse mystischer Sinnsuche, das in den vergangenen vierzig Jahren weltweit Hunderttausende von Lesern beeindruckt hat.

In dieser packend erzählten Geschichte begleiten wir einen jungen Engländer auf seiner abenteuerlichen Suche nach der wirklichen Bedeutung des Lebens und den allerletzten Wahrheiten. Unter der Führung des geheimnisvollen Antiquitätenhändlers Hamid, der sich im Laufe dieses ›metaphysischen Roadmovies‹ als ein strenger spiritueller Lehrer entpuppt, entwickelt sich Reshads Interesse an den Derwischen des Nahen Ostens zu einer äußeren wie inneren Entdeckungsreise zu heiligen Stätten, weisen Menschen und tiefen Einsichten in die Wirklichkeit der Welt. Unter härtesten Prüfungen, die sein westliches Denken erschüttern, wird er in die inneren Lehren des Sufismus eingeführt und mit den Geheimnissen des Atems, der spirituellen Bedeutung der Jungfrau Maria und den gemeinsamen Wurzeln der jüdischen, christlichen und islamischen Traditionen vertraut gemacht. Schritt für Schritt beginnt er, die Heiligkeit allen Lebens zu verstehen, und erfährt die Liebe als die Erste Ursache der Schöpfung, bevor ihm schließlich die Erkenntnis der Einheit des Seins gewährt wird.

»Eine eloquente Orchestrierung, die von sehr hoher Kreativität zeugt« (*The Times*). »Wenn Sie sich für die Weisheit dieses Buches öffnen, wird es Ihr Leben verändern« (Ellen Burstyn).

ISBN 978-3-942914-11-6
216 Seiten

Guter Geschmack will gelernt sein: *Le bon-goût s'apprend.* Das gilt insbesondere für das spirituelle Schmecken der Einheit des Seins. In dieser einzigartigen Anthologie beschreiben liebestrunkene Sufis, wahrheitshungrige Gnostiker, erkenntnisdurstige Geisterseher und verschmitzt-weise Skandalgurus, hingebungsvolle Brotbäcker, humorbegnadete Geschichtenerzähler, ägäisverzauberte Lebensreisende und extremfastende Meisterspione Möglichkeiten und Wege, das Feine vom Groben zu unterscheiden, das Obere mit dem Unteren zu verbinden und so die scheinbare Trennlinie zwischen dem Körperlichen und dem Spirituellen zu überwinden. Wenn wir die ›Küchenarbeit an uns selbst‹ in der richtigen, nämlich dienenden Haltung angehen, kultivieren wir in uns diesen guten, feinen Geschmack für die Nähe Gottes. Bewusstes Kochen und Gekochtwerden lässt uns die Heiligkeit in der Transformation von Äußerem und Innerem entdecken.

Neben Ausgesuchtem von Jalaluddin Rumi, Bahauddin Walad, Hafis, Khalil Gibran, Bülent Rauf, Reshad Feild, Muzaffer Ozak, G.I. Gurdjieff, P.D. Ouspensky, Idries Shah, Osho, Scotus Eriugena, Emanuel Swedenborg oder Henry Miller finden sich hier zum ersten Mal auf Deutsch vorliegende Trouvaillen von Annemarie Schimmel, Muḥyīddīn Ibn 'Arabī, John G. Bennett, Christopher Bamford und Paul Dukes.

ISBN 978-3-942914-20-8
324 Seiten

WEITERE TITEL IM CHALICE VERLAG

Ein mutiger Glaube erfordert einen großen Gott. In welche beschränkten Vorstellungen und Konzepte haben Sie das Göttliche eingesperrt? Falls Ihre Beziehung zu Gott distanziert oder beiläufig und Ihre Erfahrung des Göttlichen im Leben lau oder berechenbar geworden sind, lädt Paul Coutinho Sie ein, daran zu glauben, dass Gott größer ist – viel, viel größer! Jenseits von theologischem Dogmatismus und konfessioneller Schrebergärtnerei ist dieses Buch eine grandiose Aufforderung, in unserem Glauben tiefer zu leben und stärker zu wachsen, indem wir einen Gott umarmen, Dessen Liebe wahrhaftig keine Schranken kennt. Der aus Indien stammende und in den USA lehrende Priester, Psychologe und Theologe begeistert mit seinen Schriften und Vorträgen, die sich – mit einem östlichen Blick auf unsere westliche Spiritualität – der unermüdlichen Suche des Herzens nach dem Göttlichen widmen und unserem Verlangen, das Leben in seiner ganzen Fülle zu erfahren. *Wie groß ist dein Gott?* ist ein wunderbarer Wegweiser aus engen Bachläufen hinaus in den Fluss des Lebens und ins offene Meer des Göttlichen. Der Autor ermutigt uns mit aus dem Leben gegriffenen Geschichten, einer guten Prise Humor und wertvollen Inspirationen für unseren persönlichen Alltag, Herz und Verstand zu gebrauchen, sodass wir die unermessliche Weite Gottes erfahren können. Wir beginnen zu erkennen, dass eine immer tiefere Beziehung mit dem Göttlichen der wahre Zweck jeglicher Religion ist.

ISBN 978-3-942914-24-6
172 Seiten

Erfrischend anders als die bekannten theoretischen Darstellungen von Gurdjieffs Lehren des Vierten Weges vermittelt dieses Meisterwerk eines introspektiven Erfahrungsberichts außergewöhnlich konkrete, authentische Einblicke in die praktischen Aspekte der Arbeit entlang des Pfades der Selbsterkenntnis. Jeanne de Salzmann (1889–1990), die wohl engste Schülerin des großen Lehrers, studierte dessen Ideen drei Jahrzehnte lang unmittelbar an seiner Seite. Als sie, genau so wie er es ihr kurz vor seinem Tod ›aufgetragen‹ hatte, erst mit 101 Jahren starb, blickte sie zurück auf eine mehr als siebzigjährige Praxis dessen, was »die spirituelle Arbeit« oder »das Werk« genannt wird. Dieses eindrückliche, aus ihren persönlichen Aufzeichnungen zusammengestellte Buch hält die inneren Erfahrungen bei der Umsetzung von Gurdjieffs Ideen und der Praktizierung seiner Übungen fest und analysiert minuziös das erlebte Zusammenspiel von Körper, Verstand und Gefühl in dem harten Kampf um Selbsterinnerung, Aufmerksamkeit und Bewusstsein. Mit akribischer Genauigkeit und in einer erfrischend eigenen Sprache beschreibt sie ebenso selbstkritisch wie lehrreich ihre Schwierigkeiten und ihre Fortschritte bei dem Versuch, durch das Sterbenlassen des »gewöhnlichen Ichs« oder des Egos an die Schwelle zur wahren Realität zu gelangen und am eigenen Leib zu erfahren, dass das Leben nur dann wirklich ist, wenn ICH BIN.

ISBN 978-3-942914-17-8
344 Seiten

Wie leben wir *richtig*, sodass wir unser körperliches, geistiges und seelisches Daseinspotenzial verwirklichen und mit unserer Umwelt, unseren Mitmenschen und uns selbst in Achtsamkeit und Mitgefühl umgehen und Sinn und Zweck unseres Lebens auf der Erde erfüllen können? Der Shivapuri Baba, einer der beeindruckendsten Menschen des 19. und 20. Jahrhunderts, der ein salomonisches Alter von 137 Jahren erreichte, lehrte das Prinzip des »Rechten Lebens«, das in seinen Grundlagen bestechend einfach und gerade deshalb problemlos übertragbar ist auf jede Epoche, Gesellschaft, Kultur und Religion. Nachdem er 24 Jahre in absoluter Einsamkeit im indischen Dschungel gelebt, danach auf seiner Pilgerreise 40 Jahre lang den gesamten Erdball zu Fuß umrundet und zahlreiche historische Persönlichkeiten wie die Königin Victoria, George Bernhard Shaw oder Theodore Roosevelt beraten hatte, ließ er sich 1926 in Nepal nieder, wo er die Erkenntnisse seiner Erfahrung der spirituellen Verwirklichung lehrte. Obschon bereits zu Lebzeiten als großer Heiliger verehrt, lehnte er jeglichen Kult um seine Person vehement ab. Auf seine Bitte, seine Lehre der drei Disziplinen Rechten Lebens für die moderne Welt einfach und verständlich darzulegen, schrieb John G. Bennett diesen Klassiker der spirituellen Literatur: eine praktische Anleitung, wie wir – egal in welcher religiösen Tradition wir zuhause sind – die richtigen Prioritäten setzen, ganzheitlich leben und zu Selbsterkenntnis und zur Schau Gottes gelangen können.

ISBN 978-3-942914-26-0
240 Seiten